임종호 박사의 「공간의 수필」
'낮은 곳에서 봐야 산이 높아 보인다네'

임종호 박사의 「공간의 수필」
'낮은 곳에서 봐야 산이 높아 보인다네'

경기헤럴드

원고를 마치며

  사회에서 일어나는 다양한 소재로 많은 평론가와 문인들이 글을 적곤 한다. 더 행복한 사회를 만들고자 하는 염원과 나라를 걱정하는 마음에서 발로되는 자연스러운 현상일 것이다.
  사회현상에 눈감고 숨을 죽이듯 조용한 문인은 사회현상에 둔감하거나 타협했거나 또는 개인의 내면세계에 젖어 나 홀로 간직한 글로 국민과 소통하는 글은 되지 못할 것이다.
  필자는 왜곡된 사회현상과 문제를 주관성을 기반으로 하되 객관적인 눈으로 보려고 부단히 노력했다. 비록 짧은 지면에 내용을 채워야하기 때문에 개론 또는 강론이 대두되는 글도 있을 것이다.
  사실 글을 쓰게 된 동기는 필자가 운영하는 작은 지역신문에 고정으로 집필하던 한 수필가가 건강상으로 계속할 수가 없어 대체할 분을 찾지 못해 필자가 대신 지면을 책임져야 했기 때문이다. 처음 쓴 글을 페이스북에 올려놓았더니 나름대로 반응이 괜찮았다. 그것이 동기가 되어 연속적으로 글을 쓰게 되었는데 어느덧 한 권의 책을 출간할 정도의 글이 모아졌다.
  글의 소재는 어릴 적 고향에 대한 향수나 인간으로서 갖추어야 할 품격, 시대적 소명 등 다소 다양하며 한 주에 있었던 사회현상에 대한 나름의 견해 또는 내면의 생각이 주를 이룬다.

 그러나 글을 완성하고 책으로 출간할 정도가 되기까지에는 필자의 글을 수정해 주고 다듬어 준 아내가 있어 가능했다. 필자는 부부문인으로 아내가 필자보다 필력이 좋아 아내가 글을 한 번 봐 줘야 나의 글이 완성되어 세상에 내보낼 수 있었다. 마치 필자는 짚신을 마구잡이로 만들어내고 아내는 섬세하게 삐죽이 튀어나온 미운 부분을 다듬는 그런 느낌이다. 아내를 만나 그 사랑으로 나의 글이 공간의 수필로 세상에 태어날 수 있는 것에 감사할 따름이다.

 필자가 글을 보낼 때마다 아내가 글을 읽으면서 무슨 생각을 할까? 늘 궁금했다. '이것을 글이라고 쓰나' 아니면 '글에서 향기가 나네' 등등 늘 수줍은 마음이 든다. 다행히 글을 보낼 때마다 아내는 "너무 훌륭해." 라며 용기를 주었다. 그리고 수정한 글이 다시 카톡으로 올 때는 어떻게 다듬어 주었을까 가슴이 두근거리고 아직도 연애하는 기분이 들곤 했다. 이렇듯 필자의 글에는 아내의 사랑이 고스란히 녹아있다.

 필자는 대학에서 강사를 한 경험과 북한 지형분석에 참여한 적도 있어 교육 분야, 북한관계에도 관심이 많아 수필집에도 유사한 글이 많이 있어도 양해를 바라는 마음이다.

 아내의 용기로 시집 '공간의 사랑'을 출간했고, 이제는 '공간의 수필'을 출간하게 되어 아내에게 시와 수필집을 선사하는 남편이 되었다. 요즘 필자는 소설을 구상중이다. 아내와의 만남과 연애시절, 그리고 생을 마감할 때까지의 과정을 소설로 완성하여 아내에게 선사하는 생각만으로도 신바람이 난다.

'낮은 곳에서 봐야 산이 높아 보인다네'

원고를 마치며 · 005

제 1 부 따뜻한 내면의 세계

영혼의 무소유말의 양면성 · · · · · · · · · · · 019
말의 양면성 · · · · · · · · · · · · · · · · · · · 021
감정의 임계치 · · · · · · · · · · · · · · · · · · 024
낡은 사고 · 026
수직적 사고의 맹점 · · · · · · · · · · · · · · · 029
있는 그대로 보면 · · · · · · · · · · · · · · · · 031
개념에 갇힌 우리 · · · · · · · · · · · · · · · · 033
자연인 · 035
국수꼬리 · 037
향기 · 039
소박한 삶의 행복 · · · · · · · · · · · · · · · · 042
눈물의 재회 · · · · · · · · · · · · · · · · · · · 044
누워서 세상도 보자 · · · · · · · · · · · · · · · 046
귀에 박힌 것을 하나씩 뽑아내련다 · · · · · 048
밥상에서 나오는 최고의 배려문화 · · · · · · 050
자신이 만든 비교대상 · · · · · · · · · · · · · 052
석삼년의 교훈 · · · · · · · · · · · · · · · · · · 054
내안의 나 기 살리기 · · · · · · · · · · · · · · 056

'낮은 곳에서 봐야 산이 높아 보인다네'

시래기가 주는 삶 · · · · · · · · · · · · · · · ·	059
몸에 밴 우리들의 겸손 · · · · · · · · · · · ·	061
내로남불 ·	064
열등감 ·	066
단순성의 무지 · · · · · · · · · · · · · · · · ·	068
자식에게 부모도 신고해라 교육할 판 · · · · ·	071

제 2 부 함께하는 마음으로

숲을 이루는 생태계 · · · · · · · · · · · · · ·	077
적과 ·	079
배출에 대한 단상 · · · · · · · · · · · · · · · ·	082
전도몽상 ·	084
발등 찍는 도끼 · · · · · · · · · · · · · · · · ·	086
새로운 패러다임이 필요 · · · · · · · · · · ·	089
조리 ·	091
이기는 법과 승복할 줄 아는 미 · · · · · · ·	093
타인의 삶에 훈수 두는 간접 인권침해 · · ·	095
촉과 감이 주는 선입견 · · · · · · · · · · · ·	097
세계 최초보다는 최고가 낫다 · · · · · · · ·	099
억울한 판정 ·	102

'낮은 곳에서 봐야 산이 높아 보인다네'

자연에 순응하는 지혜 · · · · · · · · · · · · · · · · 105
떠돌이 같은 삶 · · · · · · · · · · · · · · · · · · · 108
잃어버린 공경 · 111
욕심 앞에 작아지는 자아 · · · · · · · · · · · · · 113
모두 안아 줘야 · · · · · · · · · · · · · · · · · · · 116
부부가 합의해서 성씨를 결정 · · · · · · · · · · 119
가벼운 행동이 통일에 저해 돼 · · · · · · · · · 122
눈물 흘리는 유공자 · · · · · · · · · · · · · · · · 124
법은 위에서부터 지켜야 · · · · · · · · · · · · · 127
요란한 잔치에 먹을 것이 없다 · · · · · · · · · 130
굶주림은 생명과 같아 · · · · · · · · · · · · · · · 133
갖은 비판과 비난은 자신의 것이 돼 · · · · · 136
선출직 후보자에게 역사관 및 인성 서약서 받아야 할 판 · · · · 139
말로만 분배하지 말고 앞장 서야 · · · · · · · 142
분탕질은 그만 · 145

제 3 부 우리가 지켜야 할 자존심

논문표절 어디까지 이해해야 하나 · · · · · · · 151
아리랑의 뜻을 몰라 부끄러웠다 · · · · · · · · 154
원칙의 적용 · 157

'낮은 곳에서 봐야 산이 높아 보인다네'

북한의 핵보유국 인정에 대비도 필요	160
단절된 세대의 문화	163
타인에 대해 관대한 마음을 갖자	165
우리나라 장의 우수성	167
이름에 숨어있는 심오함	169
천국의 음식	171
역사는 국가의 정체성이다	173
통일의 주체	176
명절의 성숙	178
신라식 통일은 곤란	181
일본이 햇빛 아래에서 살려면	184
도둑맞는 우리의 역사	187
북한의 체제보장은 어디까지	190
북한의 핵무기 폐기 누가 가장 좋아할까	192
처가 호칭의 차별	195
역시 중국은 중국다워	198
인사청문회 폐지해야	201
성공하지 못한 정권	204
얼마나 잔인해 지려나	207
자만과 허영에 대한 경각심을 가지자	210

'낮은 곳에서 봐야 산이 높아 보인다네'

도를 넘으면 정의를 상실해 · · · · · · · · · · · · · · 213
무역전쟁 중에도 주 52시간 근무하는 한국 · · · · · · · · 216
경솔한 일본이 준 교훈 · · · · · · · · · · · · · · · · 219
한국인의 이중성 · · · · · · · · · · · · · · · · · · · 222
잘난 사람들 목소리 좀 내 보소 · · · · · · · · · · · · 225
한국을 왜 두려워 하는가 · · · · · · · · · · · · · · · 228
얼마나 못났으면 우리끼리 싸우는가 · · · · · · · · · · 231
까불다 맞는다 · 234

제 4 부 살맛나는 세상을 위해

독불장군은 한시적이다 · · · · · · · · · · · · · · · · 239
변하는 지덕체 · 242
출산장려 말로 되겠는지 · · · · · · · · · · · · · · · 244
너 보수야, 진보야 · · · · · · · · · · · · · · · · · · 247
대학이 바로서야 · · · · · · · · · · · · · · · · · · · 249
돌고 도는 적폐대상 · · · · · · · · · · · · · · · · · 252
특목고 폐지 신중해야 · · · · · · · · · · · · · · · · 255
갑질의 세상이 없어지는 날은
국회와 정치권의 특권이 없어지는 날 · · · · · · · · · 258
대통령들의 지지율 · · · · · · · · · · · · · · · · · · 261

'낮은 곳에서 봐야 산이 높아 보인다네'

청년들에게 지역에서 희망을 · · · · · · · · · · · · · 264
인재육성 · 266
할 말도 못하는 국가 · · · · · · · · · · · · · · · · · 269
정권이 바뀌어도 연속성이 있어야 · · · · · · · 272
지역당협위원회의 대변신 필요성 · · · · · · · · 275
국내용과 국제용 · · · · · · · · · · · · · · · · · · · 278
정당의 전통성 · 280
국민을 범죄자로부터 해방시키자 · · · · · · · · 282
민주주의를 파괴하는 일부 공천심사위원 반성해야 · · · · · 285
군복무 대체도입 · · · · · · · · · · · · · · · · · · · 288
기업들의 청년일자리 투자 · · · · · · · · · · · · 291
신40대 기수론을 주장한 정치인들 · · · · · · · 293
이제 양보의 미덕 보일 때
경제는 군중심리로 안 돼 · · · · · · · · · · · · · 296
청년은 미래의 꿈나무 · · · · · · · · · · · · · · · 299
대통령이 계파 청산에 앞장서야 · · · · · · · · · 301
나와 우리의 주적은 누구? · · · · · · · · · · · · 303
국제적 님비에 침묵 · · · · · · · · · · · · · · · · · 306
우리 모두 국민 효자가 되려면 · · · · · · · · · · 309
난 극빈자인가 중산층인가 · · · · · · · · · · · · 312

'낮은 곳에서 봐야 산이 높아 보인다네'

근거 없는 낙관주의 교육으로는 미래가 없어 · · · · · · · · 315
부동산과 임대료 하락에 국민연금이 나서야 · · · · · · · · 318
이젠 진보와 보수가 아니라 정치꾼과 국민과의 전쟁 · · · · 321
인구는 줄어드는데 국회의원 증원 추태 · · · · · · · · · · · 324
연비와 가성비 · 327
진정 서민을 위한 대출인가 · · · · · · · · · · · · · · · · · · 330
아파트 건설 원가 절대적으로 필요 · · · · · · · · · · · · · 333
사회의 붕괴 · 336
법을 만들려면 잘 만들어야 · · · · · · · · · · · · · · · · · · 338
중앙선거관리위원회는 적폐 선거법 척결에 앞장서야 · · · 341
도시재생과 근대문화 보존의 지속성 · · · · · · · · · · · · · 344
촛불은 어느 정당의 소유물이 아니야 · · · · · · · · · · · · 347
백성 이기는 왕조는 없어 · · · · · · · · · · · · · · · · · · · 350
공기업의 적자 원인 허위 땐 손해배상 해야 · · · · · · · · 352
국민 중심의 선거법 개정 필요 · · · · · · · · · · · · · · · · 355
국회의사당 세종시로 언제가나 · · · · · · · · · · · · · · · · 358
구독재와 신독재 · 361
자극이 필요한 한국사회 · 364
국가미래전략청 신설하면 어떨까 · · · · · · · · · · · · · · · 367
책임질 수 없는 사람들이 큰소리 · · · · · · · · · · · · · · · 370

'낮은 곳에서 봐야 산이 높아 보인다네'

청와대에 대통령은 안보이고 비서진만 보일까 · · · · · · · 373
국내기업끼리 상생으로 가야 · · · · · · · · · · · · · · · · · · · 376
지금처럼 뛰는 것이 장관이다 · · · · · · · · · · · · · · · · · · 379
독도방어 훈련 남북이 공동으로 추진하면 · · · · · · · · · 382
김대중 대통령의 수용과 덕치의 정치 배워야 · · · · · · · 385
이념도 철학도 없는 위정자 · 388
평등한 사회 빨리 만들자 · 391
자식에게는 돌을 던져서는 안돼 · · · · · · · · · · · · · · · · · 394
솔직한 사회가 바른 사회 · 397
변명과 위로에도 정도가 있어야 · · · · · · · · · · · · · · · · · 400
가장 먼저 없애야 할 불합리한 제도들 · · · · · · · · · · · · 403
겉포장이 보증수표가 될까 · 406
못된 관행으로 역사가 후퇴 · 409
면죄부를 그리 쉽게 주어서야 · · · · · · · · · · · · · · · · · · 412
정치공수처 되지 말라는 법이 없다 · · · · · · · · · · · · · · 415
검찰이 평등과 균등의 사회구현에 동참할 최고의 기회 · · · · 417
가짜뉴스의 판단 기준 · 420

제 5 부 나만의 공간에서

'낮은 곳에서 봐야 산이 높아 보인다네'

험담에는 무대응이 상책	424
무엇을 남기고 갈까?	427
인복	429
바보처럼 사는 지혜	431
부친 생각	434
맷돌	437
군 입대	440
벌초할 수 없는 어머니의 묘	443
아내의 함흥차사	445
아빠 소풍가	448
나만의 공간에서	451
산마루에 올라	453
더 낮은 곳에서 봐야 산이 높이 보여	456

임종호 박사의 「공간의 수필」
'낮은 곳에서 봐야 산이 높아 보인다네'

제 1 부
따뜻한 내면의 세계

영혼의 무소유

2016.04.16
내 마음의 깊이는 얼마나 되려나

  넓은 바다와 깨끗한 호수 같은 도량을 가진 사람은 언제나 중용의 도리를 지킨다. 비록 자신에게 이익이 되어도 근원이 깨끗하지 않으면 타협하지 않는 강직한 정신세계를 가진 사람, 누구나 이러한 사람과의 만남은 차 한 잔이라 할지라도 행복할 것이다.
  나에게 잘 하는 사람이 다 선하고 좋은 사람이라고 우리는 착각할지 모른다. 나 자신도 모르는 사이에 친절을 베푼 사람에게 만성적인 생각을 갖게 되어 그 사람의 옳고 그릇된 사고를 판단할 수 없는 지경에 도달할 수도 있다.
  자주 만나다 보면 그릇된 사고에 나 자신이 둔감해지게 되어 그 사람의 잘못도 작아 보일뿐만 아니라 그를 두둔하게 되어 소위 친소주의에 빠질 우려가 있다. 흔히 가부를 결정할 경우에도 이러한 현상에 의해 진실과 상관없는 선택을 하기도 한다.
  또 사람들은 혼자 남들이 가지 않는 외로운 길을 가는 것을 두려워한다. 비록 내가 다른 생각을 하더라도 옳다고 주장하는 사람이 다수이면 내 생각을 숨기고 다수를 따라한다는 보고서도 있다.
  옛말에 열 자 깊이의 물속은 알아도 한 치의 사람 마음을 알 수 없다고 했다. 그만큼 사람의 마음은 유동적이고 생물적인 반응의 속성을 가지고 있다. 자신에게 어떠한 불이익이나 손해가 될 경우는 변명과 구차한 이유를 갖다 붙이기도 하고 상대방의 약점을 이용하여 순간을 모면하기도 한다.

필자는 잘못된 인식으로 인해 상대방에게 정신적 무거움을 주지 않으려고 부단히 노력을 해 왔다고 자부한다. 또한 평생 살면서 개인적 욕망을 위해 물질적, 정신적으로 피해를 주지 않았다고 생각된다.

사회생활을 하면서 처음에는 잔잔한 호수와 같은 사람들이 나중에 거친 파도와 같을 때에는 당황하기도 했다. 그래서 나에게 잘 해 준 사람이 모두 좋은 사람이었다는 생각이 조금씩 변해 친소주의를 더 멀리하게 되었다.

고등학교 시절 담임선생님이 "너는 참 나이에 비해 정신적으로 안정되어 있어 철학을 전공해 보라."고 권한 적이 있었다. 그래서인지 개똥철학에도 빠져보고 글도 써보고 했었던 고교시절에 그려진 정신세계가 아직도 내 삶의 밑바탕이 되었다.

정신의 자유로움과 정신세계의 완성을 목표로 살아온 탓일까 인생에서 돈 버는 재주가 부족하여 풍요로운 삶을 영위하지 못했다. 나 자신은 경제적으로 부족한 삶이어도 아쉬움이 없으나 주변인들에게는 물질적으로 베풀 수 없어 민망할 때가 있고 경제력이 없어 하는 일에 오해를 받을 때 소아적인 생각을 한 적이 여러 번 있었다.

그러나 인생의 반 정도 살아온 길을 뒤돌아보니 그래도 메울 곳이 적어 보여 이제는 산사의 바위에 앉아 시원한 바람을 마실 자격이 있지 않나 생각해본다. 이제 내려가는 저 언덕에서는 영혼의 무소유로 나에게 잘해 주는 사람이 아니라 내가 영원히 소유할 영혼을 감싸 안고 천양의 세계처럼 춤사위를 하면서 내려가련다.

말의 양면성

2016.06.08
독설이 얼마나 상처를 주었을까?

우리가 사용하는 말에는 양면성이 있어 화자와 청자 간에 받아들이는 차이에 의해 서로 오해를 사기도 한다. 특히 정치인들이 구사하는 모호한 말에 의해 신뢰가 깨져 상호 비방의 장이 펼쳐지기도 한다.
　사회성을 갖는 말이 왜 이리 오해를 불러오는가? 라는 것에 한번쯤 생각해 볼 필요가 있다. 화자의 명백하지 않은 태도와 청자의 성급한 판단, 그리고 모두가 자신들에게 유리한 해석을 하기 때문이 아닐까.
　더욱이 조직사회에서는 상사에게 잘 보이기 위해 과도한 언어를 구사하여 주위를 피곤하게 하는 경우도 있고, 사용해서는 안 될 말을 사용하여 외면당하기도 한다.
　왜 같은 의미의 말이 경우에 따라 사람들에게 오해를 불러일으키고 피로감을 줄까? 아마도 서로의 신뢰감이나 믿음을 잃을 때 또는 경쟁관계에 놓여 있을 때 이런 오해가 생기기가 쉬울 것이다.
　경우에 따라서는 상대방의 기분을 좋게 하고 사회적 관계를 매끄럽게 하기 위해 사용한다고 생각하는 과도한 칭찬도 타인을 불편하게 한다. 영혼 없는 칭찬은 청자와 화자는 물론이고 제3자에게도 좋은 느낌을 주지 못할 것이다.
　사회에서 사용하는 언어는 공식적으로, 객관적으로 서로 수용할 수 있는 수준이면 좋을 것이다. 제3자가 듣기에 칭찬인지 아부인지 구분을 할 수 없다면 화자의 모호한 언어 사용으로 인해 불쾌감을 줄 수 있다는 사실을 감수해야 한다.

사실 칭찬하는 소리를 좋아하는 사람, 직언이나 간언을 좋아하는 사람 등 다양한 부류의 성격을 가지고 있어 만사형통의 언어는 없다. 상황에 맞게 구사하는 언어는 청자의 위치와 상황을 고려하면 좋겠지만 정확한 분석을 하기란 그리 쉽지 않다.

특히 청춘남녀들에게도 단어 하나로 오해를 사 평생 잊히지 않는 마음의 상처를 줄 수 있다. 방송에서 예쁜 연예인이 나오면 "저 연예인 정말 예쁘다.", "저 연예인 정말 잘 생겼다." 며 특정인의 이름이 무의식적으로 튀어나와 며칠을 냉전 상태로 지내는 부부도 봤다.

굳이 필요 없는 말을 해서 반복되는 상우를 만드는 것은 지탄받아도 할 말이 없다. 자신들은 별다른 나쁜 뜻이 없었다고 하겠지만 정화되지 않은 언어 구사로 사랑에 금이 가고 부부금슬에 틈이 생기는 행위는 서로에게 이로울 것이 없을 것이다.

인간 사이에 영원한 우호관계가 지속되지는 않는다. 설사 언어의 마술사라도 제3자에게 그 뜻이 왜곡되어 해가 되어 돌아온다면 해명하기가 쉽지 않은 경우도 많다. 이것은 말의 양면성에 기인한 것으로 철학이 없는 천 마디 말보다 철학이 있는 한 마디가 더 의미 있게 다가올 것이다.

예전에는 말을 많이 하면 말을 잘 한다고 인식해 왔다. 연설을 오래 해야 똑똑하고 유식자로 인정되어 어디가면 "그 사람 참 말 잘 해" 라고 높이 평가해 주었다.

지금은 반대로 짧고 간략해야 찬사를 들을 뿐만 아니라 말실수를 막을 수 있어 일석이조의 효과를 얻을 수 있다. 필자는 사회가 말의 양면성으로 인해 타인에게 오해를 주거나 빈축을 사는 일이 없었으면 좋겠다는 생각이다. 이러한 사고로 인해서 말 하는 것이 조심스러워 사람 앞에 서는 것 자체가 부담이 되기도 한다.

감정의 임계치

2016.07.30
나의 참을성은 얼마나 되나

가끔 어머니의 "휴~ 참고 살아야지." 라는 혼자만의 푸념을 들은 적이 있을 것이다. 또래들 사이에서도 "내가 참는다, 내가 참아." 등의 흥분을 가라앉히는 말도 듣곤 했다. 참는다는 것은 감정의 임계치에 대한 이야기일 것이다.

감정의 임계치가 무너지면 어떠한 상황이 전개될까? 사람들이 가지고 있는 감정의 임계치가 상이한 것은 개인의 인성과 타고난 성품이 좌우할 것이다.

감정의 임계치를 인위적으로 무너뜨리려는 심술궂은 사람들 또는 권모술수가 능한 사람들에 의해 자기 본연의 모습을 잃어버리고 씻을 수 없는 상처를 갖게 되는 경우가 있다. 감정의 임계치가 낮은 사람이 자극을 참지 못하여 난폭한 언행, 폭행 등 사람이 해서는 안 될 모습을 노출시키기도 한다.

감정의 임계치를 높이는 방법은 독서, 명상, 종교 등도 있을 수 있겠지만 어머니들이 하신 말씀처럼 '참고 살아야지' 가 답이 될 수도 있다.

그러나 인성이 훌륭하고 평소의 감정이 온화하더라도 가족과 사랑하는 사람에 대한 폄하를 할 때에는 아무리 선비 같은 심성을 가진 사람도 감정의 임계치를 넘어서는 반응을 보이기도 한다.

드라마에서도 감정 표현이 극단적으로 표현되는 경우가 많다. 오해로 시작해서 감정이 상승할 때도 있고, 자신의 공을 가로채어 감정이 폭발되는 경우도 있지만 없는 사실을 거짓으로 꾸며 내어 개인이 감당하지 못하는 상황을 만들 때 가장 감정이 극단적으로 올라가는 경우가 많다.

이러한 드라마를 보는 시청자들도 그런 상황에 분을 못이겨 그 역을 한 배우를 질타하거나 미워하는 등 감정이입이 되는 것으로 보아 임계치의 붕괴를 무의식적으로 동의하게 된다.

사랑해서 결혼을 한 부부들도 감정의 임계치가 무너져서 서로 언쟁을 하고 결국에 가선 이혼을 하기도 한다. 시댁과 친정에 대한 비교, 자식 문제, 경제적 문제 등 다양한 인자로 인해 불협화음의 목소리가 담을 넘는 경우를 많이 보았을 것이다.

이제 인간이 가지는 가장 행복한 요소인 감정을 서로 소중하게 지켜주었으면 한다. 사람에 대한 예의를 갖추고 상호 배려하고 존중할 때 신뢰가 구축되고 행복한 웃음이 넘치는 사회가 될 것이다. 이런 사회는 따뜻한 정이 넘치고 사랑의 감정이 마음을 포근하게 만들어주어 언제 어디서 누구를 만나더라도 반가운 만남이 될 것이다.

오늘부터 필자도 감정의 임계치를 높여 더 많은 사람들의 감정을 포용해주며 가급적 많은 이와 행복한 인연이 되려고 한다. 속 좁은 사람이란 말만큼은 듣지 않았으면 좋겠고, 조금 포용력 있는 사람이라는 말을 들을 수 있다면 체면이 좀 설 것 같다.

오늘 감정의 임계치가 낮은 어린 시절에 어머님께 대항했던 일들에 대한 기억이 부끄러움으로 밀려와 마음속으로 용서를 빌며 어머니에 대한 그리움을 달랜다.

낡은 사고

2016.10.13
벗어버리면 평온한데

　직업에는 귀천이 없다고 누구나 쉽게 이야기 한다. 그러나 자식들의 배우자를 선택할 때는 누구나 한번쯤 생각해보는 것이 직업의 귀천이다. 지역부터 어느 학교출신 등등 다양한 요인으로 자식들의 마음에 상처를 주곤 한다.
　자신들이 결혼할 때는 조건 없이 오직 사랑 하나만을 보고 결혼했지만 결혼 후 생활고와 사회 환경에 지배받아 이왕이면 처음부터 인정받는 사회인으로 출발하게 만들고 싶어하는 것은 모든 부모들의 마음일 것이다.
　최근에는 명문대학을 졸업하고 다시 전문대학으로 입학을 하여 일시적인 도구가 아닌 영속성을 가진 삶의 도구를 갖기 위해 노력하는 젊은이들도 있다. 처음부터 자신들이 하고 싶은 것을 하게 두었더라면 우리 사회의 직업에 대한 귀천은 더 빨리 사라질 수 있었을 것이다.
　필자가 어릴 때는 예술을 하는 사람들은 굶어죽기 안성맞춤이라는 말을 수없이 듣고 성장했고 심지어는 무속인의 자식과는 거리를 두라고 훈육을 받았다. 요즘 방송을 보면 무속인은 물론 다양한 직업군의 전문가들이 방송에 출연하여 그 영역을 확대하고 있다.
　세상이 이렇게 바뀌고 있는데 우리들의 정서는 아직도 재능보다 졸업장에 얽매이고 있다. 일부 유명가수는 무명시절 수년간 연습생으로 고생하면서도 포기하지 않아 성공한 사례와 운동선수로서 라면으로 끼니를 이어가며 이룬 성공은 우리가 애지중지하는 졸업장과 전혀 상관이 없는 결과를 극명하게 보여주고 있다.

 자기의 길로 흔들림 없이 가도록 성원을 한 가족들과 본인 스스로 다른 사람들보다 몇 배의 노력으로 얻은 결과라 수많은 사람들로부터 갈채를 받는 것이다. 만약에 부모가 '너는 힘들어', '너는 소질이 없어' 라고 판단하고 종용하여 포기했더라면 세상 사람들로부터 귀감을 받는 사람이 될 수 없었을 것이다.

 농경사회에서는 농사를 잘 짓는 사람이 최고였으며, 2차 산업은 기술자, 3차 산업은 서비스로 인정받았다. 4차 산업은 아이디어로 수 만 가지의 직업군이 만들어지고 있다. 경쟁도 그만큼 가열되어 생존경쟁에서 살아남기가 어려워졌다.

 필자가 다양한 직업군에 대해 이야기 하는 것은 모든 직업은 고귀하다는 것이다. 가장 많이 사용하는 휴대폰이나 컴퓨터가 작동되지 않거나 가정에서 가스나 보일러가 고장이 나면 생활자체가 이뤄지지 않아 불편이 이루 말할 수 없을 것이다. 우리 사회가 자식들에게 권하기 어려운 직업군에 종사하는 분들이 없다면 더욱 더 불편한 생활을 해야 한다.

 누가 어떠한 직업을 갖더라도 그 직업에 대한 자긍심과 존엄성을 인정하고 균등한 사회인으로 동행해야 한다는 것이다. 하루가 다르게 변하는 개방된 사회에서 낡고 도태된 사고는 본인과 자식들의 미래까지 불행하게 만들지도 모른다.

 부모의 욕심으로 자신들의 재능과 꿈을 키워가는 젊은이들에게 용기와 격려보다 평가절하 하는 모순된 얼굴을 보여서는 아니 될 것이다.

필자의 모친은 "성장하는 아이들을 무시하면 안 된다."고 훈육을 해 주셨다. 그 아이가 나중에 뭐가 될지 모르니 존경해 주라는 것이었다. 모친의 가르침을 필자가 잃어버리거나 훼손하지 않도록 자식들이 선호하는 분야를 그저 옆에서 지켜 볼 뿐이다.

수직적 사고의 맹점

2016.11.06
조건을 붙이면 내가 힘들어

흔히 집안에서 수직적인 관계로 인해 자식들에게 상처를 주곤 한다. 더욱이 부모는 사회적으로 명성이 있지만 자식이 부모 이상으로 성장하지 못할 경우 자식에게 무의식적으로 씻을 수 없는 아픔을 준다.

이러한 상황에서 자식과 부모 간의 제대로 된 대화는 이루어질 수 없다. 서로 공격적인 대화와 방어적인 대화가 주를 이루기 때문에 마음을 여는 대화를 하지 못하고 가족의 결속력을 상실하게 된다.

자식이 부모가 기대한 기대치에 못 미칠 경우도 있고 그 이상도 있을 것이다. 기대에 못 미칠 경우 부모의 눈높이에 맞추려고 자식을 울타리에 가두어 가꾸려고 하지 말고 차라리 울타리를 없애버리는 편이 더 좋을 것이다.

그래야 자식도 자식 나름대로 자신의 영역을 만들어 갈 것이다. 자식의 영역이 만들어지기까지의 시간과의 싸움에서 부모가 기다려주지 못하면 자식은 방황을 하고 의지할 곳을 잃어버리게 된다.

우리는 남들에게 대기만성이라고 격려의 말들을 쉽게 한다. 그러나 자식에게는 대기만성보다는 촉박한 성과를 기대한다. 여기서 자식과 부모간의 사랑과 소통의 대화는 사라지고 부모는 부모대로, 자식은 자식대로 상처 속에 한탄만 쏟아낼 것이다.

사회는 다르다. 사회는 경쟁주의가 확연하여 능력이 우선이다. 능력이 부족한 사람은 자연히 도태되어 설 곳을 잃어버리고, 능력을 인정받은 사람만이 환영을 받는다. 사회의 능력주의를 부모가 자식에게 요구한다면 가정은 화목보다는 파탄의 길로 접어든다.

요즘 사회의 기본바탕인 가정에서조차 자식과 부모간의 대립이 종종 발생하곤 하는데 부모가 자식을 독립된 인격체로 대하지 않는데서 오는 것 같다.

사랑에는 조건이 없지만 생활하다보면 무의식적으로 조건이 붙는 경우가 있다. 공부 잘하고 성실한 제자, 부모 말씀에 절대적으로 복종하는 자식, 지시를 충실히 수행하는 부하직원 등 조건이 충족되면 무한한 사랑을 받는다. 모든 것이 자기하기 나름이라고 단정 짓는 것보다 본인의 능력이 가장 잘 발휘할 수 있도록 환경을 마련해주고 믿고 지지해 줘야 한다. 자식은 믿는 만큼 자라고 부하직원도 인정해주는 만큼 최선을 다할 것이다. 경직되고 수직적인 태도는 주변의 많은 사람들을 위축시키고 상처를 줘 본인의 능력을 발휘할 수 없게 만든다.

특히 수직적인 관념이 강한 아버지, 선생님, 직장상사, 사회지도자 등은 집안이나 단체를 이끌어가야 할 능력 있는 자식과 우수한 인재를 양성해야 한다는 책임감에 휩싸여 오히려 무리수를 두기가 쉽다.

우리 사회에서 수직적인 개념이 강할수록 소통이 어렵고 배려와 존중은 사라져 정신적 양극화는 더 심화된다. 이러한 문제를 해결하기 위해서는 포용적·수평적 사랑이 요구된다.

오늘의 사회문제는 조건이 붙은 수직적 사랑이 그 원인이 되고 있다. 이제는 성과중심의 사랑보다는 모든 사람이 자신의 능력을 발휘할 수 있도록 믿고 바라봐주며 의지할 수 있는 포용성 있는 사랑을 발휘할 때이다.

있는 그대로 보면

2016.11.20
스스로 자문자답해 봐

　식물도 칭찬을 듣고 자라면 건강하고 예쁘게 자라고, 미움의 말을 들려주면 제대로 자라지 못한다. 먹는 물도 고운 말을 들려주면 결정이 예쁘게 만들어진다는 연구결과에 놀란 적이 있다.
　흔히 애완동물도 자기에게 잘 해 주는 사람과 못 살게 구는 사람을 구분하여 애교와 견제를 하는 것을 주변에서 볼 수 있다. 동물과 식물도 이러한데 사람은 오죽하겠는가!
　자신을 인정해 주는 사람에게는 무한한 신뢰를 갖게 될 것이고, 사사건건 부정적으로 비난을 하는 사람에게는 눈길조차 주지 않을 것이다. 자신보다 윗선에 있는 인사가 좋은 결과를 도출하면 능력이 대단하다고 평가할 것이고, 자신보다 낮은 위치에 있는 사람이 자신보다 능력을 더 발휘하면 재주가 있다고 평가절하 할 것이다.
　사람을 보는 데에는 균등하고 곧아야 하는데 그러하지 못한 것은 마음의 위치가 감정에 지배받기 때문이다. 아무리 본인이 마땅치 않게 평가하는 인물이어도 훌륭한 업적을 남길 때는 공정한 평가를 함으로써 자신의 그릇도 함께 넓어진다. 즉 타인의 좋은 점을 공정하고 정당하게 평가하는 마음을 가진 사람이야말로 우리 시대에 요구되는 인물이다. 가진 게 없어도, 생활이 궁핍해도, 남들처럼 스펙이 화려하지 못해도 마음이 곧은 사람은 편향된 사고가 없어 사람을 차별하지 않으며 구분하지도 않는다.
 주변에서 자신의 이익을 위해 사람을 바꾸고, 사람을 버리며, 힘 있는 사람 편에 서서 자신을 보호하는 사람들을 흔히 보곤 한다.
 그러나 내면의 세계가 안정되고 탄탄한 사람은 알량한 권력을 가지거나, 권력을 악용하여 자신의 위세를 보이는 사람을 만나면 상황에 휩쓸리지 않고 오히려 그들을 멀리할 것이다. 사물이나 사상을 있는 그대로 긍정적으로 보는 마음, 그것이 사회가 요구하는 일관성이다. 자신보다 남을 더 소중히 여기고 높이 평가하는 자세는 누구나 할 수 있는 것은 아니다. 수양도 필요하지만 타고난 천성이 바탕이 되어야 할 것이다. 자신의 천성이 착한지 악한지는 본인이 구분할 수 있다. 남의 험담에 맞장구치지 않고 들어주지 않거나 멀리한다면 그것은 선한 천성이고, 반대로 악담이나 남의 확인되지 않은 소문에 맞장구치며 악의적으로 퍼트리는 사람이라면 선한 천성은 아닐 것이다.
 필자도 사회생활을 하면서 남의 비방을 하지 못하게 하였더니 오히려 뒤에서 필자를 악평하고 소문을 만들어 퍼지게 한 사례를 경험해 봤다. 그 소문으로 필자를 멀리하게 된 사람, 의혹의 눈으로 보는 사람 등등이 있었지만 그 모든 것은 시간이 해결해 주었다.
 이제는 형제 자매지간에도 이해관계로 인연을 끊고 사는 사람이 많은 세상이 되었다. 이 얼마나 안타까운 일인가? 우리가 살아가는 사회에서 자신의 이해관계로 사람을 가리지 않고, 있는 그대로 바라보고 인정해 주는 사람들이 많아질수록 더 건강한 사회가 될 것이다.
 우리는 자신을 완벽한 사람으로 인정하고 믿고 있기에 타인의 행동을 있는 그대로 보지 못하는 우를 범하는 것 같다. 이제라도 누가 무엇을 하든 선한 일이면 선하게, 좋은 일이면 좋게 있는대로 봐주는 마음을 가져보자.

개념에 갇힌 우리

2016.12.25
짓누른 개념을 벗어버리자

현상을 이해하는데 있어 본인의 사상에 따라 상반된 해석을 보일 수 있다. 우리나라는 해방된 이후 우와 좌, 보수와 진보 등등으로 인해 단합된 모습보다는 정치적 이해관계에 의해 이런저런 파로 나뉘어 국민들 가슴에 멍을 남겼다.
조선시대에도 집권을 유지하기 위해 앞서가는 정치를 하려는 세력에게 역모라는 죄목으로 처단함으로써 조선이라는 나라를 후퇴시키고 말았다. 양반보다 우수했던 장영실이나 허준이 신분제도 틀에 제약을 받지 않았더라면 조선은 중세에 이미 세계를 지배할 수 있는 과학과 의술을 갖게 되었을지도 모른다.
신분제도를 타파하기 위해 개혁을 주장했던 일부 개혁자들이 형장의 이슬로 사라지는 아픔도 있었지만, 역사 교과서에 나오는 수많은 위인들이 신분제도에 대해선 일반 양반세력과 다름없이 현실에 타협했던 것 같다. 보수, 진보, 우파, 좌파 등 정치적으로 표방하는 것은 사실 국민들에게 그리 중요하지 않다. 각 정당에서 내세우는 이런 이념은 정권을 차지하기 위해 내세운 정당적 요구를 표방할 뿐이다.
자신이 진정한 보수, 진정한 진보라고 외친 사람도 공천에 있어서는 수구로 돌아갔고 자신보다 훌륭한 후보에게 공천권을 양보한 사람을 보지 못했다. 자신이 가지려고 하는 것에는 수구이면서 상대방에게는 개혁과 분배를 요구하는 것은 온당치 않다. 이러한 사고를 가진 사람들이 정치를 하니 국가의 발전은커녕 국론만 분열되고 말았다.

 국민을 볼모로 자신의 목적을 취하는 것이 비록 순조롭게 지나간다 하더라도 언젠가는 역사의 길목에서 수치로 기록될 것이다. 흔히 보수도 진보도 아닌 양쪽의 장점을 취하고 단점을 멀리하는 이념을 가진 사람을 중도라고 한다. 그러나 선거 때만 되면 아무리 유능한 후보라 하더라도 정당과 지역성으로 인해 지지는커녕 비판적으로 돌아서 인격적 모독까지 감수해야 하는 사례도 보곤 한다. 심지어 좌파든 우파든 어떤 이념을 가진 정당이 정권을 잡고 있었을 때에도 국민의 경제적 수준과 일자리 창출, 분배 등 각 정당에서 평소에 주장한 것들이 실현되지 못한 것을 보면 얼마나 개념에 사로잡혀 한 시대를 허비했는가 하는 참담한 마음이 든다.

 이념이나 개념에 자신을 가두지 말고 국민을 보고 정치를 한다면 나라의 부흥뿐만 아니라 하나의 국론으로 유도되어 더 웅비할 수 있을 것이다.

 이에 반해 보수와 진보가 자신들 것만 옳다고 한다면 수구세력이 되어 버린다. 수구세력의 마음속에는 국민이 아예 존재하지 않아 자신과 측근들만 존재하는 세계를 구축해 버린다. 자신의 마음속에 보수와 진보가 공존해야 사회 전반도 옳고 곧은 진보와 보수가 존재하게 된다. 다시 말해서 자신들이 정권을 잡을 때 서로의 이념을 교차하여 가져야 한다. 보수가 집권하면 진보 사상을, 진보가 집권하면 보수사상을 공유해야 국민을 위한 애민정치가 자리 잡을 수 있을 것이다.

 오직 자신들의 이념만 전개하고 편협한 정치를 한다면 어떠한 것도 얻을 수 없을 뿐만 하니라 부실정부, 무능정부로 낙인만 찍히게 된다.

자연인

2017.01.01
마음이 요동치다

　각박한 사회생활을 하면서 마음의 여유가 부족하고 늘 무언가에 쫓기는 중압감으로 자신을 뒤돌아볼 수가 없는 많은 도시인들은 주말이라고 하여도 특별히 쉴 곳마저 없다.
　어려서부터 공부해야만 성공한다는 소리를 듣고 자라 자신의 적성과 소질에 상관없이 무작정 공부만 하다 보니 자신의 정체성과 고유성을 잃어버리기도 했다.
　교육과 국방의 의무를 마치고 사회에 진출했어도 살아남기 위해 몸부림쳐야 했고 결혼을 해서는 가족을 위해 다시 자신을 잃어버려 아름다운 추억 하나 회고할 수 없는 현실에 가끔은 도피하고 싶은 마음이 들기도 한다.
　이러던 필자가 어느 날 자연인이라는 방송을 시청하게 되었다. 사업에 실패하였거나 건강 또는 사회로부터 적응하기 어려운 사람들도 더러 있었지만 대부분은 자연이 좋아서 자연 속에서 자아를 찾은 행복이 가득한 모습이었다. 자연 속에서 그들은 욕심과 탐욕을 버렸고 오로지 자연에 순응하면서 살아가는 지혜와 슬기를 얻는 듯했다. 비록 잠자리가 불편해 보여도 땅을 맞대고 하늘을 바라보며 자연의 공기로 호흡을 할 수 있다는 사실이 필자의 마음을 요동치게 만들었다.

필자는 지리학을 전공하여 젊은 시절 전국을 돌면서 가장 고즈넉하고 평온한 장소를 많이 보아왔다. 지형조사를 하면서 나중에 이곳에서 생활하면 좋겠다는 생각을 하곤 했었는데 어느덧 그런 생각이 현실로 되어가는 중년이 되어 버렸다.

자연이 준 친구들과 온종일 이야기하고 그 이야기를 글로 끄적거리기도 하며, 뒹굴다 지치면 자연을 품 삼아 낮잠도 자면 이 얼마나 황홀할까 가슴이 설렌다. 필자가 쓴 글을 나무 그늘에 누워 아내에게 읽어주면 아내는 다정한 목소리로 이러저러한 평을 해 주리라.

지금은 바쁘다고 글을 쓰지 않고 있지만 아내도 웬만한 문학인 못지않아 자연에 묻혀 생활하며 쓴 글을 모아 공동의 책으로 출간도 하여 자연과 어우러진 부부 문학의 새로운 장이 너울거리는 꿈도 꾸고 있다.

아마 필자가 자연인이 된다면 한 달에 쌀 한 말만 있어도 살아갈 수 있을 것 같다. 아침에는 텃밭에 심은 야채와 자연에서 얻은 식재료로 아내에게 최상의 밥상을 대령해 주리라. 점심은 도시락에 된장만 달랑 넣고 산행하면서 지천에 널려있는 산채를 따서 씻어 먹고 저녁에는 밤하늘의 별과 달을 보면서 속세의 때를 다 벗고 싶다. 필자 자신으로 인하여 번뇌를 만들었던 제3자에 의해 염오를 갖게 되었던 간에 자연에 맞춰간다면 그것이 도탈로 가는 길이 아니겠는지 생각에 잠겨본다.

해가 넘어가면 작은 황토방 아궁이에 아내와 둘이 앉아 군불을 때면서 고구마 몇 개 넣어 주고, 낮에 쓴 글을 읽으면서 하루를 보내는 일상과 아내의 속옷을 빨아 칡 줄기로 만든 빨랫줄에 널어 말리면 그동안 못해 준 사랑을 채워줄 수 있을런지 모르겠다.

오늘도 아내의 사진을 바라보면서 노후에 자연인으로 살아가는 모습을 상상하며 지금보다 더 애틋한 사랑을 다짐해 본다.

국수꼬리

2017.01.08
홍두깨 국수가 생각나다

　지금의 청소년들은 잘 모르지만 필자가 초등학교 다닐 무렵 혼식을 장려하여 점심시간만 되면 도시락의 혼식비율까지 검사하던 시절이 있었다. 식량 부족으로 우리나라가 보릿고개를 넘기 위해 외국으로부터 원조나 수입한 곡식으로 전 국민에게 강요했던 혼·분식이 지금은 각종 매체에서 웰빙식단이라고 찬사를 얻고 있으니 하나의 풍자 같다.
　식량의 자급자족이 된 이후부터는 도시락의 혼식검열이 없어졌지만 그 시절 각 가정에서는 먹을 것이 부족하여 자발적으로 혼·분식을 했었다. 그 때는 간식거리가 없어서 그랬는지 밥그릇이 지금의 2배~3배 정도나 컸고 밥도 수북이 퍼서 먹어도 뒤돌아서면 배가 고팠었다.
　그 시기 보리밥과 감자밥을 너무 많이 먹었던 사람들은 지금도 보리밥과 감자를 쳐다보지 않을 정도로 식생활 해결에 몸서리쳤던 때였다. 다행히 어머니들이 밀가루에 콩가루를 넣어서 홍두깨로 만든 국수는 적은 재료로 온 가족이 둘러앉아 푸짐하게 먹을 수 있어 각 가정에서 자주 만들어 먹었다.
　조미료도 없던 시절이라 간장에 미원 조금 넣어 국물을 만들고 호박 볶아 고명을 하면 최고의 별미였다. 그 시절 동네엔 가게가 없는 곳이 태반이어서 설혹 가게가 있다고 하여도 돈이 없어 간식거리를 구하기가 어려운 때였다.

 그러니 국수를 만드는 날이면 꼬맹이들은 어머니가 국수를 썰 때 남기는 맨 마지막 부분을 얻어 연탄불이나 숯불에 구워먹곤 했다. 아무 맛도 없는 국수꼬리를 얻으려고 홍두깨로 미는 어머니 옆에 달라붙어 언제 국수를 칼로 자르나 하고 마냥 기다렸던 기다림의 미학이 어느덧 50년 세월이 지났다.

 형제들이 많은 집안은 서로 국수꼬리를 얻으려고 경쟁도 치열했다. 다행히 형들이 양보를 하거나 형들이 없는 날 국수꼬리를 얻으면 횡재를 한 날이었다. 일부 사람들은 기억조차 없을 국수꼬리, 불에 조금 타서 먹을 때 쓴맛이 나도 마냥 좋아서 조금씩 뜯어 먹고 누가 오면 몸 뒤로 숨긴 순박한 어린 시절의 추억이 그립기만 하다.

 지금은 가정에서 국수를 해 먹고 싶어도 홍두깨가 없어 할 수도 없지만 귀찮아서 할 엄두도 나지 않을 것이다. 사실 밀가루 한 바가지로 여덟 식구가 한 끼를 해결할 수 있다는 것은 밀가루의 대변신이자 찬사를 받아도 무리가 없는 별미의 최고봉이었다.

 필자가 국수꼬리를 회상한 것은 밀가루반죽을 하면서 배고픈 가족들의 한 끼가 어머니의 손에 달려 있던 시절, 국수의 양이 적으면 국수 국물로 해결하시던 어머니의 모습이 나의 마음 한켠에 새겨져 있기 때문이다.

 배고픈 자식들이 더 먹겠다고 "엄마 국수 더 줘." 하는 소리에 안절부절 못하시며, "왜 국수를 적게 했어." 라는 남편의 핀잔에도 말 한마디 없이 마음을 접은 우리네 엄마들!

 그것도 모르고 국수꼬리 만들어 달라고 졸라대던 필자의 철없었던 시절, 비 오는 날이면 그 시절이 더욱 생각이 나고 고향 향기가 물씬 풍기는 듯 그때가 그립다.

향기

2017.01.11
사람마다 향기가 달라

  향수는 약 5,000년 전에 종교의 의식용으로 출발하여 오늘날에 이르게 되었다. 초기에는 신에게 제사를 지낼 때 향기 나는 식물의 일부를 몸에 바르고 신에 대한 예의를 표하기 위해 사용되었지만 차츰 사람들의 기호품으로 사용하게 되었다.
  우리나라도 삼국시대 유학을 갔던 승려들이 귀국하면서 향료를 가지고 와 전파되기 시작하여 신라시대 때 대중화되었다는 설도 있다. 17세기 프랑스에서는 피혁 제품을 많이 사용하였는데, 가죽에서 나는 특유의 악취를 없애기 위해 향료와 향수가 필수품이 되어 이후 향수가 산업으로 발전하기 시작하였다고 한다.
  어린 시절에 누군가로부터 서양 사람들은 고기를 많이 먹어 냄새가 나기 때문에 향수를 사용한다고 들은 적이 있다. 그런데 이 말을 뒷받침해 줄 연구가 발표되어 세간의 주목을 받고 있다. 호주 맥쿼리대 연구진이 여성들을 대상으로 다양한 남성에게서 채취한 땀 냄새를 맡게 하는 실험 결과를 학술지 "진화와 인간 행동"(Evolution and Human Behavior)에 발표했다.
  연구결과에 의하면 참여한 여성들은 채소와 과일을 많이 먹은 남성에게서 채취한 땀 냄새를 가장 매력적이라고 평가하면서 꽃이나 과일 향기 또는 달콤한 향기가 난다고 묘사했다. 반면에 파스타와 빵과 같이 탄수화물을 가장 많이 먹은 남성의 땀에 대해서는 가장 매력이 없다고 답했다.

이처럼 먹는 음식에 따라 사람에게서 나는 향기가 다르다는 것은 연구가 있기 전부터 알고 있었을 것이다. 고대 제사의식 전에도 사람들이 이상적인 매력을 갖기 위해 본능적으로 사용을 해 왔을 것으로 추정된다.

요즘처럼 비누와 샴푸가 다양한 시대에서는 인위적인 냄새로 인하여 사람의 고유한 향기를 맡을 기회가 거의 없다. 그런데 필자의 지인은 어느 곳에서도 자기 아내에 대한 향기를 맡을 수 있다고 단언하여 놀라움을 안겨 주었다. 그는 눈을 감고 향기만 맡아도 자신이 사랑하는 사람의 향기라는 것을 알 수 있으며 그 향기를 맡는 순간이 가장 행복하다고 했었다. 이는 남이 가질 수 없는 오감의 소유자임을 알려주는 것뿐만 아니라 사랑에 대한 극진함을 뜻하기도 하다.

필자는 육고기라고는 쇠고기만 조금 먹을 줄 알며 다른 고기는 먹어보지 못했다. 채소와 과일을 주로 먹고 살아온 필자에게도 과일과 채소 향기가 날지 호기심이 생긴다. 사람이 먹는 것에 따라 향기가 상이하듯 어떤 생각과 행동을 하고 살아왔는지에 따라 사람의 말속에 풍기는 향기도 다르지 않겠는가? 법구경에 나오는 말씀에도 "말에서 향기가 나야 주위로부터 존경을 받는다."고 한다.

치장으로 몸의 악취를 지울 순 있어도 말에서 풍기는 악취는 감추기가 더욱 어려울 것이다. 인간이 섭취하는 과일과 채소는 마음의 정언과 정사유에 해당할 것이다. 따라서 정언과 정사유 같은 마음의 양식으로 향기 나는 삶을 영위하는 것이 나의 희망이다.

아무리 배고프다고해도 나를 잃어가면서까지 탐식하지 않는 유여한 모습도 인생에 있어 폼생폼사 같아 좀 멋있게 보이고 싶다.

소박한 삶의 행복

2017.01.15
나의 소질은 무엇일까?

　호화찬란한 식당에서 최고의 와인으로 식사를 하면서 저명인사와 담소가 곁들인 만찬이어도 그 자리가 불편할 때엔 행복한 기억으로 남지 않고, 비록 보리밥에 된장찌개를 먹어도 웃음이 가득하고 어머니가 해 준 맛하고 같은 느낌을 받을 때엔 소박하지만 행복이 가득한 느낌으로 남는다.
　커다란 저택과 비싼 차를 타고 다니며 자신의 허세를 보여주는 것보다 작은 집과 작은 차라도 내가 행복하면 그만이다. 너는 몇 평에 살고, 어떤 차를 타고 다니느냐고 묻는 질의에 상대방은 불편해지고 애써 자신이 꾸며 놓은 공간 자체가 흔들리는 느낌을 받게 된다.
　모든 사람이 큰 업적을 내야하고 큰 사업만 해야 성공하는 것은 아니다. 크든 작든 간에 자신의 힘으로 성취할 때 의미가 있는 만큼 타인의 성과에 대해서 이리저리 평가하여 사기를 저하시킬 필요도 없다.
　흔히 입시철이 되면 자식이 어느 대학에 갔냐는 물음에 난감할 때가 한 두 번이 아니었다. 필자는 자식들에게 공부보다는 친구 사귐에 더 치중을 하여 공부하라는 말 대신에 "친구 많이 사귀어라." 라고 조언을 해 주었고 자신의 미래를 책임지도록 해 부모에게 기대는 마음을 조금씩 덜어주었다.

필자가 30대 초에 고향을 내려가면 서울에 있는 친구들이 서로 식사비를 내려고 카드를 꺼내는 광경을 자주 목격했다. 50대 초반에 다시 고향에 내려가서 친구들을 만나보니 서울에서 온 친구보다 고향친구들이 서로 내려고 하는 모습을 보게 되었다.

30대 초반 때에는 서울로 유학 간 친구들이 나름대로 성공해서 친구들에게 자신의 위치를 보여주었지만 50대가 되어서는 많은 친구들이 명예퇴직으로 노후를 걱정하는 느낌을 받았다. 그러나 고향에 있는 친구들은 기술을 배워 탄탄한 사업체를 가지고 있어 노후걱정이 없어 보였다.

이러한 것을 보면서 학력으로 평가하는 사회보다 개인의 적성과 소질을 계발하여 사회의 일원으로 양성하는 교육이 절실히 필요하다는 생각이 들었다. 소위 SKY대학에 몇 명을 보낸 결과로 학교와 개인이 평가받는 시대는 탈피해야 한다. 오직 명문대학에 합격한 몇 명의 학생에 의해 좌지우지되는 학교의 평가가 얼마나 부질없고 많은 학생들에게 좌절감을 주는지 되돌아보아야 한다.

비록 국영수 과목에서 뒤떨어져 사회에서 말하는 명문대학에 가지는 못했어도 자신의 소질을 계발하도록 격려하고 미래를 설계해 줄 수 있는 교육이야말로 우리가 지향해야 할 교육방향이다.

그동안 교육이 명문대학에 몇 명씩 보낸 결과로 학교의 위상이 평가되어 학교가 그들만을 위한 공간을 제공해 주었다. 최근에 벌어진 최악의 국정논란도 인격보다는 한 개인의 성적을 학교전체의 성적으로 오인하고 몇 명을 위한 엘리트 교육을 추구한 소수의 교육자들이 만들어 낸 추악한 결과이다. 앞으로 모든 교육이 외형의 화려함보다 인간성을 겸비한 소박한 삶이 행복의 근간이 되도록 교육목표와 삶의 목표로 전향해야 할 것이다.

눈물의 재회

2017.01.17
중천의 인연

사람이 슬프건 행복하건 간에 감정을 극도로 보여주는 것이 눈물이다. 억울해서 우는 것은 원한이 되겠지만 기뻐서 우는 것은 환희가 될 것이다. 또한 청춘남녀가 이별할 때 흘리는 눈물은 평생 다시 만날 수 없음을 의미할 것이고, 재회할 때 뜨겁게 흘린 눈물은 영원히 함께 하겠다는 징표가 될 것이다.

요즘은 사랑도 물질처럼 행복의 평가 요소로 작용하며 사랑이 미래를 보장해 줄 수 있는지, 성공에 도움을 주는지 등 이해타산으로 해석하여 사랑의 본질을 흐려 놓기도 한다. 이러한 상황 때문에 결혼도 미루고 사랑할 상대도 찾기 어려운 시대가 되었다.

더욱이 사소한 감정으로 인해 서로 쉽게 헤어지는 경우를 보면서 사랑도 시대의 흐름에 따라 변할 수 있다는 것을 알게 되었다.

필자도 사랑의 파랑을 탄 적이 있다. 함께 할 수 있는 여건이 되지 않아 헤어짐에 마음 아파 사경을 헤매고 있을 때 한 통의 전화로 가느다란 사랑의 실타래를 이어가게 되었다. 눈물로 사랑을 재확인했고 조건 없는 사랑으로 승화를 했었다.

그 무렵 사랑을 할 때는 주위의 시선을 피해 아무도 모르는 중천에서 싹을 피웠고 그 싹이 사랑의 열매를 맺게 해 주었다. 안아주면 필자만

맡을 수 있는 향과 내 몸을 만지는 것 같은 느낌으로 하늘이 준 인연으로 간직하고 있다.

 사는 동안 서로의 생각도 같았고 식사습관도 닮아가며 얼굴도 닮아가는 듯 주위에서 서로 닮았다며 두 사람의 연을 축하해 주기도 했다. 아침에 무엇을 먹고 싶다고 생각을 말하지 않았어도 그 음식이 나올 정도로 생각이 같았다. 아내의 식성은 필자처럼 육류보다 채소 위주로 변하여 부부는 닮아간다는 속설을 증명해 주기도 했다.

 흔히 사람들은 건강을 잃으면 모든 것을 잃는다며 건강의 중요성을 일깨워 주곤 한다. 사실 건강과 재산을 잃을 때는 자신들의 행동이나 생활에서 큰 불편을 느낀다. 그러나 사랑을 잃을 땐 생명이 다 할 때까지 마음 깊은 곳에 품고 지우고 싶어도 지워지지 않는 아픔으로 남는다.

 요즘은 필자가 글을 쓰면 아내가 오타나 문맥을 잡아 줘 하나의 글을 써도 서로의 영혼이 담겨져 있는 느낌이 든다. 아내가 글을 수정해줘야 필자의 글이 완성되는 느낌은 필자만이 가지는 희열과 행복일 것이다. 글을 쓰면서 서로 교정을 봐주는 정신적 교감은 경험한 사람만이 알 것이다. 더욱이 함께 문인으로 등단하여 부부 문인으로 사는 즐거움도 크다. 마음속 생각을 표현으로 표출하지 못하면 답답함이 야기될 것이며 글로 정신적 힐링을 한다면 자연과 더 가까운 삶을 영위할 수 있지 않을까 생각해 본다. 필자는 애틋한 사랑을 시집으로 남겼고 요즘은 수필에 빠져있다. 이 모든 것은 그 시절 눈물의 재회가 원동력이었음을 말하고 싶다.

 그리움과 보고픔이 애절할 때는 글로 표현하여 눈물의 재회를 잊지 않기 위해 노력하고 있는 것을 알지 모르지만 필자의 눈물은 언제나 함께 하자는 징표였다. 이제는 손잡고 가는 것만이 남은 삶의 의미가 된 시점에 언제나 나의 사랑은 나의 행복이고 내 삶의 의미이다.

누워서 세상도 보자

2017.02.07
겸허하게 수용할 수 있는 마음의 여유

인간은 본래 자기중심적인 사고를 한다. 이 세상에서 자신이 가장 존귀하고 가장 잘 난 사람으로 착각도 한다. 특히 배웠다는 사람들은 자신이 완벽하고 부족한 면이 없다는 생각에 주변인들의 마음을 불편하게 하는 경우가 많다.

뒤늦게 사회에 진출한 필자는 사회에 나와 보니 실력도 중요하지만 이웃과 어울리는 EQ(감정지수)가 얼마나 중요한지 알게 되었다. 자존심 강하고 자기주장이 강한 사람일수록 자신의 어떠한 부분을 지적하면 그것을 겸허하게 수용하지 않고 자신의 분을 이기지 못해 마음의 균형을 잃어버리는 것을 경험했다. 그 결과 예상치 못한 행동을 하여 그동안 신뢰를 주었던 사람으로부터 실망을 받게 됐다.

철도 두드릴수록 강해진다고 한다. 사람도 주위에서 자신의 부족한 점을 듣기도 하고 깨달으며 성장해 나가야 한다. 나의 부족함 자체를 부정하게 된다면 대화자체가 성립되지 않고 사회에서 외면당할 수밖에 없다. 우리는 그동안 성공을 위해 한 방향만 보고 무작정 뛰어와 이제는 막다른 골목에 서 있다. 오직 성공이라는 목표에 맞추다보니 수많은 넘어짐을 통해 얻은 것은 상처뿐만 아니라 이웃을 포용하는 마음까지 잃어버린 듯하다.

자신의 실수와 실패가 부끄러운 것이 아니다. 더 부끄러운 것은 자신의 실수를 인정하지 못하고 알지 못하는데 있다.

필자도 걸어온 길이 제 잘난 맛에 사느라 감정지수도 없는 냉철한 사람은 아니었는지, 상대방과 대화에서 부담을 주지는 않았는지 되돌아본다. 수시로 넘어지고 일어서기를 반복했지만 그 반성이 마음 속 깊이에서 나온 것인지, 아니면 순간을 모면하기 위해 인정한 것은 아니었는지 회고해 본다.

중년의 나이에 서니 이젠 넘어지고 싶어도 시간이 부족하다. 오늘은 모처럼 누워서 하늘을 봤다. 그동안 지나온 길이 부끄러워도 너무 부끄럽다. 나만은 늙지 않고 항상 젊음으로 지낼 것으로 자만했다. 어디 가도 자신 있다는 마음이 가득했다. 지금은 기세도 꺾이고 초라한 차림이 누가 되지 않을까 마음을 졸인다. 젊었을 때의 하늘과 지금의 하늘이 다르다. 젊었을 때 하늘도 높고 넓어보였다. 하늘에 별의 별 그림도 그리고 꿈도 심었다. 마음도 하늘처럼 푸르고 맑았다. 지금의 하늘은 그냥 좋다가 다다. 누웠을 때 불어오는 시원한 바람과 싱그러운 공기를 마시면 도시를 벗어난 홀가분한 마음뿐이다.

그동안 왜 누워서 하늘을 자주 보지 못했나 안타까운 마음이 든다. 조금 더 일찍 누워서 하늘을 봤더라면 주위의 충고도 겸허하게 수용할 수 있는 마음의 공간을 비워 놓았을 텐데 이제는 그 공간조차 없는 듯하다.

지나간 오점을 후회한들 소용이 없지만 더 늦기 전에 하늘을 보게 되어 다행이다. 돌아볼 기회조차 갖지 못한 삶이 되었더라면 더 초라하고 누추한 발자국이 될 뻔했다. 오늘 하늘은 구름이 가려 마음까지 우중충하다. 지금의 삶이 먹구름처럼 굴곡되어도 구름 넘어 푸른 하늘이 있음을 믿고 젊었을 때 꿈처럼 새로운 희망으로 다시 뛰어보련다.

귀에 박힌 것을 하나씩 뽑아내련다

2017.05.30
귀에 얼마나 많은 험담이 담겨 있나

　일상생활 하다보면 다양한 것을 체험하게 된다. 즐거운 일, 슬픈 일, 괴로운 일 등 모든 사람들이 겪어야 할 일들이다. 즐거운 일들은 상호간에게는 행복감을 주지만 슬픈 일이나 괴로운 일은 당하는 사람에게는 넘어야 할 험한 고개가 될 수 있다.
　자신에 의한 잘못은 스스로 해결하면 되겠지만 타인에 의해 야기된 것이라면 해결하려고 할수록 더욱 더 미궁에 빠지기 때문에 누구도 시원한 해답을 주지 못한다.
　흔히 일어나는 분쟁은 단순한 실수로, 또는 계획적으로 상대방의 부족한 면을 부각시켜 갈등의 골을 만들기도 한다. 그런 과정에서 우리도 모르는 사이에 많은 상대방의 정보를 담는다. 그 정보가 치명적인 것도 있겠지만 대부분 사소한 안주거리로 대부분 쉽게 잊어버리기 쉬운 것들이다.
　그러나 남의 이야기를 들어주는 수준이 있다. 내 귀에 어떠한 것을 담느냐에 따라 인성에 영향을 준다. 가족이나 착한 지인이 평소와 달리 표현하는 언행에서 놀라움을 갖게 되어 왜 저리 변했는지 감내하기 어려운 경험도 해 봤을 것이다.
　누구를 만나서 대화하고 생활하느냐에 따라 잠재적 의식이 점진적으로 전이되는 것은 모든 인간이 겪는 하나의 과정이다.

 초등학교 시절 한 아버지가 자식이 잘못을 할 때마다 나무에 못을 하나씩 박아 놓은 후 자식이 선행을 하면 다시 못을 하나씩 뽑아 훈육했다는 이야기를 들은 적이 있었다.

 그리고 한 스님으로부터 우리들 귀에 박힌 남의 험담이나 음해하는 말은 평생 동안 귀에서 뽑아 낼 수 없다고 들었다. 또 남의 험담을 한 번 들어줄 때마다 귀에 못이 하나씩 달려 몸이 움직일 때마다 못이 함께 움직여 육신이 괴로워진다고 한다. 비록 눈에는 그 못이 보이지 않지만 선한 자에게는 귀에 달린 못이 보인다니 얼마나 끔찍할지 소름이 돋는다.

 사실 아무리 교회에 가서 기도를 하고, 절에 가서 불공을 드리며 갈고 닦아도 바꾸기가 어려운 것이 사람의 본성이다. 잠시 동안은 무서운 본성을 숨길 수는 있어도 본색을 드러낼 때는 많은 사람들이 경악하고 놀라움을 갖게 된다.

 모친 손잡고 초등학교 입학하기 전부터 절에 따라 다녔어도 반야심경이나 천수경 하나 못 외우는 필자지만 무암골 바위에 앉아 푸른 하늘과 소나무를 볼 때마다 마음속에서는 무언가 꿈틀대는 느낌을 받곤 했다.

 그 꿈틀대는 느낌이 지금 글을 쓰고 있는 필자를 귀에 박힌 못을 뽑지 않아도 될 정도의 가벼운 마음으로 만들어 준 것이 아닌가 싶다. 아마 무암골 청명한 계곡에 필자의 심신을 담아두지 않았더라면 수많은 못을 빼내야할 신세가 되었을지 모른다.

 오늘따라 하늘에 뜨문뜨문 떠 있는 구름을 다리삼아 어릴 적 도랑의 돌다리 건너던 마음으로 못이 하나도 박히지 않은 해동의 해맑은 미소를 갖고 싶다.

밥상에서 나오는 최고의 배려문화

2017.08.17
가족과 몇 번이나 아침을 했을까

곳간에서 인심난다는 옛말이 알려주듯이 우리의 정 문화는 세계인들에게 감명을 주기에 충분하다. 한국으로 유학 온 학생들은 함께 식사하며 '내 것이 아닌 우리 함께' 라는 공동체 문화에 놀라워한다.
우리나라가 산업화로 접어들기 시작할 무렵 유학파들이 서구의 일부 문화가 최고인양 합리적인 것을 강조하기도 했지만 우리 정 문화를 굳이 타박해야 할 이유는 없을 것 같다.
모 방송의 "한국은 처음이다" 라는 프로그램에서 이방인들이 한국 인심에 감복을 받는 장면을 보게 되었는데, 우리만이 가진 이러한 정의 문화가 세계의 중심이 될 수 있다는 자부심을 갖게 되었다.
그동안 한민족이라는 유일한 혈통문화에서 다문화로 전이되는 과정에 놓인 우리사회가 문제를 극복하기 위해서는 개인주의보다 '모두 함께' 라는 공동체 의식이 무엇보다 절실하다.
어느 날 필자가 서울에서 대학원 다닐 때 한 선배가 식사가자고 해서 따라 갔다. 식사를 하고 돈을 내라는 말에 잠시 놀란 적이 있었다. 시골 출신인 필자는 먼저 가자는 사람이 밥값을 지불하는 문화에 익숙하였던 터라 어리둥절하고 있을 때 한 후배가 서울은 각자 낸다고 설명해 주어 다소 충격을 받았었다.

사실 0.1평도 되지 않는 밥상에서 벌어지는 사건은 수없이 많다. 밥상에 소주 한 병이 올라오면 남자들은 군대이야기부터 초년시절까지 다 나오고, 여성들은 가정사부터 남편이야기까지 쉼도 없이 이야기가 전개된다.

이 밥상에서 서운한 것도 풀고 서로가 오해하고 있는 문제꺼리도 해결해 줄 뿐만 아니라 상호간 신뢰도 형성된다. 이런 것들이 밥상에서 일어나는지 이해하지 못하는 외국인들은 당연히 놀랄 수밖에 없을 것이다.

지금도 50이 넘은 사람들은 식사하는 도중에 지인이 오면 같이 식사하자고 권하는 것을 볼 때 함께하는 미풍양식이 단절 없이 잘 이어져 가고 있다고 보여 진다.

필자의 자식들 이야기를 들어보면 요즘은 모든 것을 1/N로 나눠 계산한다고 한다. 사실 식사와 호프 한 잔을 해도 젊은 층들이 혼자 계산하기에는 벅차다. 사회가 젊은 층에게 식사 한 끼라도 같이 할 수 있는 여유를 주지 못했다. 높은 임대료와 인건비, 재료비로 인해 간단한 호프 한잔을 해도 몇 만원이 계산되는 현실에서 청춘들은 우리네처럼 낭만적 문화를 접하기 어렵게 되었다.

외국문화가 깊숙이 스며들어 개인주의가 팽배해도 밥상문화만큼은 변화되지 않기를 바란다. 지금은 식당에서 오래 식사를 해도 주인 눈치를 봐야하고 혼자 식탁을 차지하면 더 눈총을 받게 되는 각박한 시대에 방송에서 나온 외국인들의 한국밥상에 대한 감탄을 모두가 상기해 봤으면 한다.

인간미가 녹아 있고 가장 편한 자리에서 서로의 마음을 교감하는 밥상문화, 이 좁은 공간에서 나오는 배려와 사랑은 어느 나라에서도 찾아 볼 수 없는 최고의 문화일 것이다.

자신이 만든 비교대상

2017.09.17
나를 찾아보련다

　세상이 열린 이후 수많은 사람들이 생로병사의 주기에 맞춰 한 세상을 잠시 영유하다 간다. 그 짧은 시간 동안 희로애락의 리듬에 웃기도 울기도 한다. 그 희로애락의 원인을 자신이 아닌 타인에 둘 때에는 이전투구의 양상을 보여주기도 한다.
　필자가 학창시절 TV에서 대학예비고사 전국 1등을 소개하거나 씨름대회에서 우승을 하는 장면이 나오면 필자의 부친이 "아들 다섯 명 중에 저런 아들 하나 없어?"라고 모친에게 차가운 말씀을 하시는 것을 들은 적이 있다.
　지금 아이들 수준에서 보면 왜 비교하느냐고 부모에게 볼멘소리를 하겠지만 우리 때의 정서는 그 자리를 빨리 뜨는 것이 상책이었다. 자식들이 많은 터라 그 중에서 부모의 체면을 세워주는 자식 하나쯤은 있기를 바라는 마음은 이해되지만 그 만족을 시켜드리지 못하는 자식들이야 오죽 미안한 마음이었을까!
　그래서 필자는 자식을 키우면서 아직까지 다른 아이들과 자식을 비교해 본 적이 없다. 예부터 사람은 태어날 때 자기가 먹고 살 양식은 가져온다고 했다. 학창시절의 공부가 인생 전부가 아니기에 필자는 무엇보다 자식들에게 다양한 경험과 사람관계에서 예의를 강조했다.

아이들이 20대를 넘고 어느덧 성인이 다 되어가는 자식 옆에 늘 친구들이 많이 있는 것에 그래도 아이들이 잘 크고 있구나 라는 생각이 든다. 필자의 아들이 고등학교 졸업식 때 선후배로부터 축하를 받는 광경을 보고 '자식, 그동안 학교생활과 교우관계를 잘 했네.' 하고 마음속으로 칭찬해 준 기억이 난다.

세상에 모든 분야에서 1등하는 사람은 없다. 오히려 가끔은 1등으로 인해 비교대상으로 부각되어 분쟁의 꼬투리를 제공받게 되기도 한다. 혹자는 그 1등이라는 비교대상을 나 자신이 만들어버렸기 때문에 오직 경쟁에서 이겨야 한다는 강박관념에 휩싸여 가족과 동료들까지 비교대상에 포함시켜 각박한 생활을 만들어 버리기도 한다.

다행히 이런 각박한 경쟁에서 벗어나 마음의 평정을 찾기를 바라는 사람들이 늘어나고 있다. 그 예로 귀농하여 시골에서 남들과 경쟁이 없는 작은 피안의 세계를 만들기도 하고, 자연에 회귀하여 자신을 찾아보려고 하는 조용한 변혁이 그 예다.

사실 참 나를 찾는 사람은 그리 많지 않은 듯하다. 묵묵히 일하면서 자신의 위치가 가장 행복하며 어느 사람과도 비교하지 않고 그 자체만으로 행복하다면 참 나로 살고 있다고 생각해도 무방할 것이다. 남과 경쟁하지 않고 협력을 통해 자신의 능력을 발휘하며 최선을 다하는 모습이 모두가 바라는 삶이다. 자신에게 주어진 책무에 대해선 최선을 다하되 그 결과를 평가의 대상으로 삼지 않으면 좋겠다.

개인이 자아를 상실하면 욕심과 허상에 의지하거나 의존하는 대상을 찾게 되며 그때부터는 자신이 만든 그림자와 의지하는 대상의 하수인이 되어버린다. 또한 자신이 만든 비교대상으로 인해 존엄한 자아가 더 작게 되어 불행의 나락에 빠지게 됨을 알아야 한다.

석삼년의 교훈

2017.09.20
배움은 인품과 비례하지 않아

혼기가 찬 딸이 시집가기 전에 부모는 친정 욕 먹이지 말고, 소박맞지 말라는 의미에서 "석삼년을 살라."는 훈육을 했다. 석삼년은 귀머거리 삼년, 봉사 삼년, 벙어리 삼년 총 9년을 죽은 듯이 살라는 의미이다. 일부에서는 남존여비 사상이라고 격하시키기도 하지만 필자는 그 나름의 의미가 있었다고 본다.

성장과정이나 생활환경, 식생활 차이 등등 여러모로 상이한 사람들이 만나서 결혼생활을 영위하는 것은 사실 그리 쉽지 않다. 요즘에는 주변에 심심치 않게 보는 것처럼 동거생활을 하고 나서 결혼을 하는 경우도 더러 있어 이런 경우에는 서로의 개성을 어느 정도 알기 때문에 굳이 이러한 말이 필요 없을 수 있다.

예전에 비해 결혼을 하면 대부분 독립하여 가족 간 문화 충돌을 표출하는 경우가 적음에도 불구하고 자기주장이 강하고 희생정신이 약하여 각자 억제되지 않은 감정표출로 쉽게 충돌하는 사례가 빈번하다.

1970년 이전만 해도 대부분 대가족이라 "사람이 잘 들어와야 집안이 흥한다."는 생각이 팽배했다. 좀 배웠다는 며느리는 현대식으로 전환하려는 욕심이 있었고, 노부모들은 옛 것을 숭배하며 비과학적이라 할지라도 전통을 이어가려고 맹목적으로 습성화했었다.

그런 대가족 문화에서 가족 간의 갈등이 야기되어 해소되지 못하고 결국에는 "사람 잘못 들어왔다."고 '이웃보다 못한 원수지간'이 되기도 했다.

 아마 우리 조상들이 석삼년을 강조한 것은 보는 것, 말하는 것, 듣는 것 모두 조심하여 갈등을 줄이고 품격이 있는 삶을 영위하도록 하기 위해서 일 것이다. 9년이란 시간은 자식을 낳아 기르며 부모가 되는 과정이다. 출산의 고통과 자식 키우는 어려움을 직접 경험하며 말과 행동이 신중해지리라는 조상의 현명함이 숨어있다.

 사실 입은 만사의 화근이고, 귀는 의심과 분노를 만들고, 눈은 자극을 일으켜 사람의 감정조절을 상실케 한다. 나오는 대로, 보는 대로, 듣는 대로 발설이 된다면 그 집안이나 사회는 조용한 날이 없게 된다.

 듣고도, 보고도, 하고 싶은 말도 참고 인내하며 한 층 더 성숙한 인품으로 집안이나 사회의 중심이 되라는 조상들의 슬기가 경이롭다. 예전에는 배운 사람이라면 점잖고 선비정신을 겸비한 이로 존경의 대상이었지만 지금은 배움과 인품이 비례하지 않아 구설수에 오르내리는 사람이 너무도 많다. 교육이라고는 먹고사는 데 필요한 기능인만 양성하니 오늘의 배움은 존경은커녕 오직 권력과 부 등 자기 영욕의 도구로 전락했다.

 그동안 석삼년의 지혜를 실천했더라면 학식과 인품을 겸비하여 사회의 중심이 되는 인물이 넘쳐났을 것이다. 배움과 사회적 지위에 비해 가벼운 언행으로 구설을 양산하니 이보다 더 안타까울 수 없다.

 석삼년의 고통을 인내하며 자신만의 삶의 철학으로 승화한 사람은 어느 누구와 비교해도 모자람이 없을 것이다. 어느 시대에 살던 품격이 있는 삶을 영위하는데는 석삼년의 지혜가 한 몫 하리라.

내안의 나 기 살리기

2017.10.08
스스로 작게 만들까

　일제치하의 영향인지 필자가 초등학교 입학하기 전 시절에 아이들이 울 때면 순사가 잡아간다고 부모님이나 동네 어르신들이 이야기하면 울던 아이가 울음을 그칠 정도로 순사에 대한 악명이 높았다.
　일반 성인들도 죄가 없어도 괜히 경찰관을 보면 주눅이 들고 가까이 가는 것조차 꺼려했었다. 그래서 집안에 공무원 특히 경찰공무원이라도 있으면 무척 든든해하며 내심 자랑스러워했다.
　세월이 흘러 필자가 고등학교에 다닐 때는 누구네 아들은 사법고시에 합격했다며 동네 어귀에 현수막을 걸어 놓고 축하자리에 기관장들이 성시를 이룬 광경을 보며 자랐다. 또 조회시간에는 성적이 우수한 학생들에게 표창이나 장학금을 수여할 때 나머지 학생들은 박수를 쳐주는 피동적인 행위는 수상하지 못하는 평범한 아이들의 기를 죽이는 문화였다.
　잘 나가는 선배나 친구에게는 접근조차 두려웠고 자신보다 약한 사람들에게는 아주 편하게 대하거나 멸시하는 문화도 공존한 시대에서 살다보니 스스로의 가치를 잃어버린 듯하다.
　이와 같은 연유로 나보다 높은 직책이나 사회적 명성에 스스로 마음이 무너지는 경우가 종종 있다. 개인의 노력에 의해 형성된 명성에 대해서는 존경의 마음으로, 조직에 의해 얻은 직책에 대해서는 그 직책에 맞는 예우만 해 주면 그만인데 왜 그리 명성과 직책에 우리 스스로 작아지는지 모르겠다.

 흔히 내가 벌어서 내가 먹고 산다는 말을 한다. 이것은 자신의 생계와 생활자체를 자기중심적으로 행한다는 의미로 자주와 자족성을 부여하고 있다. 시간이 지나갈수록 자주와 자족정신이 희미해지는 것은 둘러싸고 있는 사회적 울타리가 너무 높은 원인도 있을 것이다.

 아무리 노력을 해도 남들이 부러워하는 지위까지 올라가지 못하는 구조와 개인이 가지고 있는 능력이 발휘되지 못하는 사회현상도 한 몫을 하고 있다. 사회구조에 의해 개인의 세계가 작아지는 것까지 개인의 정신세계를 탓할 수는 없을 것이다.

 자기혼자이면 초가산간에 살던 무슨 상관이랴. 그러나 사람은 사회적 동물이라 가족이라는 단위 속에서 생활한다. 그러한 구조에서 인간은 불행하게도 주위의 기죽이는 요소들과 접한다. 생활하는 주거형태, 직업군, 출신학교 등등 보이는 모든 것이 마음의 문을 닫게 한다. 가족과 함께 외식을 할 때도 돼지갈비와 소고기를 동시에 판매하는 식당에 가서도 그러하다. 누구는 맘 놓고 소고기를 먹는가 하면 누구는 경제적 부담으로 인해 돼지갈비조차 돈에 맞춰 전전긍긍해하며 먹어야하기에 걱정이 앞서 식사다운 식사를 하지 못한다.

 대화할 때도 상대방의 신분이나 직책을 알지 못할 때는 자신 있게 대화하다가 자신보다 사회적 명성이 더 높다고 판단되면 하고 싶은 이야기도 다 하지 못하고 조심스러운 대화 국면으로 접어들게 된다. 자신의 의지와 상관없이 작아지는 것은 그동안 내 삶의 중요성과 진솔한 가치가 형이하학으로 평가받아 왔기 때문일 것이다.

 이제부터는 타인의 명성과 직책에 기죽지 말고 나의 삶이 어느 위치에 있든 자부심과 자긍심으로 내안의 나를 기 살리는 삶으로 살아보는 것도 의미가 있을 것 같다.

시래기가 주는 삶

2017.10.17
버릴 것이 없는 자연의 지혜

필자가 어린 시절 각 가정에서 자주 먹던 음식이 시래기와 콩나물이었다. 시래기와 콩나물은 발품만 팔면 언제든지 만들 수 있어 우리네 어머니들이 가장 중요한 식자재로 간주했다.
 콩나물은 시루에 넣어 하루에 몇 번씩 물만 주면 잘 자라고 시래기는 김장철에 버려진 무 잎을 새끼줄에 끼워 그늘진 처마 밑에 걸어 놓기만 하면 겨울철 국거리로 최고였다.
 이번 추석 때 고향에 갔다가 산비탈에서 무 농사를 짓는 친구를 만났다. 둘도 없는 각별했던 친구로 어릴 적 필자의 밭에서 무를 많이 얻어먹었다며 무를 하나 뽑아 주었다. 흙을 털고 어릴 때처럼 이빨로 껍질을 까고 한 입 먹어 보니 추억속의 그 맛과 함께 어릴 적 기억이 났다. 어려서 농사짓기를 좋아해 밭이나 논에서 일을 할 때면 부모님을 거의 따라 다녔기에 소위 농사 좀 지었다고 말할 수도 있겠다. 일부 친구나 지인들이 필자가 농사이야기를 하면 믿어지지 않는다고 하지만 지금도 농사를 지으라고 하면 무엇보다 자신 있게 할 수 있을 것 같다.
 초등학교 때 집 뒤에 밭이 있었는데 무 농사가 잘 되어 김장하고 남은 것은 밭에 약 1.5m 정도의 웅덩이를 파서 그 속에 짚을 깔고 무를 저장하곤 했다. 무 잎은 대부분 가축의 먹이로 주거나 밭에 버리기도 했는데 필자가 지게에 담아 집으로 가져 오면 모친은 새끼줄로 무 잎을 묶어 처마 밑에 걸어 말리셨다.
 그리고 겨울이 되면 무 잎을 삶아 콩가루에 무쳐 된장을 풀어 국을 끓여주셨다. 맛도 훌륭했거니와 한 끼의 식사로는 부족함이 없었다. 특히 그때 먹은 시래기의 식감은 지금 어느 음식점에도 찾아 볼 수 없어 고향의 시래기가 그리울 뿐이다.
 지금은 먹을거리가 흔하고 여유가 있어 좋아하는 음식을 맘껏 골라 먹을 수 있지만 그 당시에는 먹을 것이 귀했다. 먹을 게 없어서 먹을 수밖에 없었던 그 시절 음식들이 지금에 와서는 웰빙음식으로 각광을 받고 있는 것을 보면 선조들의 지혜로움이 대단함을 엿볼 수 있다.
 김장철에서는 무청뿐만 아니라 무를 말려서 나중에 무말랭이로 먹었다. 이것 또한 영양분이 타 음식에 비해 많고 건강식으로 평가받고 있으니 무는 버릴 것이 하나도 없는 최고의 농작물임이 틀림없다. 속이 불편한 사람에게는 무를 갈아서 즙으로 먹으면 좋다고 민간에서 일통하고 있으며 무로 국을 끓이거나 밥을 지어도 최고의 맛이 난다.
 우리가 짧은 삶을 살면서 인생도 무와 같다면 얼마나 좋을까 생각해 본다. 무를 각 용도에 맞게 버릴 것 없이 쓰는 것처럼 사회 구성원으로 버릴 사람이 하나도 없이 적소에 맞는 자리에 앉게 하면 우리네 인생도 구수한 시래기 같이 맛날 것이다.
 작은 새싹이 커다란 무로 성장하여 다양한 형태로 이로움을 주는 자연의 혜택은 무한하기 그지없다. 당장 나에게 필요한 것만 중요시되는 현 사회의 풍조는 자연이 주는 이치와 지혜를 망각할 수도 있다.
 무를 무말랭이로 말려 더 달콤하고 영양가가 높아지게 하고 무청을 말려 새롭게 활용하는 지혜처럼 우리 인간사에 무청이 시래기가 되는 기다림의 미학을 즐기는 것이 수준 높은 삶으로 가는 길목일 것이다.

몸에 밴 우리들의 겸손

2017.11.10
겸손은 많은 덕을 쌓아

　겸손과 비굴의 경계선은 참 모호하다. 아래 사람이 윗사람에게 자신을 너무 낮추면 비굴하다 아부한다고 평가받지만 윗사람이 아래 사람에게 자신을 낮추면 겸손하다는 우호적인 소리를 듣는다.
　겸손과 비굴은 직위와 나이, 행위의 지나침에 의해 결정되는 경우가 흔히 있으며 생활하면서 그 경계에 놓일 때마다 행위자는 주위를 의식하지 않을 수 없다.
　혹자는 '현대는 자기 PR시대'라고들 하지만 세상사에 변해서는 안 될 것 중의 하나가 겸손이 아닌가 한다. 선조들은 몸에 밴 겸손으로 늘 화합을 중요시하고 상대방을 배려하는 문화를 유지하여 왔다. 말 한마디에도 자신의 우월적인 모습을 드러내지 않아 상대방을 최대한 편안하게 대해 주었다.
　지금은 돌잔치, 환갑, 칠순, 모임행사 등을 주로 뷔페나 식당에서 하지만 필자가 고등학교 시절까지만 해도 대부분 행사를 각 가정에 손님을 초대해서 잔치를 했다. 초대한 집안에서는 으레 손님에게 "누추하지만 찾아주셔서 감사합니다." 가 기본이었다. 음식이 나오면 "차린 것은 없지만 많이 드십시오." 가 일상화된 관용어였다.
　손님들도 "이렇게 맛있는 음식은 처음입니다.", "다음에 우리 집에서 있을 잔치가 걱정입니다." 등 음식 하나에도 편안한 마음을 갖게 했다. 초대한 집이 아무리 대궐 같아도 누추하다고 할 정도로 스스로를 낮추는 문화였다.

길거리에서 지인을 만나 간단한 요기라도 대접하기 위해 식당으로 모시고 가면, 식사하지 않았으면서도 금방 식사하고 왔다며 가장 저렴하고 부담가지 않는 것으로 주문을 하는 등 남을 배려하고 인간미가 넘쳤다.

또 자식이 성장해서 사회로 진출할 때 자식의 상사에게 부족한 자식 잘 부탁한다고 겸손의 미덕을 발휘하고 상사도 능력이 뛰어나고 예의 바르게 잘 교육시키셨다고 부모에게 화답을 하는 풍경이었다.

자식이 작은 실수를 해서 구설수에 오르면 부모들은 자식교육을 잘못시킨 부모의 책임이라며 자식을 감싸기도 했다. 자식이 성공을 하면 자식에게 부담을 줄까 자식 근처에는 가능한 얼씬거리지 않았.

이렇게 자신과 가족을 낮추면서 공동체에서 이질감을 갖지 않도록 한 조상들의 겸손을 요즘은 찾아보기 어렵게 되었다. 다른 사람의 형편은 안중에도 없이 "우리 집은 50평인데 너무 좁아.", "지난번에는 유럽 일대를 여행했어.", "결혼식을 호텔에서 할 건데 진짜 친한 몇 사람만 초대 할 거야." 등 곳곳에서 속물적인 행태를 보여주고 있다.

조상들의 겸손과 우리네의 자만의 경계는 불과 약 30년 정도에 불과하다. 이 짧은 시간에 우리의 정신문화에는 엄청난 변화가 왔다. 물질만능의 사회가 정신문화를 뒷전으로 나앉게 하고 말았다. 아무리 부와 명예가 많고 높다 해도 정신적 깊이가 낮다면 품격 있는 삶과는 거리가 멀어 보인다.

전에는 '나보다 가족, 가족보다는 사회' 가 더 중요한 점층이었지만 지금은 '사회보다 가족, 가족보다 나' 라는 점강으로 전이되어 누추하지만, 차린 것 없지만, 부족하지만 등등 선조들의 겸손을 바탕으로 한 관용어가 사라지게 되어 편안하고 배려하는 인간미가 그립다.

내로남불

2018.02.02
자신의 잘못에 책임지는 태도

　사람이 자신의 잘못을 당당하게 시인하고 용서를 구하면 비록 죄가 밉더라도 용서하는 마음이 생길 수 있다. 일부는 물귀신처럼 물고 늘어지는 아주 나쁜 습성을 보여주기도 하고 잠재적으로 그런 특성을 가지고 있다.
　공동모의하여 발각이 되면 조금이라도 벌을 덜 받기 위해 이탈하는 행위와 한 사람에게 뒤집어씌우는 무서운 행동도 서슴지 않는다. 더욱이 자신의 잘못을 공동체에 돌려 관심을 유도하기도 하여 소위 고위층의 자화상을 보여주는 것 같아 매우 측은하기도 하다.
　형사법이나 선거법에 의하여 처벌을 받게 될 경우 보수의 진영에 있던 사람은 보수를 죽이는 행위라고 주장하고, 진보에 서 있었던 사람들은 진보를 죽이는 처사라며 자신들의 무고함을 주장하곤 했다. 또한 개인적인 비리로 연루되어 수사를 받고 있음에도 표적수사라고 항변하며 순수한 진보와 보수층의 국민들로부터 조금이라도 위안을 받으려고 갖은 노력을 기울인다. 자신들이 잘 나가고 권력이 있을 때에는 진보나 보수층에 관심을 가져준 적도 없으면서, 혼자 먹고 체한 것을 이념적 진영에 환심을 사려는 행위는 도저히 용납할 수 없다.
　더욱이 많은 방송매체에서 뇌물죄나 기타 처벌을 받은 사람들이 출연하여 다른 사람의 잘못을 질타하는 모습을 볼 때마다 방송이든 매체든 모두 성숙하지 못한 모습이 아닌가 젊은이들에게 부끄럽고 속죄하고 싶은 마음이다.

과거에 민주화 운동을 했든지 산업화에 지대한 공헌을 했든지 간에 일부 인사들은 얻을 수 있는 것들은 다른 사람들보다 먼저 챙겼다. 명예와 부도 쌓았다. 그럼에도 불구하고 과도한 욕심으로 인해 자신이 무너지자 그때서야 이념진영을 끌고 와 이념진영 자체를 쑥대밭으로 만들어 놓았다.

특히 단체 카톡방이나 밴드에 올려놓아 많은 이를 불편하게 하기도 하고 국민들의 판단기준까지 혼란시켜 온전한 나라의 기틀을 흔들고 있다.

왜 자신의 비리를 희석시키기 위해 이러한 작태로 국가의 동력을 막는지 모르겠다. 우리 민족은 금방이라도 죽일 듯 분노해도 솔직하게 반성하고 용서를 구하면 너그럽게 용서하는 민족이 아니던가?

더 불행한 것은 일반 국민들이 가질 수 없는 권력과 부를 가진 사람들이 더 하다는 것이다. 소위 지도층이라는 사람들이 구질하게 변명과 구차한 행동을 하는 것은 국론을 분열시키고 국가발전에 지대한 악영향을 준다는 사실을 알았으면 한다.

또한 지금까지 문제가 되면 몸통 대신 꼬리 자르기 식으로 법망을 교묘히 빠져나갔다. 아쉬울 때만 동지나 이념을 찾는 악습에 대해 국민들도 이제는 속지 않고 있다. 비록 개인의 부와 명예를 쌓았어도 민주화와 산업화에 공헌하고 평소 솔선수범했더라면 국민들이 먼저 나서서 그들을 구원할 것이다. 그러나 작금의 물귀신 같은 행동에 많은 국민들이 분노하는 것은 바로 국민보다 자신의 영욕이 우선이었다는 것을 증명해 주고 있는 것은 아닐까.

열등감

2018.11.01
포기하지 않는 도전이 극복해 줘

사람 사는 세상에 모두 평등하고 똑같이 가질 수는 없다. 가능한 공평하게 해 주려고 노력할 뿐이다. 가정에서 조차도 똑똑한 자식에게 관심을 더 갖고 지원을 해준다. 어떤 어미가 자식을 차별하느냐고 하겠지만 자식이 영리하면 공부도 더 시킬뿐더러 그 자식에게 기대를 갖게 마련이다.

기업에서도 자질을 갖춘 인재를 선발하여 회사의 유능한 인재로 육성한다. 좋은 대학을 졸업하고 좋은 일자리를 갖는 것에서는 모두가 축하할 일이다. 다만 그 바탕에는 배경이 작용하고 그들이 사회나 국가로부터 받은 혜택을 사회에 환원하기보다 개인의 사회적 지위와 소유를 쌓는데 악용해 열등감을 조장했기에 사회적 불만이 나타나고 있다.

예전에는 특정 대학 아니면 원서도 받지 않는다고 소문이 자자했다. 특정대학 출신이 아니면 괜히 자신감을 잃고 주눅이 드는 등 열등감에 휩싸이고 특정대학 출신에게 의존하고 정서적으로 종속되는 사람도 있었다. 이유 없이 그들의 말에 믿음과 신뢰를 주곤 했는데 이것은 그동안 사회로부터 조장된 열등감에 기인된다.

사실 적은 내부에 있다고들 한다. 어떠한 조직에도 분열을 일으키는 것은 구성원 내부에서 생긴 열등감이고, 자신의 적도 자신이 갖고 있는 열등감이다. 이 열등감을 극복하기 위해 그동안 상대방에 대한 음해를 일삼는 등 정의롭지 못한 방법을 동원했다.

동서고금에도 잘 나와 있듯이 시대의 인물이 나타나면 자신의 자리를 지키고자 그 인물을 어떻게 해서라도 몰락시키는 형국을 유도했다.

우리는 열등감을 극복하는 것이 상대방을 무조건 이기는 걸로 인지하고 있다. 당당한 경쟁이 아닌 불의의 방법으로라도 상대방을 굴복시키는 행태가 반복적으로 일어나다보니 소위 정의로운 사회구현이 실현되지 못했다. 스포츠에서도 교묘한 반칙이라는 기술로 정정당당한 경기를 볼 수 없게 했고, 정치나 경제, 사회 등 모든 분야에서도 자기 식구 챙기기로 인하여 공정한 사회를 만들지 못했다.

그동안 자신의 학력을 열등감으로 여기고 자신의 학력을 포장한 정치인이나 연예인들이 국민의 비난을 받은 적이 있었다.

그러나 학력의 열등감을 극복하고 성공한 정치인, 기업가, 운동선수, 연예인 등 사회에서 존경을 받는 사람들도 다수 있다. 그들의 공통점은 나의 약점을 극복하고 나만이 할 수 있는 재능을 극대화했다. 그들이 학력이나 경력에서 열등감을 갖고 포기했더라면 오늘의 성공을 얻지 못했을 것이다.

우리의 궁극적인 목표는 행복이다. 이 행복을 위한 방법이 하나의 길만 있는 것이 아니다. 정치, 경제, 스포츠, 사업, 인간관계 등 다양한 분야에서 자신의 역량을 발휘할 수 있게 된다면 사회는 더욱 행복한 공동체가 될 것이다.

나의 적은 나의 열등감이라는 것을 먼저 아는 사람이 당당하고 행복한 삶을 살게 될 것이다. 다시 말해 나의 열등감을 극복하고 나를 되찾는 것이 결국 개개인이 행복하고 경쟁력 있는 사회가 되도록 해 줄 것이다.

단순성의 무지

2018.11.11
무지가 낳을 염오

한양으로 가는 길은 지름길로 가든 돌아가든 가는 길이 많을수록 좋다. 그렇지 않다면 길이 막혀 한양에 갈 수 없을 경우 발만 동동 구를 수밖에 없다. 동물도 한 가지 먹이사슬보다 다양한 먹이사슬이 좋듯이 사고도 단순성보다 다양성이 더 객관적이다.

 그동안 우리는 이분법에 좌우된 삶을 영위해 왔다. 정치적으로 호남과 영남, 여와 야, 일류대와 비일류대, 대기업과 중소기업, 남성과 여성 등등 단순성에 지배받아온 생활양식이 대인관계에서도 적나라하게 표출되었고 자신의 이익우선으로 사람을 구분하여 끼리끼리의 문화와 소통이 어려운 외다리를 만들어 버리곤 했다.

 비록 좋아하지 않았던 사람도 그 사람을 좋아하여 같은 모임을 하거나 활동을 하는 것을 보면 각자의 판단기준과 평가가 상이하다는 것을 알 수 있고 판단의 기준이 다양할 수 있다는 생각이 들기도 한다.

 혹자는 '왜 저런 사람하고 같이 어울리는지 몰라' 라는 식으로 염려와 걱정을 하는 경우도 있지만 사고의 동질성을 완전히 배제할 수 없다는 것을 보여주기도 한다.

 대부분 사람들이 자신을 음해하거나 동질성을 갖지 않으면 멀리 하는 것이 당연지사이다. 철천지원수라고 느낄 정도의 사람도 사회생활을 자신 있게 영위하는 것을 보면 나름대로의 장점이 있어 그와 함께 하는 사람들과의 연대성을 가지게 된다. 따라서 자신이 싫어하는 사람들이 모인 단체나 모임의 사람을 무작정 부정할 필요는 없을 것이다.

간혹 개인이 피해를 입었기에 멀리하는 사람도 있고 그 사람의 가장 단순한 단점만 보고 판단하여 스스로 벽을 쌓았을 수도 있다. 그러므로 판단자가 상대방의 장점을 보지 못하고 단점에 지배당하여 한 개인의 가치관을 짓밟았을 수도 있다.

사람의 판단영역은 대자연에 비해 폭이 좁고 짧은 시간에 의해 결정된다. 첫 인상이 좋고 자신을 인정해 주는 사람에게는 대부분 후한 점수를 준다. 일면식도 없던 사람들이 첫 만남에서 받은 환대로 평가의 기준이 달라진다. 그 단순한 판단이 후에 자신에게 멍에로 돌아올 경우 사람을 잘못 봤다는 식으로 위안을 삼는다.

옛말에 사람은 겪어 봐야 안다는 말처럼 사람의 속을 평생 동안 알 수 없기에 단순성으로 인해 사회공간을 더 축소시키는 우를 범해서는 안 될 것이다.

경쟁사회에서의 판단기준은 갈수록 점점 좁아지고 있다. 흔히 인상, 학력, 능력, 배경 등이 그 사람의 평가기준이 되어 버려 잠재적 인지능력이 상실되고 그로 인한 단순성은 더 확고히 되어 버린다.

정치인의 경우는 지지자와 비지지자가 확연히 구분돼 있으며 학자들도 자신의 학설을 동의하는 자와 동의하지 않는 자로 구분하여 서로 인정하지 않는 예처럼 오랜 시간에 걸쳐 이런 세태에 물들어 버렸다.

자신에게 거슬리는 행동을 한 번 했다고 해서 그를 무작정 배격하고 싫어하는 경우도 있고, 자신에게 단 한 번의 호의로 무작정 그를 높이 평가했을 수도 있다. 우리의 잘못된 판단으로 더 이상 사회의 불청객을 양산해서는 안 될 것이다.

한 개인의 단점이 그 사람의 모든 것이 아니다. 더 많은 장점을 보지 못한 우리들의 무지가 사회의 독이 되고 무서운 도구가 될까 염려될 뿐이다.

자식에게 부모도 신고해라 교육할 판

2019.05.30
가정을 붕괴시키는 일 그만

　세상에서 법을 가장 좋아하는 사람들이 우리 국민일지 모른다. 상대방과 다투다 "법대로 하자." 가 일상화 된지 오래이다. 살아가는데 법이 필요하지만 그렇다고 법이 만사를 해결해주는 것은 아니다. 서로의 오해를 풀고 이해하는 지혜가 법 위에 있음에도 불구하고 무리한 법을 요구하고 있다.
　예전에 진보진영에서 보안법을 폐지하자고 하자 보수진영은 나라의 안보를 위해 유지해야 한다며 수년간 싸웠다. 진보진영은 기존의 형법으로도 처벌이 가능하다는 논리였다. 그런데 최근에 아이들의 인권을 존중한다며 부모가 회초리를 드는 것 까지 아동학대로 처벌하는 법을 만든다고 한다. 학교에서 교사가 회초리를 들어도 사진을 찍어 온 세상에 알리는 작금에 이제는 자식이 부모가 회초리를 드는 모습을 찍어 세상에 알려 부모 자식 간에 몹쓸 일을 겪게 됐다.
　아무리 법이 좋다고 해도 적용해야 할 곳이 있고 관습으로 처리할 부분이 있다. 자식이 오죽하면 부모가 회초리를 들겠는지 생각해 볼 필요도 있다. 50이 넘은 기성세대에서 회초리를 맞지 않고 성장한 사람은 거의 없다. 그래도 그 회초리로 인해 바른 인성과 올바른 가치관을 가져 국가 발전의 기둥이 되었다.

부모에게 아무리 혼이 나도 천륜으로 알고 부모를 섬긴 아름다운 민족인데 이제는 자식을 혼을 내면 유치장에 들어가는 신세가 된 부모들이다. 사실 법이 없어도 살 사람이란 착한 인성으로 타인의 존경과 인정을 받는 사람을 지칭했다. 이제는 우리 모두를 법이 있어야 살 사람들로 만들고 있다. 이런 법을 만드는 것이 바로 인권과 민주를 팔아먹는 행위가 아닌지 묻고 싶다.
 자식이 부모 죽이고, 부모가 자식 죽이는 세상이 되었어도 법으로 부모자식간의 경계를 만든다는 것은 다시 고려해 봐야 한다. 자식이 늦게 와도, 학생신분으로 흡연과 술을 먹어도, 학교에 가지 않아도 훈계를 포기하고 자식을 포기해야 할 지경에 이르게 될지 모른다.
 자신들이 제안하고 제시하는 것은 민주적이고 진보적이라는 생각도 버려야 한다. 근본이 있고 가정교육을 철저히 받은 사람들과 자기중심적인 사고로 성장한 사람의 사고범위는 현저하게 차이가 있다.
 사회를 저인망처럼 오직 법으로 규정하고 올바른 사회정의를 주장하는 이들은 보다 더 넓은 세상과 미래를 보는 눈을 가질 필요가 있다. 자기 경험의 확신으로 자기생각만 옳다는 것은 편향된 사고로 사회의 악이 될 수도 있다.
 더욱이 부모들이 다른 자식들과 비교대상을 삼아 자식들의 자존심과 경쟁력을 부추기는 일부 부모들에 대한 과오와 학대는 인정하지만 공부할 시기에 공부하지 않고 자식이 원하는 대로 방치할 경우 미래가 보장되지 않아 훈육차원에서 드는 회초리까지 처벌대상이라고 하니 어처구니가 없다. 특히 다른 형제와의 차별도 처벌대상이라니 주관적 사고가 강한 어린아이들에게 무차별 신고를 당할 판이다.
 그러니 어느 특정집단은 신이 나겠다. 이것을 빌미로 전국 학교와 아동시설을 돌며 교육을 해야 할 테니 말이다. 이 나라가 학교붕괴에 이어 가정의 붕괴까지 손을 놓고 있는 듯하여 답답하기 그지없다. 제발 법대로 살아가게 하지 말자. 부모와 자식 간에는 자연스럽고 허물없는 게 근본인데 무슨 말이나 행동을 할 때마다 법에 저촉되나 하고 생각한다면 이것이 부모자식지간인가. 부모가 말하는 것까지 녹음하는 세상, 그들이 원하는 것이 무엇인지는 모르지만 법으로 자식과 부모의 경계를 만들어 놓는 것은 현자의 사고는 아닌듯하다.

임종호 박사의 「공간의 수필」
'낮은 곳에서 봐야 산이 높아 보인다네'

제 2 부
함께하는 마음으로

숲을 이루는 생태계

2017.03.23
조화로운 사회

　주변에서 볼 수 있는 잎이 넓은 나무는 사람이나 동물에게 열매뿐만 아니라 그늘과 낙엽을 주어 쉼터가 되거나 다른 생명이 자랄 거름이 되어준다. 그러나 잎이 가느다란 나무는 비록 열매를 주지 못할지언정 높이 자라 거대한 목재를 제공해 주어 인간에게 유용한 자원이 된다.
　이렇게 나무의 쓰임새도 열매를 주는 나무, 목재를 주는 나무로 구분된다. 사람도 어려운 이웃에게 언덕이 되어 주고 쉬어갈 수 있는 그늘이 되어 주는 사람이 있는가 하면 성격은 냉철해도 또 다른 모습으로 사회에 기여하는 인재가 있기도 한다.
　전자와 후자를 단순 비교하기는 어려우며 그럴 수도 없다. 어려운 사람에게는 전자를, 사회나 기업 측에서는 후자를 원할 것이다. 사람은 장소와 그 위치에 따라 능력을 발휘할 기회가 상이하며 또 그 역할이 달라야 하는 경우도 많다.
　나무도 그 쓰임에 따라 중요하지 않은 것이 없다. 사회도 마찬가지이다. 어떠한 사람이 더 중요하다고 생각하는 것은 자아적 판단이다. 즉 이 세상엔 중요하지 않은 사람이 없다. 사회 구성원으로서 각자의 영역에서 자기가 할 수 있는 최선의 역할을 할 때 존재의 귀중함을 알게 된다.

운동경기에도 마찬가지이다. 축구의 경우 골키퍼와 공격수가 조화를 이뤄야 좋은 성적을 내듯이 한 사람이 우뚝 솟은 단체나 조직은 어느 순간 와해되고 획일적인 사회가 되기 쉽다.

울창한 숲에 하늘을 찌르는 침엽수만 있다면 야생동물들이 살 수 없을 것이다. 활엽수와 유실수가 공존해야 건강한 숲이 되고 식물과 동물의 조화로운 생태계가 조성된다.

그러나 생태계도 자연의 섭리가 있어 생존경쟁에 의해 활엽수가 무성하면 침엽수가 자리를 감추게 된다. 인위적으로 활엽수와 침엽수가 공존할 수 있도록 조정역할을 해 주어야 할 때가 있다.

사람이 사는 사회에서도 경쟁이 심할 때 조정역할이 필요하다. 특정 세력집단이 조직을 좌지우지할 경우 평형감각을 잃어버려 무리수를 두게 되고 파탄을 겪게 된다. 소위 계파라는 무소불위의 권력자들을 등에 업고 세상을 어지럽히는 일부 인사에 의해 많은 사람들이 허탈감에 빠지고 희망을 잃어버리게 된다.

최근에도 많은 국민들이 알다시피 특수계층의 욕심에 의해 온 나라가 벌집 쑤셔 놓은 것처럼 어수선하고 나라의 존망을 국민들이 걱정하게 만들어 버렸다. 자신들이 어떤 나무인지만 알았어도, 조정자가 옳고 바르게 조정만 해 주었어도 역사에 길이 남을 법한 공적을 쌓을 수 있었는데 너무나 아쉬운 대목이다.

공부를 아무리 많이 하고 개인적인 성공을 했더라도 자신만 아는 사람은 공동체 구성원으로서 필요하지 않을 것이다. 숲을 이루는 여러 생명체처럼 더불어 어울려 살아간다면 모두에게 이로운 사회가 될 것이다. 우리 사회가 오직 우람한 나무만 좋아했던 것은 아니었는지, 숲을 구성하는 아기자기한 식물들의 소중함을 알지 못하고 살아온 것은 아닌가 생각해 본다.

적과

2017.04.01
나도 적과의 대상이 돼

열매의 크기와 품질을 향상시키기 위해 과수 재배에서 너무 많이 달린 열매를 솎아 내는 일을 적과라 한다. 농번기가 되면 과수원을 운영하는 사람들은 시기를 놓치지 않기 위해 온 가족이 매달려 적과를 한다.

일부 농부는 적과를 하면서 우량 열매를 떼기도 하고 가지를 망가트리기도 하여 손실을 입히기도 한다. 적과할 시기를 놓치면 그 해 과일 농사는 망치기 때문에 적과는 과수를 하는 농부들에게 가장 우선시 되는 농사일이다.

사회에서도 불필요한 사람을 배격하고 멀리하는 경우도 있다. 자신과 사상이 맞지 않고 동질감이 없다면 과감하게 배척하고 자신들의 영역 속에 접근도 하지 못하게 한다. 이러한 사회에서 많은 사람들은 사회로부터 이격되고 홀로 자책감에 빠져 영혼이 피폐해지기도 한다.

몇 년 전만 해도 학교의 왕따 문제가 사회적 문제가 된 적이 있었다. 공직에 있는 사람도 줄을 잘못 서 진급이나 승진에 불이익을 당하고 있다며 불만을 토로하는 경우도 있다.

함께 어울리면서 살아가야 할 세상에서 적과를 하는 사람과 당하는 사람의 차이는 현저한 차이가 있다. 인간은 동식물과 상이하여 적과의 대상이 아니다. 범죄자나 불법을 저지른 사람들이야 사회와 이격시켜야 하겠지만 일반 사회에서는 어느 누구도 적과를 해서는 안 된다.
　그런데 우리는 학창시절 우등생을 선호하는 교육자로 인해 일부 학생들이 적과의 대상이 된 적이 있다. 오직 명문대학을 보내야 그 학교의 명성이 나고 우수교육행정능력을 인정받는다는 잘못된 사고에서 출발된 것이지만 요즘 모 방송의 서민갑부라는 프로그램을 보면 그것이 얼마나 잘못된 생각이었는지를 알 수 있다.
　비록 공부는 부족했어도 자신의 재능을 연마하고 창업하여 사업주로서 당당히 우뚝 선 서민갑부의 위상을 보면서 40대 후반이면 명예퇴직을 걱정해야 할 엘리트들의 불안감이 역으로 인과응보가 되어 버렸다.
　학창시절부터 대우를 받고 성장한 아이들은 차별된 사고를 갖게 된다. 주위로부터 대우받는 학생은 공부만 잘하면 모든 것이 순탄하다는 무서운 의식을 자신도 모르게 갖게 될 수 있다. 이러한 사고를 가진 학생들이 사회로 진출할 경우 파생되는 악영향은 형용할 수 없을 것이다. 다시 말해서 공유할 수 없는 가치관으로 사회의 지도자가 되었을 때 펼쳐지는 악순환과 모순은 말하지 않아도 뻔한 결과가 도출된다.
　앞에서 언급한 바와 같이 일부 농부의 잘못으로 우량 열매가 적과되어 과수원에 손실을 주듯이 잘못된 교육관으로 미래의 인재를 일찍이 적과한 것은 아니었는지, 그리하여 자라나는 미래인재들에게 지울 수 없는 상처를 주지나 않았는지 되돌아 볼 일이다.
　그래도 늦지 않았다. 오직 교육계만의 문제는 아니다. 가정과 사회에서도 사람을 적과의 대상으로 보지 말고 자신이 가진 색깔을 마음껏 펼칠 수 있도록 지지하고 믿어주자. 청년들이 창업을 해서 실패를 했다고 정리하고, 성공하는 자만 옹립한다면 도전하는 청년들은 사라지고 사회는 정체국면에 빠지게 될 것이다.

어떠한 사람도 적과대상이 될 수 없다는 명제를 마음 깊은 곳에 간직하고 열매를 조급히 따려는 마음보다 적과되지 않는 한 그루의 나무를 심어보자.

배출에 대한 단상

2017.04.21
서로 비방하는 것에 신물이 나

　배출은 가장 위기의 절정에서 쾌감을 가진다. 일상생활에서 생리적 현상을 보더라도 급할 때는 하늘이 노랗게 보이고 온 몸이 꼬이기도 한다. 특히 대중교통 안에서의 생리적 현상은 당사자에게 엄청난 고통과 괴로움을 주기도 한다. 사랑하는 연인사이에서도 서로의 사랑이 절정에 오를 때 이 세상 무엇과도 바꿀 수 없는 경지에 이르게 한다.
　이와 같이 배출은 개인을 고통에서 벗어나게 해 주며 안락함과 쾌감을 준다. 그러나 배출 중에서 사회를 불신으로 만들고 불안을 조성하는 것이 사람의 입에서 나오는 루머와 허위 유포이다. 이는 개인뿐만 아니라 국민의 정서에 악영향을 준다. 그동안 치러진 선거에서 루머와 허위유포가 없었던 일이 없었다.
　이로 인해 선거의 당락이 바뀌거나 영향을 주기도 하였다. 정화되지 않은 루머가 사실이 아니라고 발표되어도 그 자체를 인정하지 않으려는 사회적 풍토가 확산되고 있어 그 문제성이 심각하다. 언제부터 우리의 언어문화가 난폭과 폭행성이 난무하였는가? 왜 이러한 언어문화가 확산되고 있는가는 모두의 책임이다. 그 중 정치인들이 국민들을 위해 지킬 수 있는 공약이 아니라 상대방의 약점을 활용하는 정치문화가 그 원인에 기인했다고 보여진다.

특히 자식에 대한 모함성 배출은 극도로 자제해야 한다. 아무 죄 없는 자식까지 등장시켜 입에서 거침없이 배출되는 말은 소멸되지 않고 자식과 자식의 또래에게 평생 멍에가 되게 한다.

최근에는 가짜뉴스까지 등장하여 어느 것이 사실인지 구분이 가지 않는다. 친소주의에 빠진 사람들은 가짜뉴스가 진짜가 되길 바라는 마음으로 여과 없이 유포에 동참하고 있다. 더욱이 지식인이라고 하는 사람들까지 동조하여 혼란을 더 가중시키고 있는 실정이다.

우리는 문만 열면 이웃이었고 사촌이었다. 그러나 언젠가부터 문을 열 수도 없고 이웃사촌이라는 말도 슬그머니 사라져버렸다. 이웃자체가 경계의 대상이 되어버린 것이다.

이러니 앞집이든 옆집이든 이야깃거리만 있으면 그냥 재미있어 하고 유포하는 희한한 현상이 생기게 되어 인사는커녕 외면하는 습성까지 생겨버렸다.

입에서 나오는 배출이 세상을 혼탁하게 하고 서로의 신뢰를 붕괴시키는 것은 삶의 가치와도 직결된다. 속담에 엎지른 물은 다시 담을 수 없다는 것은 실수를 하지 말라는 지혜지만 죄책감 없이 쏟아낸 독변은 온 세상에 퍼져 자신이 원해도 뜻대로 사라지지도 않는다. 그동안 최악의 배출을 야기한 정치권에서도 그 정당의 수준과 국민의 수준에 맞은 공약으로 국민의 마음을 사야한다. 더 이상 국민들이 혐오하고 치워야 할 배설물을 아무렇게나 배출해서는 아니 될 것이다.

개인도 화풀이 식으로 케케묵은 이야기부터 당치도 않은 서운한 마음을 다 쏟아내는 어리석음을 자제해야 탁해진 세상이 조금이라도 자정되지 않을까 생각해 본다.

전도몽상

2017.06.16
물건의 노예가 되어서야

　난은 자태와 향이 좋아 개업하거나 승진을 하는 사람들에게 선물로서 애용되고, 자동차는 이동수단으로 인간에게 있어 가장 유용한 도구 중의 하나이다. 그러나 수천만원 하는 희귀품종의 난을 소유하게 되면 죽일 새라 노심초사하여 매일 닦으며 소중히 돌보게 되고 비싼 자동차를 사면 흠집이 날까 염려하여 잠을 설치기도 한다.
　최근에는 사람이 외롭거나 귀여워서 키우는 반려견을 늙은 부모보다 더 애지중지 소중하게 여기는 반면에 병들어 외롭게 지내는 부모를 아랑곳하지 않는 세태로 변했다.
　소유가 마음의 부담이 되고 업이 되는 경우 불교에서는 "無罣礙故 無有恐怖 遠離顚倒夢想 究竟涅槃"(무가애고 무유공포 원리전도몽상 구경열반)의 지혜로 표현하였다.
　일상생활에서 전도몽상으로 인해 지인들이나 가족 간에도 불화음이 생겨 불편한 관계가 되기도 하고, 난이나 자동차를 관상이나 이용도구가 아닌 그 이상의 가치로 판단하여 전도몽상의 사례를 보여주기도 한다.
　필자의 나이 마흔 즈음 자동차가 없어 대중교통을 이용하여 고향에 내려가곤 했다. 어려서 절친한 한 친구가 군포로 놀러와 명절에 고향

가는 이야기를 하며 시간을 보낸 적이 있었다. 고향 가는 날 아침에 친구로부터 전화가 왔다. 필자의 집 앞에 자동차를 두고 간다는 이야기였다. 필자가 깜짝 놀라 자동차가 있는 곳으로 가보니 자동차는 키가 꽂힌 채 세워져 있었다. 심지어 차 안에는 다과와 음료까지 놓여 있었다. 좋은 친구를 두었다는 감격의 마음과 친구를 더 아끼는 원리전도몽상한 친구가 존경스러웠다.

친구에게 고맙고 미안한 마음으로 명절을 잘 보내고 온 기억을 평생 잊지 못해 소중히 간직하고 있다. 또한 자신의 불편을 감수하고 아끼는 자동차를 빌려준 친구의 배려에 많은 것을 배운 계기가 되었다.

비싼 차, 비싼 옷, 비싼 카메라 등 개인 소지품에 집착하여 그것들을 잘 지키려고 애쓰다보면 물질의 노예가 되기 쉽다. 집안에서 자신이 아끼는 화장품을 식구가 사용해도 누가 자신 화장품을 사용했냐고 짜증내는 일이나 맛있는 음식을 냉장고에 숨겨 놓았는데 먹었다고 화풀이 하는 등등 사소한 것으로부터 전도몽상의 사례를 경험할 수 있다.

자신의 강한 소유욕이 주위를 불편하게 하고 욕심 많은 사람, 속 좁은 사람으로 인식을 하게 만든다. 생각해 보면 아무 것도 아닌 것으로 인해 가족에게도 서운한 맘을 전하여 서로에게 보이지 않는 소유의 경계를 만들어 준다.

흔히 "앞으로 내 것에 손만대봐 가만히 안 둘거야." 라는 상투어를 듣게 된다. 이 얼마나 한심하고 웃기는 일인지 자신의 마음을 잘 보살펴야 할 것이다.

대부분 사람들이 그 울타리를 벗어나지 못하기 때문에 전도몽상을 멀리하라는 지혜를 주셨고 오늘 살아가는 사람들에게 큰 울림이 될 것이다.

발등 찍는 도끼

2017.06.27
믿었던 사람에 대한 배신

"믿는 도끼에 발등 찍힌다." 는 속담이 회자되고 있다. 대학교수로 타인에 대해 독설에 가까운 말로 한 때는 젊은이들의 우상이 되었던 자, 청렴하고 진정한 학자로 경제민주화를 외치며 족벌기업에 저승사자로 지칭되었던 대학교수, 학자의 양심을 파는 논문표절을 해서는 안된다며 장관후보자를 사퇴하라고 촉구했던 사람들이 이제는 거꾸로 심판대에 오르게 되었다.

아마 문재인 대통령도 이들이 이 정도인줄 몰랐을 것이다. 정의를 외치고 나라바로세우기를 주장했던 상당수의 사람들도 이들이 이전에 비판받았던 사람들과 다를 바 없다는 사실을 알게 되었으니 그야말로 '믿는 도끼에 발등 찍힌 격' 이 되어 버렸다.

일부에서는 5대 조건을 통과하는 인재가 거의 없다고 한다. 그동안 우리가 얼마나 도덕성을 상실하고 살았는지 보여주는 대목이기도 하다. 이러한 것들이 경제성장을 최우선으로 삼았던 시대에서 도덕성을 챙겨보지 못했던 시대의 그림자인 점으로도 이해는 된다.

우리가 나라다운 나라 만들기를 위해 촛불을 들고 어른부터 어린 아이까지 광화문에서 한목소리로 외친 것은 그 동안의 잘못된 관행을 바로 잡고 누구나 평등하고 기회가 존재하는 나라를 원했기 때문이다.

얼마나 좋은 기회였는가! 문재인 대통령이 제시한 다섯 가지 조건을 충족시켜주면서 국민으로부터 지지를 받을 수 있는 관료가 정치를 편다면 새 정부에 아낌없는 지지와 박수를 보낼 것이다.

너무 안타까운 것은 일부 화자들이 지난 정부와 지금 정부의 차이를 모르겠다고 한다는 것이다. 더욱이 자신의 문제에 대해 스스로 책임지는 멋진 정치인이 없다는 하소연을 많이 듣는다. 환원하면 새로운 나라를 희망한 국민의 여망을 졸지에 실망으로 바뀌게 해 준 당사자들은 아직도 당당하게 자신의 문제에 대해 시대의 관행이라고 변명만 늘어놓고 있다는 점이다.

결국 새 정부의 든든한 언덕이 될 것이라고 믿었던 문재인 대통령에게는 이들이 오히려 날이 시퍼런 도끼가 되고 말았다.

부처님은 남의 허물을 말하기 전에 먼저 다섯 가지를 충족해야 한다고 했다. 요즘 말하는 그런 5대 요소가 아닌 인본적인 입장에서 신중하라는 의미인데 그 중에서 제3자들에게 유익한가에 필자는 역점을 두고 있다.

사람은 그 시대의 환경에 무의식적으로 동의하면서 살아갈 수 있다. 그런데 요즘 들어 상황을 보니 자신이 한 행위는 생각지 않고 다른 사람이 한 행위를 문제 삼아 자신의 존재를 부각시키는 경우가 허다하다. 이번 기회에 이러한 의식을 종식시킬 필요가 있다. 따라서 자신의 독설이 당사자에게 준 상처와 국민에게 실망을 준 행위, 나라바로세우기의 동력을 저하시킨 책임을 이제는 본인이 져야 한다.

우리 국민들이 바라는 정치인은 신뢰가 있고 언행이 일치되는 그런 사람일 것이다. 지금까지 성장을 앞세우고 도덕성을 살피지 않아 이 지경이 되었다면 지금부터는 모두가 청렴하고 정직해야 정치인을 할 수 있다는 분위기를 만들어가는 것도 큰 의미가 있다.

조금 천천히 가더라도 당위성을 확립하는 것이 내일의 든든한 초석이 될 것이며 필자도 남의 발등을 찍는 도끼가 돼서는 안 되겠다는 반성을 해 본다.

새로운 패러다임이 필요

2018.02.05
문화를 재조명해야

　한국인의 고질병은 조화롭게 살아가기보다 개인의 이해타산에 따라 패거리 문화를 조성하고 악용하는 것이다. 선거철만 되면 지역색, 이념색을 악용하더니 이제는 세대 간을 악용하는 심각성을 보여주고 있다. 이는 여러 매체를 통해 세대 간의 갈등을 조성하고 있는 사례를 통해 알 수 있다.
　자신보다 나라와 자식을 위해 헌신한 60대 이상의 한국인들, 그들은 후대를 위해 자신을 승화시켰지만 돌아오는 것은 허무와 젊은 사람들의 이기심에 한탄을 하도록 만들었다.
　70년대 우리의 삶은 너무 고달프고 힘들었다. 어떠한 일이라도 해야만 가족의 생계를 책임질 수 있었기에 자신의 영혼과 육신을 다 던져버렸다. 하지만 영혼의 상처와 노후를 걱정해야 하는 가난한 자의 절규만 남았다.
　이제는 문화조화를 재조명할 때가 되었다. 지역, 학벌, 세대, 국가, 인종 간의 차별이 없고 서로 조화를 이뤄 아름다운 공동체를 만들어야 한다.
　이러한 문화조화 재조명 및 인간성 회복을 위해 지방자치단체에서는 유명 인사들을 초청하여 인문학 강의를 개설하고 있다. 강사의 강의

내용이 한 주제에 국한되다보니 문화조화까지 승화시키지는 못한다 할지라도 이러한 시도자체는 의미가 있다.
 사실 인문학의 본질은 인간성 회복이다. 객석을 채워 웃음을 유발하는 그런 코미디 자리가 아니다. 개개인이 이웃을 먼저 생각하고 행복한 사회를 위해 솔선수범했더라면 우리는 굳이 인문학이라는 강좌를 시간 내어 들을 필요조차 없을 것이다.
 다행히 정부에서도 탕평책이라는 방법으로 고위직 임명에 고민을 보여주고 있다. 기대만큼의 성과는 아니라 할지라도 시작이 중요하다. 필자는 기대만큼의 결과가 도출되지 않은 이유는 탕평책을 지역으로만 보고 있기 때문이라고 생각한다. 작금에는 지역보다 더 심각한 것이 출신대학의 꼬리표이다. 가뭄에 콩 나듯이 비명문대학 출신을 고위직에 임명하여 구색을 맞추려는 노력한 흔적이 보이지만 아직도 소위 최고의 명문대학 출신들이 장악하고 있다.
 그리고 지방분권의 핵심은 그 지역의 교육, 경제가 중심이 되어야 한다. 정부에서도 지방분권이 확립되기 위해서는 대학에 대한 탕평책도 고려해야 한다. 수도권에 집중되어 있는 명문대학 출신들만이 고위직에 임명된다면 지방대 발전은 기대하기 어렵다. 앞으로 유의해야 할 것은 경제에서는 더욱 더 제약을 둬서는 안 된다는 것이다. 정부에서는 수도권 정비사업에 대한 제도도 고려해야 한다. 또한 지방을 활성화하기 위해서는 공장이 위치해 있는 곳을 본사로 정하도록 법을 개정해야 지방자치단체의 자립도를 더 높일 수 있게 된다.
 이제 문화조화를 교육, 경제를 기반으로 해서 이념, 지역, 세대를 초월한 새로운 패러다임을 구축하여 전정한 탕평책, 지방대학 육성, 자족형 지방자치단체가 되어야 균등한 국가발전을 기대할 수 있도록 해야 할 것이다.

조리

2018.05.04
옥석을 가리지 못하니

  지금 중년 세대가 어린 시절이었던 1970년대까지만 해도 생산되는 각종 곡식에 이물질이 조금씩 섞여 있었던 기억이 있다. 산업화가 되기 이전에는 벼를 수확할 때 마당에 탈곡기를 놓고 타작하여 정미를 하더라도 쌀 속에는 미세한 모래가 있어 밥을 짓는 사람들을 곤혹스럽게 했다.
  그 시절을 살았던 사람들은 식사 중에 돌을 씹어 밥맛이 뚝 떨어지는 경험과 심지어 치아를 상한 경험도 더러 있을 것이다. 심지어 맹장염에 걸리는 주요인으로 돌을 주목하여 밥을 지을 때에 돌 제거를 최우선으로 했으며 주부는 식사 중 밥에 돌이 나오면 온갖 잔소리를 듣고 고개를 숙였다.
  그래서 어머니들은 쌀을 씻을 때에 대나무로 엮은 조리를 사용하여 돌을 제거하였다. 조리는 이렇게 돌을 제거하는 역할 뿐만 아니라 집안의 안녕과 복을 기원하기도 했다. 각 가정에서는 조리를 가장 높은 곳에 매달아두고 축원을 빌기도 했다. 흔히 대보름이 되기 전에 마을의 청년들이 각 가정에 조리를 던져 놓으면 복조리라는 뜻으로 하나 또는 몇 개씩 구입하여 동네 청년들의 기를 살려주기도 했다.
  조상들이 사용했던 조리는 쌀 속에 들어있는 단순한 이물질을 제거하는 기능뿐만 아니라 정신적 자정기능도 가지고 있었다. 가족이나 자신에게 불운이 다가오지 않도록 복조리에 기원도 했고 가족들이 부정에 휩싸이지 않도록 축원도 했다.

　사회조직에서 자정 기능이 강화되는 기관일수록 투명하고 개인의 능력을 발휘할 수 있지만 그 기능이 상실되면 조직이 부패와 부정으로 와해된다. 그럼에도 불구하고 최고 권력자들은 오직 자신에게 충성하는 자에게만 믿음과 기회를 주어 그들만 행복하고 권력과 명예를 얻는 특혜를 주었다.

　특히 선거철만 되면 각 당 공천심사위원회가 열리곤 하는데 정치지망생들은 순진하게 자신의 경력과 능력만 믿고 부정부패의 원흉인 공천심사위원회에 모든 걸 의지해 결과를 기다리다 실의에 빠지곤 한다.

　범죄가 수없이 많아도, 능력이 턱없이 부족해도 교묘하게 자기 사람으로 공천을 하여 고소고발 사건이 헤아릴 수 없이 많다. 이외에도 각종 인사위원회에서도 업무능력보다도 인맥에 의해 승진이 되다보니 하나의 파벌이 생성되어 최고관리자가 교체되면 한직으로 전보되는 일도 허다하다.

　각종 감사기관이 있어도 힘의 논리에 의해 조리에 걸리지 않고 교묘히 빠져나가기도 한다. 자신의 능력을 보여주는 것보다 나는 누구의 사람이라고 노골적으로 대 놓고 자랑질하다 보니 자정능력을 상실한 사회가 되었다. 힘의 논리보다 사회의 자정능력이 우선인 사회가 진정한 평등의 근본인데도 이를 망각하고 말았다.

　이전에 사용한 조리의 지혜를 다시 상기하여 잃어버린 자정능력을 회복해야 할 때이다. 하나의 대나무 뭉치지만 이물을 걸러내고 불의를 멀리하게 했던 조리, 필자도 오늘 벽에 하나 걸어둬야겠다.

이기는 법과 승복할 줄 아는 미

2018.05.18
멋진 승부가 이기는 거

정신적으로 여유 있는 사람들은 보통 져 주는 것이 이기는 것이라고 여긴다. 속담에 똥이 무서워서 피하는 것이 아니라 더러워서 피한다는 말이 있듯이 우리는 상대방과 마찰을 가급적 피하려고 노력하는 국민성을 가지고 있었다.

지금 나이 50이 넘은 중년들은 학창시절 누구와 싸우고 오면 부모님으로부터 엄청 야단을 맞았다. 싸움하는 자식으로 낙인찍힐까 걱정하는 부모의 마음이 앞서 있어서이다.

그런데 어느 시점부터는 밖에서 친구와 싸우다 맞고 오면 "등신처럼 맞고 다닌다."고 야단맞기 일쑤이고 이긴 아이를 구타하거나 보복을 하는 등 어른스럽지 못한 행위들이 자주 목격된다.

오직 경쟁에서 이겨야 자식의 미래가 보장된다는 절박감이 모두에게 상처로 돌아오고 있다. 사실 필자의 부모세대에서는 맞은 놈은 두 다리 펴고 자도 때린 놈은 움츠리고 잔다고 할 정도로 잘못의 유무가 명확했다. 지금은 때린 놈이 맞은 놈으로, 맞은 놈이 때린 놈으로 둔갑을 하니 힘 있는 사람이 이기고 힘없는 사람이 누명을 뒤집어 씌는 형국이 되었다.

이러한 사회조류에 사람마다 자신이 살 방법을 찾다보니 아이들 교육에까지 영향을 미치게 되었다. 특히 부모들은 자식들에게 "양보해라." 보다는 "너의 것을 더 챙겨라."고 훈육을 하여 친구는 당연히 경쟁자와 적이 되어버렸다. 이는 자식들이 고이 간직해야 할 착한 심성을 멍들게 할뿐만 아니라 이성적 판단이 아닌 감정적 판단을 갖게 해주었다.

 그동안 우리는 이기는 법만 배워왔지 승복하는 법을 배우지 못했다. 이기는 법에도 수단과 방법을 가리지 말고 이겨야 한다는 극단적인 주문으로 누구나 수긍하고 인정하는 정정당당한 방법의 훈육이 부족했다. 더구나 이기는 승자는 패자가 더 이상 회생되지 않도록 잔인할 정도로 짓밟는 경우도 많았다.

 선거 때도 등장하는 가짜뉴스와 공약대신 후보자의 약점을 들추어내어 이것이 선거인지 비방경진대회인지 구분이 가지 않을 정도이다. 그로 인해 국민의 대통합은 항상 뒷전이고 자신들의 코드인사로 그들만의 잔치로 변질되곤 했다.

 사람이 평생 경쟁 없이 살 수는 없다. 형제나 친구 간에도, 같은 정당이나 직업에서도 경쟁을 할 수밖에 없다. 서로 한정된 자리를 차지해야 하는 현실에서 경쟁을 비판할 수는 없다. 그러나 공정한 룰에 의해 서로 수긍하고 인정하는 승복의 교육이 필요하다.

 이제부터 지는 교육과 승복할 줄 아는 교육도 병행하자. 앞만 보고 가라고 하는 사회가 얼마나 무책임하고 어리석었는지 뒤돌아 볼 필요가 있다. 또한 승복을 인정하는 사회적 규칙이 엄격하게 지켜지도록 사회전반이 노력해야 한다. 승자의 손만 들어주는 기울어진 사회는 어느 순간 기울어진 방향으로 몰락하고 만다는 사실을 하나의 교훈으로 명심해야 할 것이다.

타인의 삶에 훈수 두는 간접 인권침해

2018.06.22
인격을 재단해서 어떡해

　필자를 포함한 많은 사람들이 간접 인권침해를 당하고 있다는 것 자체를 모르고 생활한다. 지인들과 대화 속에서 또는 SNS에서 자연스럽게 침해를 당하곤 한다. 혹자는 비판과 비난을 받아야 인권침해라 생각할지 모르지만 한 개인의 삶에 훈수를 두는 것도 인권침해가 될 수 있다.
　주위에서 말과 행동이 어긋난 사람들을 종종 보게 된다. 그 사람이 어떠한 미덕을 행해도 쉽게 인정해 주고 싶지 않고 무슨 의도가 있지 않을까 하고 의혹의 눈으로 보게 되는데 그동안 신뢰를 받지 못한 원인이 가장 클 것이다.
　흔히 사람을 가볍게 평가하여 제3자에 대해서 오해를 주는 경우가 있다. 더욱이 그 사람과 앞으로 만나면 다시는 필자와 만나지 않겠다고 어깃장을 부리는 사람도 있다. 사회가 이 지경까지 극단적으로 변한 것은 사회적 여건도 있겠지만 개인적인 편견도 한 몫 하는 것 같다.
　모름지기 누구와 만나도 자신이 정화하면 그만인데 왜들 훈수를 두는지 모르겠다. 필자도 어린 시절 부모님으로부터 사람 사귀는 중요성을 강요받았다. 부모들이야 천륜에 의해 자식 걱정으로 그러한다고 이해를 하지만 일반인들이 그러한 말을 한다는 것은 한 번쯤 고려해 봐야 할 것 같다.

 자기 자신도 믿음을 주지 못해 지탄의 대상임에도 남들에게는 도덕군자처럼 지혜로운 말을 전하기도 하고 페이스북이나 카톡 같은 정보매체에 사람의 도리를 행해야 하는 글귀를 자주 보내곤 한다.

 다소 서운한 관계라면 '나에게 이런 점이 부족하다는 건가.' 라는 오해를 할 수도 있을 터이고 혹자는 그러한 글을 보낸 사람에게 '본인이 그렇게 수양을 해야 할 대상이구만.' 이라고 속으로 비웃을 수도 있다. 또는 자신이 대단한 사람인양 자아 착각에 빠졌다고 비아냥거리는 경우도 있을 것이다.

 사실 서로 시간에 쫓기는 사람들에게 불필요하거나 오해의 소지를 불러오는 글귀를 보내는 것조차도 자중하는 것이 상대방을 배려하는 문화일지도 모른다. 필자도 카톡을 통해 행사안내를 종종 보내고 있지만 사람의 도리는 모름지기 이래야 한다는 식의 글을 보낸 적은 없다. 늘 조심해야 한다는 마음과 내 스스로 부족함이 많아 수양할 것도 많은데 라는 반성으로 대신 하곤 한다.

 이제는 휴대폰이나 인터넷을 통하거나 대화 중에 제3자에 대한 인권 침해를 스스로 자제하면 어떨까 제안해 본다. "누구 조심해라.", "누구는 어떻다." 등을 이야기 하는 자체는 인권을 간접적으로 침해하는 것이며 '나는 사람을 재단하는 사람이다.' 라고 스스로 인정하는 격이 된다.

 우리는 성숙한 사회인으로 어떤 상황이나 사람에 대해 스스로 판단할 수 있고 정화할 수 있는 능력이 있다. 자신의 우월적인 자신감으로 타인의 삶에 훈수 두는 모습은 건강한 사회인의 모습이 아니지 않을까. 또한 자신의 사람으로 만들기 위해 타인의 인권을 침해하는 것은 더욱 더 조심할 필요가 있다.

촉과 감이 주는 선입견

2018.06.29
나의 잣대는 정확한지

촉과 감은 흔히 사람들이 자주 사용하는 선입견 같다. 생활 중에 불편한 관계가 있으면 "감이 와.", "촉이 느껴져." 등 본질을 왜곡하는 경우가 종종 있다. 필자가 어릴 때 상대방의 의중을 떠 보기 위해 "너 얼굴에 다 씌어져 있어." 가 엄청 부담으로 다가온 경우가 있었다.

대부분 사람들이 거짓말을 할 때나 의외의 질문을 받게 되면 얼굴이 빨게지고 말투가 평상시보다 부자연스럽게 된다. 질문과 상이한 대답을 할 때도 마찬가지이다. 이러한 선입견으로 상대방을 불편하게 하는 사례는 고금을 통해서도 전해지는데 우리가 존경했던 공자도 한 순간의 가벼운 행동으로 자신을 자책하기도 했다.

어느 날 공자는 한 제자가 부엌에서 한 줌의 밥을 먹는 것을 보고 질타했지만 제자의 말을 듣고 자신을 부끄럽게 느꼈다고 한다. 제자가 밥을 푸는데 천정에서 그만 흙이 떨어졌다. 스승인 공자의 밥에 흙이 들어가지 않게 하려고 그만 그 부분의 밥을 떠서 먹었던 것이다. 그 당시는 워낙 흉년이 들어 쌀 한 톨이 귀할 때였다.

세상 사람들이 성인으로 추앙하는 공자도 씻을 수 없는 촉과 감으로 몰래 스승보다 먼저 밥을 먹는 제자로 오인하여 자기 자신도 일반 사람과 별 다를 바 없다는 사실을 깨닫게 된 것이다. 그로 인해 공자는 선입견을 버리고 더욱 더 겸허한 마음을 갖고 수양하여 세상에서 존경받는 인물이 되었는지 모른다.

 공자도 실수하는데 우리는 오죽하겠냐는 의미는 아니다. 공자의 삶보다 더 훌륭하고 깨끗한 삶을 살거나 살아 온 사람들이 드러나지 않거나 조명을 받지 못했을 뿐이지 이 세상에는 그 이상의 덕을 가진 분들도 있다고 사료된다.

 대부분 사람들이 "너 얼굴에 씌어져 있어", "내 촉은 못 속여.", "내 감이 틀린 적이 없어." 등의 말들을 한두 번 쯤은 들어 봤을 것이다. 필자는 그런 말을 듣는 순간마다 괜한 억측에 억장이 무너지는 듯한 심정이 들고 '내가 만나는 사람이 이 정도의 수준이었나.' 하는 안타까운 생각마저 들었다.

 사필귀정이라 생각하며 좋은 게 좋다는 식으로 넘어가면 그만이라고 생각할 수 있다. 그러나 상대방의 순수하고 고귀한 마음에 자신의 잣대로 떠 보는 심술은 자신의 인격을 더 격하시킨다는 사실을 알아야한다. 머릿속에 감과 촉이 저장되어 있지 않다면 순수하게 그대로 받아들이게 되어 일상에서 불필요한 오해를 불러일으키지 않을 터이다.

 자신이 대단한 선견지명을 가지고 있는 착각으로 상대방을 불편하게 만들고 개인의 심성까지 훼손하는 경박한 행동은 그동안 자신이 쌓아온 명예와 존경을 순식간에 잃어버릴 수 있다.

 앞으로 세련미와 포용성이 있는 삶이 가벼운 선입감을 제거하는 데 도움이 될 것 같다. 감이나 촉은 주관적이고 추상적인 판단이므로 함부로 재단하지 말아야 한다. 필자는 모두가 불필요한 선입견으로 한 개인의 존엄을 무너뜨리거나 불미스러운 씨앗을 잉태하는 것보다 배려와 소통이 넘치는 평화로운 사회를 그리며 스스로 행복감을 가져본다.

세계 최초보다는 최고가 낫다

2018.07.16
조급증이 많은 것을 잃게 해

"개천에서 용난다"는 이야기는 열악한 환경에서 자신의 노력으로 성공을 이끌어 낸 입지전적인 사람을 칭한다. 지금은 개천에서 용난다는 이야기를 듣기가 어렵지만 그래도 유사한 이야기로 기쁨을 선사하고 있다.

우리나라 프로선수들이 미국에 진출할 때 최초의 선수라고 타이틀을 근사하게 주곤 했다. 기업에서도 세계 최초로 개발된 제품이라고 기술 선진국의 위상을 드높여 국민의 사기를 진작시켜주기도 했다.

올림픽에서도 최초의 메달 등 우리 민족은 최초라는 말을 매우 즐겼다. 사실 최초라고 하면 그 의미는 엄청나다. 노력과 연구의 산실로 개인이나 기업이 차지할 수 있는 최대의 명예이기 때문이다.

그러나 최초라는 타이틀이 유지되기 위해서는 부단한 투자와 노력이 병행되어야 한다. 지금까지 최초의 타이틀을 차지한 사람이나 기업을 보면 명성에 걸맞지 않는 경우도 있다. 한국 최초의 선수지만 세계무대의 경쟁에서 두각을 받지 못한 경우와 세계시장에서 경쟁력을 상실하여 도태된 기술이 하나 둘이 아니다.

어느 분야에서든 명실상부한 위치를 가지려면 최고가 되어야 한다. 최고는 나 자신뿐만 아니라 경쟁 대상자나 대상 국가에서 경계와 영입의 1순위가 된다. 따라서 최초에 비해 최고는 그 명성과 이익이 비교가 되지 않는다.

 삼성의 반도체를 한 예로 들어보면 반도체를 세계 최초로 개발한 것이 미국이었지만 작금의 해외 반도체는 일부 분야에서 한국에 추월을 당하는 모양새이다. 후발주자로 출발한 삼성은 일부 반도체에서 세계 최초의 타이틀과 최고의 명성을 얻어 기업이윤에서도 최고의 기업이 되었다. 외국에서 보면 한탄과 부러움으로 반성과 자각을 하겠지만 세계 최고가 되기 위한 한국인들의 눈물 나는 노력과 연구는 많은 기업을 파생시켰고 그로 인한 일자리창출에도 기여했다.

 최근에는 5G로 온 나라가 뜨겁다. 장비의 선도적 기업인 중국 화웨이의 장비 도입 논란으로 기업보다 국민들이 더 걱정을 하고 있는 듯하다. 속담에 '계주생면(契酒生面)'이 있다. 계모임에서 마시는 술로 생색을 낸다는 뜻으로 온갖 노력은 한국이 하고 실익은 중국이 차지할 것이 염려되어 하는 말이다.

 5G를 세계 최초로 하려는 것은 기술선도와 일자리창출 등 많은 경제적 이익을 위해서이다. 정부의 너무 성급한 일정으로 기업과 국민들이 국부의 유출과 보안유출을 걱정하는 사태를 유발하여 마치 최초의 망령이 되살아 난 듯하다.

 삼성반도체처럼 세계 최초가 아니지만 세계 최고의 기술이 오늘의 한국경제를 이끌어 가고 있듯이 안정된 국내기술을 기반으로 5G 사업이 전개되어야 한다. 세계 최고의 IT국가인 한국이 그것도 5G 장비를 중국기업에 발주한다면 세계 최고의 기술을 인정해 주는 꼴이 되어 국내기업들은 설 자리를 잃게 된다.

 이왕 5G로 국운을 걸었다면 한국인, 한국기술로 세계 최고의 5G사업이 되어야 하지 않겠는가. 지금은 세계 최초도 중요하지만 그것보다 최고의 상품만이 생존에서 살아남을 수 있다는 교훈을 삼아 최초라는 타이틀에 대한 집착보다 최고가 될 수 있게 정부는 기업을 독려하고 지원해 줘야 한다.

억울한 판정

2018.07.21
억울함을 당해봐야 알지

  동물의 세계에서도 질서를 파괴하면 집단으로부터 응징을 당하는데 인간사회에서 질서를 파괴하면 벌은 당연하다. 심판관이 눈감아 주면 누구도 책임질 수 없는 현상이 일어난다. 한 명의 심판관 때문에 가해자는 콧노래를 부르며 의기양양 하겠지만 피해자는 평생 분노와 아픔을 간직하며 생활하게 된다.
  명백한 부정임에도 처벌하지 않고 정당화시키는 행위는 약자의 억울함을 가중시키고 그 약자조차도 앞으로 부정행위를 하도록 부추겨 우리 사회의 부정에 대한 면역력을 키우게 해 준다. 요즘은 사건의 경중에 관계없이 웬만해서는 놀라지 않게 되었다. '나랑 상관없다'는 이유와 개입하면 다칠 수도 있음을 우려하여 아예 관심조차 두지 않으려 한다.
  석연치 않은 판정이나 판결로 수많은 사람들이 억울함을 당하고 있는 현실에 일부에서는 신이 아닌 이상 정확한 판정을 내리기 쉽지 않다고 할 것이다. 그렇다고 판정이나 판결에 증거 중심이 아닌 심증 중심이나 여론에 따라 진행된다면 다시 돌이킬 수 없는 악순환을 초래한다.
  필자가 젊은 시절인 70년대에는 축구가 최고 인기 스포츠였다. 시골 동네에는 TV가 거의 없는 터라 TV가 있는 집에 모여 국제 축구 시

합이라도 있는 날에는 먹을 것을 가져와서 함께 응원하곤 했다. 그 때 우리 팀에 불리한 판정을 내리는 심판에게는 주민들이 너나할 것 없이 "저 자식 매수당했어. 돈 얼마 먹은 거야." 등 순수한 시골 사람들도 화풀이로 내뱉었다.

심지어는 학생들의 스포츠에서도 부정행위로 감독과 선수들이 입건되거나 합격이 취소되는 등 부정행위로 인해 불이익을 당한 경우도 한 둘이 아니었다. 또한 출신학교에 따라 선수를 육성하거나 국가대표로 선발하여 부정한 스포츠경영으로 비판을 받은 바 있다. 이러한 부정과 무능을 히딩크 축구대표 감독이 선임되면서 출신보다는 개인의 능력으로 선발하여 월드컵대회에서 경이적인 결과를 낳았고 그 선수들은 국제적으로 능력을 인정받아 영국과 독일 등지에서 역량을 펼쳤다.

그 이후 많은 스포츠에서 능력위주로 국가대표를 선발하게 되어 스포츠계에 자정의 바람이 불게 됐다. 우리나라 사람이 아니라 외국 감독에 의해 정화되는 현상을 보면서 어쨌든 다행이라고 생각하고 있을 즈음, 우연히 프로야구경기를 보게 되었다.

선수가 심판의 오류를 지적하면서 비디오판독을 요청하여 판정이 번복되는 경우를 봤다. 속도를 요구하는 야구에서 심판의 오류가 잦을 수밖에 없겠다는 생각도 들었지만 심판의 오류에 의해 선수의 타율, 팀의 승패가 좌우된다는 느낌에 정신이 번쩍 났다.

선수들 바로 앞에서 보고도 판정이 틀리다면 과거 비디오 판정이 없었을 때에는 얼마나 억울하고 비통할 일이 많았을까. 심지어 심판이 매수되어 특정한 팀에 혜택을 주었을 수도 있었겠다는 생각을 해보게 되었다.

일상생활에서도 이와 같지 않을까. 원인제공과 결과에 대해 서로 상반된 이야기로 누구 편을 들어줄지 모를 경우가 허다하니 말이다. 잘못을 심판하되 억울한 판정으로 무고한 상처를 주는 심판관이 되어서는 안 될 것이다.

자연에 순응하는 지혜

2018.08.03
우리 문화유산을 통해 얻는 깨달음

　세계적 문화유산인 피라미드, 스핑크스, 마추피추와 와이나픽추, 로마의 파르테논 신전, 콜로세움, 중국의 만리장성 등 오랜 역사를 보존하고 있는 문화재들의 대부분 재질이 암석으로 구성되어 있다.
　반면에 우리나라 문화유산들은 화재에 약한 목재로 구성되어 있어 전쟁이나 방화, 내구성이 약해 남아 있는 문화재가 적다. 대다수의 국가나 국민들은 오랜 역사성을 보유하고 있는 문화재가 많이 남아 있기를 바라는 마음이지만 특히 우리 민족은 자연을 사람의 몸처럼 여기어 건축 하나하나에 인본주의를 고려한 듯하다.
　사실 위에서 언급한 건축물은 오랜 시간에 걸쳐서 완성된 것들로 예술성에서는 우리 문화재보다 앞서 있다고 부정하지 않는다. 그러나 한 건물을 완공하기 위해 수많은 석재와 노예를 동원한 건축물이라면 당연히 그 자체가 주는 의미는 퇴색될 수밖에 없다.
　이처럼 웅장한 유산들이 자연을 파괴하면서 왕권 확립에 몰두한 반면에 우리 민족은 풍수지리학적 입장에서 배산임수의 원칙을 준수하고 가능한 자연을 훼손하지 않았다. 현존하는 궁궐이나 사찰, 서원 등에서 볼 수 있듯이 석재를 최소한 사용하였으며, 과다한 채석장을 두어 석재를 만들기보다는 주변의 돌을 활용하는 지혜를 보여주는 등 우리문화재는 대부분 자연친화적이다.

 비록 전쟁을 대비하기 위해 성곽을 건설할 때는 석재를 이용하기도 했지만 인근 하천이나 주빙하의 영향으로 형성된 암석류의 돌들을 많이 활용했다. 화강암의 수평·수직 절리로 인해 직육면체에 가까운 암괴들은 건축에 유용했으리라 여겨지며 지표면에 노출된 지형지물을 이용한 우리 문화재는 어느 세계문화유산보다도 환경학적으로 우수하다. 그만큼 우리 민족은 마치 신앙처럼 자연에 순응하며 자연의 법칙을 준수하려는 경향을 보여준다.

 그러나 작금에는 자연을 자연 그대로 활용하기보다는 인위적으로 자연 위에 군림하려고 하는듯한 양상을 보여주고 있다. 이명박 정부의 4대강 공사와 태양광 시설이 그 대표적 예다.

 우리나라는 침식이 매우 용이한 석비레가 잘 발달되어 있다. 하천 바닥에 있는 퇴적물을 제거하여 수심을 깊게 한다 해도 몇 년이 지나면 상류에서 유입된 토사물로 인해 하천의 바닥이 높아지는 순환으로 하천정비의 애로점을 갖고 있다. 이런 점을 무시하고 4대강 공사를 추진하여 자연환경이 훼손되고 어마어마한 예산만 낭비하는 결과를 초래하였다.

 더욱이 정부가 바뀌어 태양광 발전 가동을 위해 자연이 훼손되고 있으니 참으로 안타깝다. 원전의 문제점을 들어 원자력발전소 가동을 중단시키기 위해 산림을 훼손하면서까지 태양광발전시설을 확대하여 장마로 인해 장비의 일부가 훼손되어 중금속까지 하천에 유입되는 등 사회적 문제가 발생되고 있다.

 산악지역이나 전기시설이 어려운 곳에 태양광이나 풍력발전시설만큼 유용한 것이 없다. 그러나 원전을 배제하기 위하여 더 많은 자연환경을 파괴하고 오염시키는 것은 신중해야 한다. 원전을 대체하기 위해 바다, 호수, 산, 들에 무작위로 태양광 발전시설이 설치된다면 제2의 4대강 악몽이 재연될 수도 있다. 이제는 조금 여유를 가지면서 선조들의 자연에 순응하는 슬기를 다시 한 번 상기해 보고 자연과 조화를 이루는 지속가능한 발전을 위한 지혜를 모으는 것이 필요하다.

떠돌이 같은 삶

2018.08.17
반려견을 통해 얻은 깨달음

지구에 인간이 출현한 이후 인간과 가장 가까운 동물 중 개가 으뜸일 것이다. 약 1~2만 년 전부터 함께 생활했으니 인간과의 교감과 친근함은 어느 동물보다 높다고 할 수 있다. 그래서인지 개들이 사람과 교감하는 장면을 보면 놀랍기도 하고 신기하기도 하다. 요즘 많은 방송에서 반려견에 대한 내용이 방영되어 사람들의 관심과 호기심을 끌고 있다.

특히 천재견이 나오는 장면에서는 불효하는 자식들에게 부모들은 "개가 너보다도 낫다."라는 핀잔을 주기도 하고 '저런 개 한 마리 있으면 좋겠다.'라는 생각을 할 것이다. 그만큼 영리하고 주인에게 충성하는 개는 어디에서나 귀여움을 받는다.

혹자는 내가 키우는 개가 천재견이 아닌가 홀로 시험도 해보기도 하고 한두 가지 말귀를 알아들으면 똑똑하다며 사랑을 더 주곤 한다. 이러한 경우 주인과 개의 관계에서 교감이 잘 될 때 더욱 더 그렇다.

그러나 대립적인 관계가 형성되면 형용할 수 없는 상황이 전개된다. 귀엽다고 강아지를 데려왔지만 사람을 물고 사고를 치면 유기 또는 파양되기 일쑤이다. 따라서 주인의 사정이나 반려견의 행동에 따라 개팔자가 형성된다.

인간과 너무나 친근한 개로 인해 관련된 속담도 무궁무진하다. "개 팔자가 상팔자"를 시작으로 "개보다도 못한 놈", "개똥도 약에 쓸려면 없다.", "서당 개 삼년이면 풍월을 읊는다.", "닭 쫓던 개가 지붕 쳐다본다.", "도둑을 맞으려면 개도 안 짖는다.", "하룻강아지 범 무서운 줄 모른다.", " '지나가던 개가 웃겠다.", "개도 먹을 때는 안 때린다.", "개똥에 굴러도 이승이 좋다."는 속담부터 개자식과 같은 욕설까지 다양하다.

모든 개가 상팔자는 아니다. 팔자가 좋은 개는 죽어서도 무덤을 갖지만 많은 개들의 경우 보신탕으로 전락한다. 예전에 개를 도륙할 때는 무자비하게 몽둥이로 때려서 잡곤 했다.

필자가 초등학교 시절만 해도 쥐들이 많아 쥐약을 주기적으로 또는 관공서에서 계몽적으로 실시했는데 개들이 쥐약을 먹고 고통스럽게 죽어가는 현장도 경험했다. 생활이 궁핍한 시절에 시골에서는 개를 한 마리씩 키우곤 했다. 집과 가족을 지키기 위한 것도 있었지만 일부는 가족과 동네 사람들의 보신용으로 이용도 했다.

이러한 환경을 지나 지금은 반려라는 단어로 한 가족의 구성원으로 인정받게 되었다. 키우던 반려견이 죽었을 경우 슬피 울며 묘까지 마련해 주는 세상이니 이런 개들은 사람보다 나은 상팔자임에 틀림없다. 어느 순간 우리가 개와 개장수와 유사한 관계를 만들고 있는 것은 아닐까 하는 생각을 해본다. 모두가 정신없이 최고를 추구하며 최고의 인재나 최고의 상품만이 선택되는 불안한 사회구조 속에서 가족에게 조차 편하게 기대지 못하는 신세, 마치 언제나 상팔자를 추구하며 파양되지 않기를 갈구하는 반려견과 같다.

신뢰와 신의가 바닥까지 떨어진 지금 자신을 돌아볼 시간이 없는 세상이라도 버려서는 안 될 것이 관계이다. 오직 개 주인에게 유기나 파양되지 않기 위해 몸부림치는 우리네 삶, 개와 관련된 속담에 포함되지 않기 위해 오늘도 개 발에 땀 나듯이 뛰면서도 좌불안석인 우리는 집과 주인 없는 떠돌이 개보다 더 외롭고 힘든 것은 아닐까.

잃어버린 공경

2018.08.23
받을 것을 너무 내려놓지 말자

　필자가 어린 시절 동네 어르신께 인사를 하지 않는 젊은이가 있으면 "저놈은 누구네 자식이야?"라는 이야기를 종종 듣곤 했다. 인품이나 경제적 척도와 관련 없이 나이가 더 많은 사람을 만나면 너 나 할 것 없이 마음을 다해 몸을 숙여 인사드리는 것이 기본이었다.
　며칠 집을 떠나게 되면 부모님께 큰절을 올리고, 걱정하시지 않게 늘 안부 인사를 드리는 것도 자식의 도리였다. 어디로 외출했다가도 부모님보다 늦게 들어오는 것은 상상도 하지 못한 시대를 살았던 50대 이상의 중년들은 요즘 격세지감을 많이 느낄 것 같다.
　길거리에서 연세 든 어른을 만나 인사를 할 때도 걸어가면서 말로만 인사하고, 버스나 지하철에서 어른이 앞에 서 있어도 자리를 양보하지 않는 젊은이, 부모님이나 어른이 숟가락을 들기도 전에 먼저 먹는 자식들 등등 생각도 못한 일들이 곳곳에서 일어나고 있다.
　우리들은 이런 모습을 보고 흔히 말세가 왔다고 한다. 진정 말세가 온 것인지 아니면 자유와 방종을 제대로 구분시키지 못한 훈육의 맹점인지 도대체 판별이 되지 않는다.
　종전에는 능력도 중요하지만 인간됨을 더 강조한 시대도 있었다. 필자도 자식들에게 밥상머리교육을 간혹 시키지만 요즘 젊은이들은 뭐가 그리 바쁜지 모든 식구가 같이 밥 한번 먹기도 힘들고 날을 잡아서 식사를 하려해도 자식들 시간에 부모들이 맞춰야하는 지경까지 왔다.
 지나가다 잘못한 젊은이들에게 훈계를 하면 "아저씨가 뭔데 상관하느냐?"고 반박을 하니 선뜻 나서기도 망설여진다. 부모들도 자식들에게 야단을 치면 말대꾸가 기본이고 대드는 일까지 있어 사회가 정신적 슬럼으로 전이된 것 같다.
 이러한 목하의 현상들은 우리들의 정신적인 유산인 공경심이 없어진 탓이 아닌지 곰곰이 생각해 본다. 이에 필자부터 사람에 대한 공경심이 부족하지 않았는지 되돌아보면서 어른들의 잘못된 의식 때문에 자식교육이 잘못되었음을 깨닫게 되었다.
 사실 치열한 경쟁 속에서 공부하는 자식을 생각하면서 우리가 받아야 할 공경을 그냥 포기하거나 양보해 버렸다. 학교에서, 취업에서 낙오되지 않도록 오직 격려와 응원만 한 결과가 자식들이 사회에서 눈총을 받도록 만들어 버렸다. 더 이상 받아야 될 공경을 포기하거나 양보해서는 안 될 것이다. "불편한데 뭐 하러 오냐.", "바쁜데 오지 말라." 등등 자식 편의주의로부터 벗어나야 할 것 같다. 부모가 움직이면 편한데 아들, 손주 불편하다고 또는 바쁘고 시간 없는데 인사는 나중에 하라고 하는 등 우리 스스로 허용한 탓에 불거진 결과를 가지고 젊은 이들에게 한탄의 목소리를 내는 것 아닌가 싶다.
 이미 무너진 공경심이 가정과 사회 질서 파탄의 원인임을 안 이상 더 무너진다면 사회는 정신적 슬럼이 더 가속화 될 것이다. 이제라도 어른에 대한 공경심을 회복하여 성숙한 사회가 되도록 우리 스스로 공경심을 찾도록 노력해 보면 어떨까.
 그동안 자식을 위해 내려놓은 공경심을 원래 자리로 되돌려 놓고 성문보다 관습이 인정받는 사회구현에 좀 더 성찰을 해야 할 것 같다.

욕심 앞에 작아지는 자아

2018.12.25
당당하면 자아는 커지는데

"누구 앞에서 기죽지 말고 당당하게 행동하라." 이 말은 어려서 부모님으로부터 많이 들은 조언 중 하나이다. 자식들이 어느 장소에서든 당당하고 기죽지 않은 모습을 보고 싶은 것은 모든 부모들의 한결같은 마음일 것이다. 그 누구로부터도 예속되지 않고 독립된 자아를 가진 자식으로 성장하기를 바라는 마음이 기저에 깔려 있다.

그러나 애지중지 키운 자식들이 언제나 당당하고 자신감 있게 생활할 수는 없다. 무한 경쟁 속에서 사회의 대인관계에 따라 성공과 실패의 갈림길에 놓이는 경우도 허다하다. 한 순간의 기회를 놓치게 될 경우는 다시 회복할 수 없는 상황이 연출되어 각자의 당당함을 잃고 현실에 순응한다.

학창시절에는 친구들로부터 단지 인기만 있어도 학생회장과 같은 또래의 대표를 할 수 있지만 사회는 오직 기회와 능력과 대인관계에 좌우되기에 성공의 변수가 많다. 더구나 사회는 협력과 경쟁의 공간이기에 대인관계는 그 무엇보다도 중요하다.

많은 사람들이 대인관계를 더 돈독하게 하기 위해 골프, 등산, 접대 등 다양한 방법을 동원하기도 한다. 그러나 과하게 되면 사회적 물의를 일으켜 지탄을 받기도 하고 부족하면 허사가 되는 것이 대인관계의 어려움이다.

 일반적인 관계에서도 자신이 취해야 할 욕심이 있는 경우는 낮은 자세로 임하고 혹시나 하나의 실수로 물거품이 되지 않을까 노심초사로 상대방에게 이끌려가기도 한다. 이런 경우 사업이든 승진이든 간에 자신보다 나은 조건에 있는 사람에게 용기 있게 당당하게 임할 수가 없다. 이것이 우리들이 직면한 사회의 적나라한 현실이다. 갑과 을의 관계가 대화나 만남 속에 깊숙이 스며들어 있어 늘 작아지는 자아를 발견하게 된다.

 혹자는 욕심 없이 당당하게 대하면 되지 않겠냐고 반문을 하겠지만 인간사 내일의 일을 알지 못하기 때문에 오늘 최선을 다할 수밖에 없다. 시간과 비용을 허비하면서까지 대인관계를 우호적으로 유지하기 위해 노력을 해도 어떤 경우에는 자신보다 더 뛰어난 사람으로 인해 좌절을 맛보기도 한다.

 사람대하기를 균등하게 대하라고 수없이 훈육을 받아왔지만 우리 스스로 차별을 두고 생활해 왔다. 자신보다 못한 사람에게는 건성으로, 자신보다 나은 사람에게는 극진한 예우를 하면서 최대한 자신의 성의를 보여주기도 한다.

 사람 위에 사람 없고 사람 밑에 사람 없다는 평등사회가 어느덧 개인의 이득에 따라 차별을 두는 모습으로 변질되었으며, 이 과정에서 우리는 자존심과 자신을 잃어버렸다.

 필자의 사무실에는 많은 지인들이 찾아온다. 필자는 지인이 사무실을 나설 때 누구에게나 엘리베이터 앞까지 배웅을 하는 것이 하나의 습관처럼 되었다. 누구에게나 차별 없는 마음을 보여주고자 하는 당연한 표현임에도 어떤 지인들은 너무 고마워하기도 하고 감명을 받은 모습을 보여주기도 한다.

이제 욕심 앞에 자신을 작게 만들지 말자. 가족을 위해 어쩔 수 없다고 변명을 하겠지만 자신이 자신을 작게 만들수록 나만의 공간 안에 타인이 침범하게 되고 점차 나를 잃어버리게 된다. 서서히 타인이 차지한 공간을 비워내고 자아로 채울 때 자식들에게 "언제나 당당하게 살아라." 라고 자신 있게 말할 수 있을 것이다.

모두 안아 줘야

2019.01.03
너와 내가 우리 되어

경기침체로 인한 일자리 감소로 청년들과 실직 가장들이 아우성이다. 정부는 일자리창출을 위해 다각도로 고심하고 여러 가지 방안을 실행에 옮겨도 청년들과 실직자들로부터 별 호응을 얻지 못하고 있다.

오죽하면 지지했던 대통령을 등지면서까지 정부의 경제정책을 외면할까. 이 상황까지 온 것을 보면 민주화도 좋고 자유도 좋지만 먹고 사는 것보다 중요한 것이 없다는 것을 증명해 주고 있다.

20년 가까이 부모의 도움을 받아 대학까지 졸업한 젊은이들은 꿈의 직장을 잡기 위해 누구보다 열심히 스펙을 쌓고 노력해 왔으나, 그 결과는 갈 곳이 없는 실업자로 전락하고 말았다.

부모형제 보기도 민망하고 직장을 다니는 친구들을 볼 때면 부러움과 동시에 열등감을 가질 수밖에 없을 것이다. 이렇게 먹고 사는 문제가 꼭 한 통치자의 잘못은 아니지만 현 세태를 본다면 이 정부의 책임을 묻지 않을 수 없다.

그동안의 경제인들의 갑질을 적폐대상으로 단죄를 물어야 한다고들 한다. 요즈음 보도되는 일부 경제인들의 갑질을 보면 국민 누구도 울분을 토하지 않을 사람이 없을 것이다.

이런 사회분위기에서 경제인들은 현 상황을 모면하기 위해 몸을 사리고, 정부는 실업률을 줄이기 위해 일회성 일자리라도 채우려는 미련한 방법을 사용하고 있다. 한 예로 전등 끄기 같은 일자리를 만들어내니 어느 청년들이 이에 동의하고 수긍할지 무능의 극치를 보여주고 있다.

2019년 대통령 신년사를 보면 경제살리기에 역점을 둔 것 같다. 옛말에 임금님도 가난을 해결하지 못한다는 속담이 있다. 대통령도 국민의 배고픔을 해결할 수 있는 능력엔 한계가 있을 수밖에 없다.

아무리 일자리창출을 강조해도 경제인들이 수용하지 않으면 허언에 불과하다. 상황이 이렇게 긴박해지자 국무총리는 일부 세력들이 극렬히 비판하는 삼성그룹을 방문하여 5G는 물론이고 기업의 역할을 주문했다.

비판자들의 눈치를 보지 않고 먼저 국민을 생각하는 국무총리의 용기 있는 방문에 대해 기업인들도 수용해 주면 좋겠다. 비록 지금은 일부 세력에 의해 비판을 받고 있지만 청년들에게 일자리를 제공하고 사회환원의 역할을 다시 펼친다면 그동안 불미스러웠던 일들도 국민으로부터 용서를 받을 수 있을 것이다.

대통령과 국무총리까지 나서서 청년들의 일자리창출에 앞장서고 있는 시점에서 주무장관들은 기업들의 환경과 규제를 개선하도록 밤을 새워서라도 고민하여야 한다. 기업들의 발목을 잡고 있는 규제를 조속히 해결해 주어 기업인들이 신바람으로 운영할 수 있는 분위기를 조성해주어야 한다.

또한 청년들이 중소기업에 취업을 희망할 수 있도록 임금의 현실화에도 방안을 제시해야 한다. 현재 대기업에 비해 중소기업의 임금은 65% 수준에 머물고 있다고 한다. 최소한 85% 정도라도 지급할 수 있도록 정부에서 방안을 강구한다면 많은 청년들이 대기업이나 공기업만 선호하지 않을 것이다.

국민들도 그동안 기업인들이 보여 준 일부 이탈행위에 대해서 너그럽게 용서하는 마음을 가져야 한다. 일부 가짜뉴스에서 모기업이 해외로 본사를 옮긴다는 기사를 접한 적이 있다. 이 기사가 진짜로 될 경우 우리는 IMF 때보다 더한 고통 속으로 빠져 들지 모른다.
 지금은 누구의 잘못을 따지기 전에 서로의 마음을 조금씩 열어야 한다. 정부는 기업이 일할 수 있는 환경을 만들어주고, 기업은 청년들을 안아주고, 나라가 국민을 안아줄 때 실업으로 괴로워하는 청년과 실직한 가장들의 고통을 해결해 줄 수 있을 것이다.

부부가 합의해서 성씨를 결정

2019.01.05
문제를 야기하면 곤란해

 저출산·고령사회위원회와 여성가족부는 2018년 12월 4일 국회의원회관 제1세미나실에서 '호주제 폐지 10년, 더 평등한 가족의 모색' 이라는 주제로 포럼을 개최했다고 한다. 모 인사가 '자녀의 성 결정 및 혼인외 출생자 관련 법제 개선방안' 이라는 제목의 제안에서 '자녀의 성 결정을 부성우선원칙에서 부모협의원칙으로 전환하고, 성 결정에 대한 실질적 선택권 보장을 위해 협의 시점은 혼인신고 시가 아닌 출생신고 시까지 확대하자.' 는 의견을 제시했다고 한다.
 예전에는 일부 단체에서 이름에 부모의 성을 같이 사용하자고 주장하기도 했었다. 그 때 필자는 3대만 지나가면 성이 12개 정도가 되어서 도저히 사용할 수 없는 방안이라고 제시한 적이 있다. 이에 부모협의원칙도 전통을 파괴하거나 가정 분열의 한 원인으로 작용되지 않기를 바라는 마음이다. 예를 들어 이혼가정의 자녀, 다문화 가정에서의 성에 대한 불이익이 있을 시에는 법에 근거하여 보호를 받을 수 있도록 하는 선에서 국한되길 바라는 심정이다.
 부모협의원칙이 온 가정으로 확산되면 오랜 전통으로 내려온 족보문화가 한 순간에 대혼란에 빠질 수 있다. 가장 체계화된 우리 문화인 족보체계가 그런 제안에 의해 훼손되고 가족의 중심이 더 흔들릴 수 있다고 보여 걱정이 앞선다.
 남녀의 성별은 남성의 정자에 의해 결정된다고 교과서에서 배워 왔다. 성별 결정이 남성의 염색체에 의해 결정되는데 이유 없이 여성들이 구박을 받고 소박을 받은 상처도 충분히 이해된다.
 이혼이 금기시 되어왔던 조상들에 비해 자유분방한 삶과 개성주의가 강해진 요즘엔 족보의 중요성을 잘 인지하지 못한다. 보이는 현상에 치중한 현대인들과 물질 만능주의자 그리고 일부 종교인들에게는 더욱 더 그렇다.
 더욱이 이혼을 흠으로 생각하는 사람이 그리 많지 않은 현실에서 자식의 성을 합의해서 정한다고 해도 경제적으로나 사회적 지위가 높은 여성 쪽은 더 환영할 수 있다. 아들이 없어 대물림하지 못할 경우 성을 처가의 성으로 정한다면 당연히 환영하고 반길 것이다. 그러나 여성이 남성보다 우월하지 못할 경우는 자식의 성을 부모의 합의에 의해 하자고 해도 대부분 남성의 성을 따라 갈 것이다.
 우리 민족이 다른 민족에 비해 문화적으로 월등한 것이 정신문화이다. 그 정신문화 중에는 족보라는 정신적 지주가 있다. 이러한 것에 기인한다면 그동안 성으로 상처를 받았던 성씨들은 더욱 더 희귀 성씨로 전락될 수 있으며, 자식 간에 성이 다르면 누구의 아들, 딸이라고 이야기 할 때 상대방은 혹시 재혼한 자식들인가라고 혼란을 줄 것이다. 뿐만 아니라 가족 간의 연대감도 약화될 것이다.
 시대가 변하여 사회 여러 부문에서도 변화가 불가피한 측면이 있다. 하지만 성씨문제는 가정의 안정과 정신문화의 뿌리가 흔들리는 범주를 넘어서지 않으면 좋겠다.
 진보 정부에서 제시한 방안들이 진보적이어서 무조건 옳은 것은 아니다. 혹자는 필자가 너무 폐쇄적인 사고를 가진 게 아닌가 생각할지 모르지만 세계에서 드문 우리 문화의 뿌리를 보존하고 지키고자 하는 안타까운 마음에서 반론을 제기해 본다.

가벼운 행동이 통일에 저해 돼

2019.01.07
무게감 있는 행동이 필요할 때

　세상 돌아가는 것을 보며 격세지감을 느끼는 사람들이 많을 것이다. 서울 한복판에서 인공기가 등장하고 김정은 위원장의 방문을 환영하는 퍼포먼스가 방송을 타고 일파만파 퍼지고 있다. 이런 현상에 대해 일부에서는 염려의 눈으로 일부에서는 비판의 눈으로 보고 있다.
　우리가 평화무드를 조성하여 남북교류와 경제협력으로 인해 통일비용을 절감하고 이질감을 회복한다는 취지에 대해 반대하는 사람은 없을 것이다.
　평화무드에 조건 없이 하자는 측과 비핵화를 전제로 해야 한다는 쪽으로 양분되어 있는 것도 사실이다. 정부가 공을 들이고 있는 김정은 위원장의 서울 답방이 정부의 계획대로 이루어진다면 정부의 체면도 설 것이고 북한과의 경제협력과 기타 제반문제도 탄력을 받을 수 있을 것이다. 방문을 한다 할지라도 비핵화를 공식화 하지 않으면 반대파에게 극렬한 반대의견 표출의 빌미를 줄 수 있다. 비록 방문이 성사된다 해도 양측에서의 선물보따리에 따라 미국, 중국, 일본, 러시아 등 주변 국가들도 복잡한 셈을 할 것이다. 이러한 급변하는 상황에서 일부 젊은 층들의 일탈현상은 남북한 모두에게 도움이 되지 않는다.
　부모들이 청춘을 바쳐서 이룩한 경제적 성공에 의해 편안한 생활을 영위하고 있는 젊은 층들은 북한의 상황에 대한 정확한 정보도 없이 즉흥적인 사고로 환영의 퍼포먼스를 펼치고 있다. 이러한 행동은 오히려 반대파들의 결집을 유도하는 계기가 될 뿐이다.

 벌써 일부에서는 김정은 위원장을 환영하고 북한을 찬양하는 사람들을 북한에 보내주라고 한다. 북한의 인권에 대해서는 말 한마디도 못하고 더욱이 권력세습에 대해서는 어떠한 상황에서도 의견을 표출하지 못하면서 보여주기식 찬양은 지양돼야 한다. 철이 없어도 너무 없다는 소리를 들을 수도 있다.

 정부에서 갖은 노력을 기울이며 방문을 추진하고 있으니 기다려보는 미덕이 필요한 시점이다. 가만히 있으면 중간이라도 가는 데 너무 앞서 가는 행동은 통일로 가는 길에 방해만 될 뿐이다. 행동과 말 한마디로 인해 좋은 분위기에 찬물을 끼어 붓는 격이 돼서는 안 된다.

 앞에서 언급한 바와 같이 북한과 김정은 위원장을 찬양하는 사람들에게 북한으로 보내주면 간다고 할 사람이 과연 몇 명이나 있을지 사뭇 궁금하기도 하다. 아마 간다고 하는 사람은 거의 없을 것으로 예측되지만 그렇다고 북한으로 보내주라고 하는 것도 할 말은 아닌 것 같다.

 6.25사변을 겪은 세대, 보릿고개 세대 등의 입장에서 보면 충분히 이해는 간다. 전쟁으로 모든 것을 잃고 나라를 지키느라 불구의 몸이 되었으나 국가로부터 정당한 보상을 받지 못한 분들의 분통터지는 소리는 당연할지 모른다.

 이제 평화무드의 시간은 우리 편이다. 상호 간의 자극적인 말과 행동을 극도로 자제해야 한다. 다 된 밥에 재 빠뜨리는 경박한 행동은 일부 일탈하는 젊은이를 특정해서 말하는 것은 아니며, 방송인뿐만 아니라 정치권도 매한가지이다. 한반도에 평화가 찾아올 수 있도록 모든 국민과 정치인이 힘을 모으고 특히 여·야 간 진보·보수 간 협치가 절실히 요구된다.

눈물 흘리는 유공자

2019.02.25
차별받는 유공자 있으면 안돼

국가나 사회, 단체에 기여한 사람을 유공자라 한다. 자신의 삶도 중요하지만 이타적인 사고로 국가와 사회에 기여한 정신이 크기에 유공자를 선정하여 그 숭고한 뜻을 기리고 있다. 유공자에는 독립유공자, 국가유공자, 지원대상자, 보훈보상대상자, 참전유공자, 5.18민주유공자, 특수임무유공자 등으로 구분하여 국가는 나라를 위해 헌신한 분들이나 그 자녀가 소외되거나 생활에 불편함이 없도록 예우에 최선을 다하는 모습이다.

종전에는 국가로부터 훈장이나 표창장을 수여받는데 그쳤지만, 보훈예산이 확보됨에 따라 생활비와 그에 준하는 예우를 해 주고 있어 국민의 한 사람으로서 유공자에 대한 부끄러움이 조금 줄어들었다.

많은 방송에서 독립유공자 후손들이 어려운 생계로 인해 힘들어 선대의 독립운동에 대한 빛을 잃어버리게 했다. 5.18민주유공자들은 일부 인사들의 폄하와 가짜뉴스로 눈물을 흘려야 했다. 독립과 민주화에 헌신한 선열들에 대한 최소의 예우는 그들의 숭고한 정신을 훼손하지 않는 것이다.

주변을 보면 과장되거나 허위로 유공자가 된 인물이 있는가하면 자료가 부족하여 유공자가 되지 못한 억울함을 가진 분도 있는 듯하다. 지금까지 개인적인 영웅 만들기에 익숙해 있었던 관료나 국민들은 그러한 문서 및 증거자료가 부족하고 정보에 소외된 유공자 발굴에 미온적이었고 선정되지 못한 책임을 후보자들 개개인에게 전가하기도 했다.

필자의 부친은 6.25사변 때 종군기관사로 재직하면서 허리에 총알이 박혀 몇 차례 수술을 하였으나 평생 총알을 몸에 지니고 생활하시다 타계하셨다. 당시에는 의료수준이 낮아 총알을 제거할 수도 없었다. 또한 유공자와 관련된 법규도 잘 몰랐고 먹고 살기 힘든 때라 빨리 업무에 복귀하는 것이 우선이었다.

피란민들을 수송하며 종군기관사로 최선을 다했지만 유공자로 선정되지도 못했다. 정부와 직장에서 신청하라는 공고 한 번 없었다. 필자의 부친처럼 국가를 위해 희생하신 분들이 유공자 선정에 누락되지 않도록 지금이라도 찾아가는 보훈처가 되어야 할 것이다.

유공자로 선정된 이후에도 예우 차이로 유공자간의 불만이 표출되고 있다. 국가에서 각 유공자별로 예우와 지원에 대한 정량적인 자료를 홈페이지에 제공했더라면 불만을 최소화시킬 수 있었을 것이다. 나라 찾는 일과 나라 지키는 일, 민주화 운동 등에 유공의 크고 작음이 없는데도 너무 세분화하여 위화감을 조성한 감은 없는지, 그리고 유공자들에 대한 명단을 정리하여 일부에서 제기되고 있는 유공자가 아닌 자들을 선별하여 이번 기회에 의혹을 불식시켜주었으면 한다.

필자의 지역에서 거주하시는 한 유공자는 어떤 사건으로 받은 보상금보다도 국가유공자의 보상이 적다며 볼멘소리를 하는 이야기를 들은 바가 있다. 그분의 논리적인 이야기를 들을 때에 필자도 동의할 수밖에 없었다.

이제는 성숙한 자세로 더 이상 국가유공자들이 눈물을 흘리게 해서는 안 된다. 가짜뉴스와 허위를 유포하여 정치적으로 악용하는 치졸한 행위는 국민적 저항을 받게 될 것이다. 근래에 5.18민주유공자들의 가슴에 씻을 수 없는 상처를 준 이들은 자숙하고 석고대죄라도 해야 하지 않을까.

법은 위에서부터 지켜야

2019.03.09
법을 무시하는 무법자

　금나라를 건국한 아골타는 전쟁으로 인해 국고가 바닥이 나자 청빈하지 못한 생활과 국고를 낭비한 자에게는 지위고하를 막론하고 국법으로 다스리게 하고 국고를 장려한 결과 요나라와 전쟁을 할 정도로 안정시켰다.
　이후 아골타가 타계하고 뒤이어 오걸매가 등극하여 요나라를 멸망시키고 그는 신하들과 축배를 들게 된다. 축배의 장소에서 오걸매는 준비한 술을 다 마시자 국고에 있는 술을 마시게 되었고, 곧 신하에게 발각되어 그 연유로 오걸매는 신하에게 곤장을 맞게 되었다. 그러나 그는 신하로부터 곤장을 맞고도 신하에게 분풀이는커녕 선왕의 유지를 지키며 더 청빈한 삶을 살았다고 한다.
　한 나라의 왕이 신하로부터 곤장을 맞는다는 것은 상상조차 하기 어렵다. 국법을 스스로 지키며 모범을 보인 왕은 역사에 길이 남아 후대의 거울이 되곤 한다. 왕권시대에서 일어난 일화이지만 역사 이래 이런 사례가 없다고들 한다. 자신의 잘못을 인정하고 벌을 받으며 수신제가를 하는 오걸매로부터 배울 수 있는 것은 위로부터의 법 준수일 것이다.
　현대에는 다양한 문화로 인해 법 규정도 다양하다. 조금만 위반을 하면 범법자가 되고 잃는 것이 너무나 많다. 법을 만드는 사람부터 법이 준수되어야 함에도 오늘의 실상을 보면 법 위에 권력이 있어 허무하기만 하다.

사건이 터질 때마다 관련하여 어떤 법을 제정하여도 권력자들이 불리한 것들은 요리조리 누락시켜 본래의 취지를 희석시키곤 한다. 결국 힘없는 국민들만 손해를 보게 되어 정치권을 더욱 불신하게 만든다.

최근에 예비타당성조사의 면제를 두고 찬성과 반대로 또 국론이 분열되는 양상이다. 정부의 재정지원이 포함되는 대규모 신규 사업에 대해 경제성, 재원조달 방법 등을 검토해 신중하게 착수하여 재정투자의 효율성을 높이기 위한 예비타당성조사는 선심성 사업으로 인한 세금 낭비를 막기 위해 도입된 제도이다.

국가재정 300억 원 이상인 사업은 반드시 거쳐야 하는 예비타당성사업인데 정부가 면제를 해 주는 바람에 제2의 4대강 사업이 생겨나지 않을까 염려된다. 잘만 운영한다면 이번 면제로 지방자치단체에서는 짧은 기간에 공적을 쌓거나 시민들에게 유익한 삶, 지역경제 활성화 등에 기여할 수 있게 됐다. 반면에 일부 야당에서는 내년 선거와 맞물려 사전 선거운동이 아니냐고 불만을 토로하고 있지만 대세는 기울어진 것 같다.

정부에서는 중앙정부 주도가 아닌 지역이 주도하여 제안한 사업을 중앙정부가 지원하는 상향식(Bottom-up)으로 선정하여 환경, 의료, 교통 시설 등 지역주민의 삶 향상에 직결되는 사업도 포함되어 있다고 한다. 이는 현 국회의원들의 예산확보와 유사하여 이제부터는 뭐라 볼멘 목소리도 내지 못하게 한 신의 한수라고 평가된다.

필자는 균형 있는 지역발전을 환영하지만 이왕이면 야당과 협치하여 국론이 일치되는 모습을 연출한다면 더 탄력을 받고 추후에 발생되는 선심성이나 예산낭비의 비난을 면할 수 있었을 것이라고 생각한다. 그러나 차기 정부에서도 무분별한 방식으로 사업을 추진하게 하는 빌미를 제공하게 되어 예비타당성제도에 대한 우려를 낳고 있다.

 앞으로 금나라 오걸매처럼 국법을 위에서부터 준수하는 모습을 보여준다면 국민들은 정부를 믿고 더 이상 왈가왈부로 국론이 분열되지는 않을 것이다.

요란한 잔치에 먹을 것이 없다

2019.02.28
자신들만 위한 교육은 자멸

  최근 대통령 지지율이 20대에서 두드러지게 낮아지자 민주당 모 국회의원이 전 정부에서의 교육을 잘못 받았다고 망언을 하여 야당과 일부 국민으로부터 비난을 받게 되자, 변명도 구차하고 그 사람 수준으로 표명했다.
  그가 말하는 민주교육을 시작한 이후 학교와 가정에서의 표현할 수 없는 민망한 사건들이 수없이 발생했다. 학생들끼리의 심각한 수준의 폭언, 폭행, 왕따 등 학교현장에서 일어날 수 없는 일과 학생들이 교사를 대상으로 폭언, 폭행을 하거나 수시로 경찰에 고발하는 등 인간관계를 붕괴시켰다. 더욱이 가정에서는 자식이 부모를 폭행하는 등 가정 붕괴까지 일어나고 있다.
  현재 50대 이상은 민주교육을 받지 않았지만 인성적 도덕교육을 받아 인간의 존엄성과 사회질서를 인본주의로 유지하려고 노력했다. 우리 기성세대는 근면, 성실, 책임, 인내 등 인간으로서 사회구성원으로 갖추어야 할 덕목을 가지도록 교육을 받았다.
  그토록 민주주의를 외치는 일부 인사들이 일이 잘못되거나 자신들에게 불리하면 남에게 잘못을 돌리고 탓하는 행태는 민주교육을 잘 받아서 그런 것인가. 그들은 과연 자신들의 공천이나 기타 임명에서 전 정부와 타 당보다 더 깨끗하고 공정하게 했는지 자신들을 반성해야 한다. 마치 민주교육이 정권창출의 한 도구로 전락된 듯하여 미래를 가름할 수 없다.

 교육은 훌륭한 인간을 만드는 것이다. 그러니 민주교육이라는 목적 사고를 버리자. 그들보다 못한 국민이 어디 있겠으며, 서로 어울리며 더불어 사는 인간미는 정권을 잡은 인사들보다 더 월등하기에 더 이상 국민들을 우롱해서는 안 된다.

 사실 요즘 교육현장은 서로 보듬어주는 따뜻함보다 변호사를 대동하는 고소, 고발의 난무로 더 이상 인간을 만드는 교육현장이라고 하기엔 너무나 개탄스럽다. 또래가 경쟁자가 되고 적이 되는 교육이 올바른 교육인지 다시 검토해 볼 필요가 있다.

 20대는 가장 혈기왕성한 시기이다. 대학을 졸업하고 자신들의 미래를 펼칠 수 있는 취업의 공간이 마련되지도 못한 것과 청년들이 기대했던 정치가 일장춘몽이 되어 현 정권을 멀리했을 뿐인데, 교육마저 전 정부의 탓으로 돌리는 짓은 그들과 대동소이하다는 것을 보여 준다.

 막말하는 정치인들로 인해 청년들의 사고를 왜곡하고 두 번 절망하게 만들어서는 안된다. 기대가 크면 실망도 크다고 했고 요란한 잔치에 먹을 것이 없다는 것이 요즘 현실을 대변해 주는 것 같다. 그들이 탓하는 공동체와 국가를 중요시 한 유교적 교육이 IMF 시 금 모아 국란을 극복했고, 자연재해 때는 온 국민이 나서 국토를 보호하고 피해를 입은 국민을 서로 도왔다. 이러한 교육이 바탕이 되어 나라가 위태로울 때는 정치인보다 국민들이 먼저 나서서 나라를 구했다. 그런 순간에도 정치인들은 자신들의 손익분석을 하며 자리 보존에 더 치중했을 것이다.

 정치인들이 이기적인 계산을 버리고 먼저 사람이 사는 정책과 청년들에게 희망을 주는 정치를 해야 청년들도 올바른 가치관으로 국가와 사회에 기여할 수 있을 것이다. 무조건 자신들이 하는 것이 정당하다는 것이 그들만의 착각은 아닌지 의심스럽다. 정치인들이야말로 요란한 잔치에 먹을 것 없다는 옛말을 앞장서 보여 주지 말자.

굶주림은 생명과 같아

2019.03.24
국민의 생명권은 무엇과도 바꿀 수 없어

    1700년대 후반에 미국과 프랑스에 큰 사건이 발생했다. 미국은 영국 군과 전투를 벌였고, 프랑스에서는 프랑스혁명이 일어났다. 두 사건의 공통점은 국가를 지키고 국민의 생명과 직결된 사건들이었다.
    미국의 버지니아 주 초대 지사를 지낸 패트릭 헨리는 1775년 "자유가 아니면 죽음을 달라."라고 외쳤다. 이 절규는 많은 민주주의를 갈망하는 이들에게 하나의 좌표가 되었다. 패트릭 헨리는 영국과의 전쟁에서 이기기 위해 민병대 창설을 위해 자신의 소신을 우회적으로 피력했다.
    1782년 프랑스 파리의 작은 농촌마을에서 빵이 부족하여 부녀자들이 냄비를 두드리며 빵을 달라고 외쳤다. 그 외침이 확대되어 마을 전체 여인들이 냄비와 프라이팬을 들고 베르사유 궁전을 향해 행진했는데, 이것이 프랑스혁명이 일어난 계기가 되었다.
    우리나라에서도 백성들이 배고픔에 지쳐 산적이 되거나 봉기를 일으켜 자신들의 생명을 승화시키기도 했지만, 미국과 프랑스에 비해 실패로 끝나 백성의 생명과 권리를 지켜주지 못한 슬픈 역사를 가지고 있다.
    자유와 빵 중에서 어느 것이 더 중요하다 할 수가 없다. 인간이 누려야 할 행복의 구성 요소에는 자유와 먹고 사는 것이 바탕이 되고 있기 때문이다.

 유신시절 시퍼런 군화에 짓밟혀 자유가 제한되어 많은 정치인들이 구속되고 고문을 당하는 비극으로 인해 민주화의 물결이 온 나라를 뒤엎어 국민들이 원하는 권리를 쟁취했다. 이후 민주주의가 어느 정도 정착되자 소유주에 비해 턱없이 부족한 급여와 불이익을 당한 노동자들은 결속하게 되었다. 이것이 후에 노조의 탄생이 되었다. 초기에는 자신들의 권리와 보호를 위해서 구성되었으나 지금은 거대한 세력이 되어 경제자체를 움직이는 세력이 되었다.

 사실 먹고 사는 문제보다 더 중요한 것이 없다. 빈곤의 악순환으로 궁핍과 생계가 어려워 자식과 함께 죽음으로 가는 사건들이 수없이 발생해도, 자유가 없어 자식과 함께 죽음으로 간 사람을 보지 못했다. 그만큼 생명이 중요하고 그 생명을 지탱해 주는 의식주 생활을 영위하는데 자유보다 더 간절하다. 그러기에 너나할 것이 부모들은 자식들이 먹고살 수 있도록 공부시키기 위해 자신들을 희생하였다. 자유와 경제는 시대적 환경을 대변한다. 먹고 살만하면 자유와 민주를 요구하고, 경제가 어려우면 국민들은 먹고사는 것에 마음을 돌린다.

 지금 우리나라의 민주주의는 국민들이 생활하기에 그리 불편할 정도는 아닌 것 같다. 일부 세력들이 정권을 유지하기 위해 악의적으로 권력을 남용할 따름이지 일반 국민들은 자유를 만끽하며 행복한 삶을 영위하고 있다.

 아직도 일부 정치인들은 자신들이 정권을 잡으면 민주주의이고, 타 정당이 정권을 잡으면 비민주주의라며 수시로 민주주의를 들먹이며 국민들을 이격시킨 것을 부정할 수 없다. 어느 큰 스님이 "중들아 부처님 팔아 먹지 말라."고 부처의 본심을 일깨워 준 일화가 있다. 그동안 민주주의를 팔아 자신들의 목적을 달성한 정당들은 이제는 민주주의를 팔아먹는 행위에 국민들이 식상해 있음을 알아야 한다. 이제부터라도 정치인들이 그들만의 행복과 미래를 보장하지 말고, 먹고 사는 것에 생명을 걸고 있는 국민들의 마음속으로 들어가 보길 바란다.

갖은 비판과 비난은 자신의 것이 돼

2019.05.19
부정적인 사고는 망조의 지름길

  어느 나라에서든 정치와 사회 곳곳에서 비판과 비난이 있기 마련이다. 심지어 각종 학술대회나 논문에서도 자신의 이론과 상반되면 비판을 하는 것은 하나의 발전 과정이다. 발전적인 비판은 정치, 사회, 기업 등에 밝은 미래를 주지만, 단순히 자신의 입지를 지키기 위한 비난은 자기 자신을 더 작게 만든다.
  경제와 스포츠, 생활 등 삶이 과거보다 현저하게 발전된 것은 상호 건전한 비판과 경쟁이 한몫했다고 보여 진다. 최초와 최고가 되기 위해 비판하고 경쟁하는 한민족의 특성은 각 영역의 빠른 성장을 가져왔고 국민들의 삶을 윤택하게 해 준 긍정적인 요소였다.
  하지만 비난은 개인과 국가의 불운을 가져다주기도 한다. 말 한마디에 전쟁이 나고 이웃과 분쟁, 친구간의 의절 등등 짧은 시간에 감정의 극대화를 만드는 것이 비난이다. 비판은 어느 정도 근거와 대상이 있지만 비난은 막연한 대상, 근거 없는 것이어서 상처받는 개인이나 국가는 존망의 갈림길에 서게 되는 경우도 있다.
  더욱이 비난은 연속적으로 과장된 허구를 많이 만들어 내어야 하기 때문에 그 과정에서 자신의 발목을 잡는 요소도 포함되어 자신도 나락으로 떨어지게 된다. 사실 허위의 그물에 걸릴 인간은 아무도 없다. 불

행하게도 자신이 놓은 덧에 자신이 걸린다는 자체를 부정하고 알지 못할 뿐이다

 후에 자신이 살기 위해서 하는 짓이 고작 진심이 없는 변명을 담은 사과 정도이다. 사과도 면피를 위한 것이지 자신의 모든 것을 내려놓는 참회는 아니다. 시간이 약이라는 가벼운 처세로 자리를 지키기 위해 억지를 부리는 것은 바람직한 모습이 아니다.

 최근에 국회가 갈 길을 잃어버리고 있을 때 제1야당이 거리로 나왔다. 그 자리에서 '달창' 이라는 단어를 사용하여 국민을 경악하게 만든 사건이 발생했다. 그 말은 어느 누구도 사용해서는 안 될 용어였다. 그런데 야당의 거물 정치인이 사용함에 있어 필자도 놀라 믿어지지 않았다.

 그동안 상대방의 지지자들을 폄하하기 위해 노빠, 문빠, 닭근혜, 좌빨, 쥐박, 빨갱이, 일본피 흐르는 인간, 토착 왜구, 도둑놈, 싸이코패스, 한센병 등등 같은 민족이라고 볼 수 없을 정도로 극단의 단어를 서슴지 않고 사용해 왔다. 이러한 정서가 생산된 것은 정당한 방법으로 정권을 잡을 수 없다는 절박감도 있었겠지만 정치인들의 오만과 무지도 한몫했다.

 정치하지 말라는 부모와 선후배들의 말을 거역하고 정치권에 입문했으면 최소한 자신의 영욕을 위해서 자신을 버려서는 안 된다. "정치로 인해 사람이 변했어." 라는 말을 듣는 순간 그는 다시 돌아올 수 없이 망가졌다는 의미이므로 특히 정치인들은 사용하는 단어 하나에도 신중해야 한다.

 인터넷 매체에 올라와 있는 댓글을 보면 놀라지 않을 수 없다. 신상 털기는 기본이고 인간으로서 표현해서는 아니 될 표현이 즐비하여 보는 이로 하여금 경악을 금치 못하게 만든다. 피해자들은 엄중한 책임을

묻겠다고 하지만 이미 상처를 받은 후라 영원한 상처로 남게 된다.

따라서 건강한 사회를 위해서 허위사실유포와 개인의 명예훼손을 엄하게 처벌해야 한다. 개인과 국가의 동력을 끊는 이와 같은 행위를 더 이상 묵과해서는 안 된다. 서로 상생하는 방향으로 유도하는 것도 법의 책임이자 의무이다. 그리고 널리 인용되고 있는 국민폄하의 단어와 문구만큼은 같은 민족으로서 자제했으면 좋겠다는 바램이다.

선출직 후보자에게 역사관 및 인성 서약서 받아야 할 판

2019.05.21
오직 자신만을 위한 정치인은 퇴출시켜야

　온 나라의 혼란이 어제 오늘의 문제가 아니다. 광화문은 지금 진보와 보수 진영에서 또는 자신들의 권리를 위한 시위로 한국의 중심이 아닌 시위의 장소로 변해 버렸다. 자신들의 권리와 이익을 위해 시위하는 것이라 해도 어느 정도의 국민의 지지를 받을 수 있는 내용이면 좋겠다.
　왜곡된 역사관과 견해의 차이로 여야의 시각은 갈수록 이격되고 오직 자신들의 영역고수에 국한되어 나라를 걱정하는 국민들이 늘어나고 있다. 혹자는 "우리 국민은 강압이 필요해." 라고 하는 이가 있는가 하면 "전쟁이 한 번 나야 돼." 라고 섬뜩한 말을 하는 이가 있다. 아마 이런 말을 하는 국민들은 연속되는 시위에 넌덜머리가 나 시위자체를 거부하고 나라가 평온해 지길 바라는 마음에서 일 것이다.
　시국을 해결해야 할 정치권에서는 한 술 더 떠서 국정을 포기하고 다가오는 총선과 차기 집권에 몰입되어 있는 듯하다. 더욱이 각 기업에서는 무노동 무임금을 원칙으로 하는데 반해 국회의원은 이 원칙이 적용되지 않아 국민들의 원성이 높아도 그들은 아랑곳하지 않고 상대방헐뜯기에 열을 올리고 있다.

 그들의 주된 이슈는 5.18과 북한 문제로 지켜보는 이들은 답답하기 그지없다. 5.18은 법적으로 판결이 나 있어 5.18민주화운동으로 온 국민이 그 뜻을 기리고 있는데 일부 가벼운 정치인들의 망언으로 피해자와 유가족들에게 또 다른 상처를 주고 있다. 왜 이런 망언을 하는지 직접 물어보고 싶지만 그만한 가치가 있는 인물 같지도 않다. 단지 그런 정치인을 국민으로부터 이격시키지 못하는 현실이 안타까울 뿐이다.

 북한문제에 대해서 주장하는 측은 경제가 엉망인데 북한에 쩔쩔매며 끌려가는 모습을 규탄하며 명확한 비핵화를 요구하고 있다. 북한에서 시큰둥해하는 식량지원도 여당에서는 엄청 큰 제안인양 대대적인 구애를 전개하고 있다. 사실 북한에 '아니오'를 대답한 적이 있는지 정부와 여당은 한 번쯤 반성해 볼 필요가 있다. 오직 대화의 중단을 막기 위해 북한의 분위기를 맞춰줘야 하는 입장에 이해는 간다.

 그러나 북한의 미사일 실험조차 미사일이라고 말을 못하고 분석을 검토중이라는 국방부의 답변은 국방부 존립을 의심케 하는 대목이었다. 전쟁 시 상대방이 발사하는 무기가 무엇인지도 분석이 되지 않는다면 전쟁을 수행할 수도 없을뿐더러 승산도 없게 된다. 국방부가 미리 야당을 방문하여 발표의 곤란성을 설명하고 동의를 구하는 적극적인 모양새였다면 국민들도 국방부를 지탄하거나 야당에 빌미를 주지 않았을 것이다.

 이처럼 5.18민주화운동과 북한문제에 대해서 언제 종결될지 기대가 묘연하다. 필자는 선출직 후보자들이 선거출마 등록 시 역사관 및 인성서약서를 제출하도록 하면 위 두 가지 문제의 해결과 막말로 인한 소모적인 논란을 잠재우고 우리 민족의 역량을 피력할 수 있을 것으로 본다.

유치원생도 아닌 정치인들에게 이러한 것을 제안할 정도의 우리 현실이 안타깝고 나라보다 진영이 우선인 정치인들의 행태를 보노라면 이 나라의 미래가 암담해진다. 앞으로 정치인과 정치와 근접한 인사들은 제발 이슈를 만들어 나라를 혼란에 빠지게 하지 말라. 모든 국민들이 자신의 일에 전념할 수 있도록 신나는 정치가 펼쳐지기를 바란다.

말로만 분배하지 말고 앞장 서야

2019.06.01
분배를 주장하면서 다른 주머니 차

　노블레스 오블리주(프랑스어: noblesse oblige)란 프랑스어로 "귀족은 의무를 갖는다"를 의미한다. 보통 부와 권력, 명성은 사회에 대한 책임과 함께 해야 한다는 의미로 쓰인다. 영국과 프랑스의 백년전쟁에서 프랑스의 항구도시 칼레의 시민들은 시민군을 결성하여 대항했지만 영국군에 의해 패하고 말았다. 영국왕 에드워드 3세는 항복조건으로 도시의 대표 6명이 처형을 받아야 한다는 조건을 달았다. 이에 칼레시에서 가장 부자인 외스타슈가 사형을 자처하였고 이어서 시장, 상인, 법률가 등의 귀족들도 처형에 동참하였다. 이 소식을 들은 영국 에드워드3세 왕비가 사형을 중지시켜 달라는 요청하여 이들 칼레 시민은 목숨을 건졌다.

　조국과 다른 사람을 위해 죽음을 자처했던 시민 여섯명의 희생정신과 용기를 기리기 위해 '노블레스 오블리주'가 세상에 널리 인용되기 시작했으며, 사회 지도층이 가져야 할 높은 도덕적 의무를 의미한다.

　그러나 우리의 사회지도층은 남에게 노블레스 오블리주를 요구했지 본인 스스로는 실행에 옮기지 못했다. 오직 편법과 불법으로 재산을 증식하고 대를 이어 부를 상속하는 우리 지도층에게는 이는 아직도 요원한 이야기이다. 본인은 하지 않으면서 남에게 강요하고 비판의 대열에 서서 감정만 돋우고 있다. 일반 학생부터 월급쟁이까지 월 몇 천원에서 몇 만원씩 이체하며 어려운 이웃과 함께 하려는 소시민들의 선행에 찬물을 끼얹는 처신들만 골라했다.

더욱이 장관이나 장관급에 임명된 자들의 청문회 자료를 보면 대다수의 재산이 수십억원이 기본이다. 자신들의 노동에 대한 대가로 수십억원을 벌 수 있는 사람은 극히 일부이다. 현 정부에서 추구하는 1가구 1주택의 정책을 무너뜨리는 후보는 더 이상 논란거리가 되지도 않을 정도이다.

그들은 우리가 정당하게 정직하게 평생 일하며 모아도 만져보지도 못할 돈을 현금으로도 넘치게 가지고 있다. 경제적 부가 넘쳐흐르는 사람들이 장관까지 차지하고 있으니 어려운 기업인이나 서민들의 심정을 이해나 해 줄지 모르겠다.

더 한심스러운 것은 끼리가 하면 눈감아주는 현상이 더 얄밉다. 강부자라고 비아냥거린 사람들이 오히려 그들을 옹호하고 나섰다. 이런 사람을 능력이 있고 적임자라고 하니 쓴웃음만 나온다. 골라도 어찌 이리 고르는지 안타깝기 그지없다. 국민의 감정과 정서는 아랑곳하지 않으니 그들이 바라보는 도덕성 가치가 이런 것인가.

이제 조금 더 나아지려나 했지만 여전히 유유상종이다. 강부자보다 더하면 더했지 덜하지 않다. 전 정부에서는 후보자가 비난을 받으면 정부에 부담이 되어 스스로 사퇴는 했다. 그런데 여기는 너무 당당해 보인다. 이중성이 하늘을 찌르고 있다. 대부분 국민이라면 미안하고 송구한 마음이라 쥐구멍이라도 들어갈 터인데 그들은 카메라 앞에서 여전히 당당하고 그 태도가 너무나 떳떳해 일부 국민들은 그들이 정직성까지 상실한 것 아닌가 의문을 갖는다.

입만 열면 말버릇처럼 민주화운동, 학생운동을 언급하며 자신들이 절대선인양 행동하던 그들이 아니던가. 법상 하자가 없다할지라도 그들이 추구한 도덕성에는 문제가 있으며 이를 수용해 줄 동지나 국민은 없어 보인다. 지금은 살아있는 권력이라 눈치만 보고 있지만 상대방에서 지금과 같은 현상이 일어났다면 아마 벌떼처럼 들고 일어설 사람들이다.

 자신들부터 자아비판을 통해 도덕적이고 공정한 문화를 만들어야 함에도 그러하지 못하다. 말이라도 밉상스럽게 하지 않으면 덜 미울 터인데, '분배 분배'를 노래 부른 사람들이 아니던가. 양극화가 갈수록 심해지는 차제에 있는 사람들이 사회통합을 위해 노블레스 오블리주 전통을 실천한다면 얼마나 좋을까.

분탕질은 그만

2019.08.10
이들이 없어야 더 좋아지는 한국

　일본대사관 앞에서 모 단체가 일본을 찬양하는 웃지못할 사건이 있었다. '얼마나 현 정부를 미워하면 그랬을까.' 라고 생각하려해도 이해되지 않는 행동이었다. 한민족으로서 일본을 찬양하고 위안부를 부정하는 반민족적 행위는 용납되기 어렵다. 더욱이 일본 수상을 찬양하는 행위는 한국인을 포기하는 행위이다.
　또 한국의 여야 정치인들이 에코 세이이치 일본총리 보좌관을 만나는 자리에서 그가 한국은 매춘 관광국이라는 망언을 해 한국민의 가슴에 또 다시 상처를 주었다. 한국의 일부 몰지각한 사람과 극우 일본정치인들과 일맥상통하는 이러한 행위는 경제전쟁을 떠나 정신적 이탈을 만들어 주고 있다.
　이외에도 서울대 모 인사가 자신을 비판하는 제자들에게 극우라고 글을 적어 새로운 이슈를 제공했다. 자신을 반대하는 세력을 친일파, 극우라고 몰아가는 세태는 지식인들에 의한 도덕적 해리를 보여주고 있다.
　국내외서 자신만을 내세우는 아상(我相)은 지지를 얻지 못한다. 가만히 있으면 중간이라도 갈텐데 섣불리 나서 국민의 지탄을 받고 국력을 낭비할 필요 없다. 국민 앞에 나서기 전에 자신의 위치를 되돌아봐야 한다. 자신들이 지지하는 세력 내에서 어떠한 위치에 있을지 모르지만 알 만한 사람은 평가대상으로도 삼지 않고 있다.

지금 우리나라가 대외적으로 매우 어려운 처지이다. 어려울수록 단합과 협력을 해도 극복할 수 없는 지경인데도 서로 극단적으로 나가는 것은 공멸의 지름길이다. 보수진영에서 그렇게 믿고 있는 미국이 방위비증액과 미사일배치로 한국을 압박하고 있다. 사드로 중국으로부터 당한 치욕이 엊그제인데 공격용미사일배치로 중국뿐만 아니라 러시아에서까지 반발하고 있다.

힘없는 나라의 설움이 분명하다. 일본경제전쟁도 버거운데 미국의 압박까지 사면초가에 놓인 시국을 해결할 수 있는 사람은 우리국민뿐이다. 국론이라도 단결하여 무리한 요구를 국민의 힘으로 막아야 함에도 곳곳에서 누수 되는 현상으로 걷잡을 수가 없어 보인다.

경제인들은 기업의 어려움으로 비상체제로 운영하고 있는 반면에 필요도 없는 인사들의 경거망동은 뉴스나 인터넷 자체를 외면하고 싶을 지경이다. 서민들은 살기 어렵다고 하소연해도 해결될 기미는 보이지 않고 연일 상투 잡는 꼴사나운 행동만 보여주고 있다.

초등학생들부터 일본제품 불매운동에 나서고 있는 지금 일본차와 맥주는 아직도 쌩쌩하게 달리고 마시고 있다. 지난달 보다 수입이 줄었다고는 하지만 전국적인 불매운동에 비해 기대치는 실망이었다. 처음부터 불매운동보다 일본 아베수상을 비판하는 전략으로 갔으면 조금 더 효율적인 방안이 되었을 것이다. 일본에서도 똑같은 불매운동을 전개한다면 한국만 이중으로 손해를 보게 된다.

필자는 사실 일본의 자충수가 우리에게는 자극제가 될 것으로 기대했다. 경제적으로는 매우 긍정적인 변화가 감지되고 있으나 정신적으로는 더 붕괴되어 가고 있는 듯하다. 무식한 사람이나 배운 사람이나 똑

같이 분탕질이다. 제발 경거망동으로 나서지 말고 조용히 있는 것이 국익에 더 좋다. 추종세력들도 소탐대실하면 안된다. 다시 언급하지만 일본을 찬양하고 같은 민족을 친일파로 몰아가는 행위는 분탕질의 원천이 될 뿐이다.

임종호 박사의 「공간의 수필」
'낮은 곳에서 봐야 산이 높아 보인다네'

제 3 부
우리가 지켜야 할 자존심

논문표절 어디까지 이해해야 하나

2017.06.25
양심을 속이며 학위 따야 하나

 공직자 사회에서 논문표절로 온 나라가 시끄럽다. 일반적으로 논문은 석사학위논문, 박사학위논문, 연구논문 등 다양하다. 연구는 학자로서 책무, 그 연구의 결과가 논문인데 자신의 노력으로 작성한 것이 아니라 남의 것을 도용했다면 이만저만 심각한 문제가 아닐 수 없다.
 석사학위논문은 논문작성방법과 연구과정을 중심으로, 박사학위논문과 연구논문은 고도의 창의성과 독창성이 요구될 뿐만 아니라 학자로서 인정을 받는 결과물이기 때문에 표절이 있어서는 안 된다.
 필자가 1980년 중반 석사과정을 할 때는 청타로 논문을 작성해야 해 수정이나 가필이 매우 어려웠던 시절이었다. 대학에서 박사학위를 소지한 교수들도 그리 많지 않아 각주 다는 방법도 교수별로 상이했다.
 박사학위 과정에 있을 때인 1980년 후반부터 1990년 전반까지는 각 대학교의 교수들도 대부분 박사학위를 취득하고 컴퓨터가 보급되어 논문 작성에도 변화가 생겼다. 해외 학회지에서 주로 사용하는 각주를 도입하면서 논문작성도 해외 유명학회지의 모방과 더불어 많은 학회가 생겨 다양한 연구논문이 발표되기도 했다.
 더욱이 박사학위 논문은 지도교수가 용역을 받으면 그 용역의 일부를 학위논문으로 작성하기도 했고, 자신이 발표한 논문을 정리해서 학위

논문으로 제출하기도 했다. 이러한 것이 그 당시 상아탑에서 인정되고 용인된 내용이었다.

왜 표절논문으로 요란하고 시끄러운지 조심스럽게 살펴볼 필요가 있다. 석사학위는 하나의 과정이므로 석사학위 정도는 이해되지만 박사학위는 학자의 길로 들어서는 관문이다. 학자가 학문의 양심을 버리고 자신을 위해 속임수를 사용했다는 데 문제가 있다. 또한 국민과 나라를 위해 일할 공인이 자신과 타인을 속이고 학문을 기만한 것에 대한 책임을 본인이 져야하기 때문일 것이다.

모름지기 학자라면 학문 앞에서는 모두가 정직해야 한다. 따라서 논문표절을 한 사람은 공직에 나서기 전에 스스로 포기해야 할 것이다. 1990년 후반부터 정치 지망생들에게 학위가 일종의 공천이나 선거에 중요한 요인으로 간주되어 욕심이 있는 사람들은 물불을 가리지 않고 대학원에 진학했었다.

그래서 일부에서는 "어찌 저런 사람이 박사학위를 받았대.", 또는 "영어도 모르는 사람이 어떻게 학위를 받았어?"라고 비아냥거림을 많이 하던 기억과 일부에서는 소위 '물박사'로 "돈만 있으면 박사 되는가 봐?"라고 할 정도로 박사학위의 위상이 땅에 떨어졌었다.

박사학위를 취득하기 위해서는 적어도 자신이 속한 학회에 발표를 해야 각주 한두 개 정도는 누락되어도 이해를 받을 수 있을 것이다. 자신이 연구한 논문을 학회에서 발표 한 번 하지 않은 박사학위는 누가 봐도 쉽게 인정하기가 어렵다.

다행인지 필자는 한국과학재단에서 우수연구 논문으로 선정되어 연구비를 지원받아 학회에 논문 발표도 몇 번씩하고 박사학위를 1993년에 취득하였다. 사실 논문표절의 책임은 일부 지도교수와 정치교수에게도 있다. 이들에 의해 상아탑이 유린당하고 대한민국을 이끌겠다는 사람마다 논문표절에 휩싸인 요즘처럼 박사학위가 값어치 없이 느껴진 바가 없었다.
 연구를 위한 학위가 명예와 인정의 도구로 전락한 현실에 한 연구가로서 비애를 느끼고 밤새워 연구를 한 많은 이들에게 실망을 줄까 염려스럽다.

아리랑의 뜻을 몰라 부끄러웠다

2017.07.09
노래에서도 자아를 찾는 우리

시골의 정자에서 구순하게 울려 퍼지는 피리나 대금소리는 우리 민족의 한과 혼이 느껴져 듣는 사람들의 마음을 저미게 한다. 그동안 우리 민족은 국가적·개인적 어려움을 겪으며 한이 서려있는 삶을 살아왔다. 일제 강점기에는 왜정의 폭력 앞에 숨을 죽였고, 6.25 전쟁을 겪으며 잔혹한 폭력에 인간으로서의 권리는커녕 생존을 위해 몸부림쳐 온 시절이었다. 그동안 사회에서는 강자에 대해 목소리를 내지 못하고 눈치를 봐야 했으며 가정에서조차도 불평등이 만연했다.

 '지금 사회적 약자들이 연대하여 그들의 목소리를 내고 있는 것은 그동안 억눌리며 살았던 시대의 한의 폭발일 것이다.' 라고 자문자답하고 있을 때 전직 교장선생님이 필자의 카톡에 아리랑에 대한 해석을 보내 주셨다.

 그분이 보내온 내용을 보고 그동안 아리랑에 대해서 궁금한 것이 많았었는데 제대로 이해가 되었다. 우리가 흔히 부르는 아리랑은 다음과 같다. "아리랑 아리랑 아라리요, 아리랑 고개를 넘어간다. 나를 버리고 가시는 임은 십리도 못 가서 발병난다." 여기서 아(我)는 참된 나인 진아(眞我)를 의미하고, 리(理)는 '알다, 다스리다, 통하다' 라는 뜻이며, 랑(朗)은 '즐겁다, 밝다' 는 뜻이라고 한다.

그래서 아리랑(我理朗)은 '참된 나(眞我)를 찾는 즐거움' 이라는 의미를 가지고 있다고 한다. 아리랑 고개를 넘어 간다는 것은 '나를 찾기 위해 깨달음의 언덕을 넘어간다.' 는 뜻이라고 하니 우리 조상들의 노래 하나하나에 깊은 의미가 담겨져 있어 다시 놀라움을 감출 수 없다.

특히 '나를 버리고 가시는 임은 십리도 못 가서 발병난다.' 의 뜻은 '진리를 외면하는 자는 얼마 못가서 고통을 받는다.' 는 뜻이니 이보다 더 멋진 가락이 있겠는지 우리 아리랑에 대해 자부심을 갖게 되었다.

필자는 그동안 아리랑은 작가미상의 우리나라 민요로서 남녀노소 누구나 잘 알고 부르는 노래로 흔히 사랑에 버림받은 어느 한 맺힌 여인의 슬픔을 표현한 노래로 생각해 온 것에 부끄러움마저 밀려든다.

원래 참 뜻은 '참 나를 깨달아 인간완성에 이르는 기쁨' 을 노래한 깨달음의 노래인 것을 슬프고 허약한 민족의 노래인 줄로 알아온 것이다. 이제는 어느 장소에서 아리랑을 부르거나 아리랑 노래를 들으면 '스스로 자아를 깨달아 가는 멋진 노래' 로 들려올 생각에 기쁘기 그지없다.

자료를 보내 주신 교장선생님은 '아리랑이 세계에서 가장 아름다운 곡 1위에 선정됐답니다. 영국, 미국, 프랑스, 독일, 이탈리아 작곡가들로 구성된 선정대회에서 82% 라는 높은 지지율로 단연 1위에 올랐다는군요. 특히 선정단에는 단 한명의 한국인도 없어 더욱 놀라게 했다고 해요.' 라고 보내 오셨다.

사실 아리랑은 지역별로 하나씩 있고 가락 자체가 구슬퍼서 대부분 사람들도 필자와 같은 생각을 하고 있을 것이다. 아리랑의 해석은 다양하지만 짧은 카톡의 내용으로 우리의 것을 잘 이해할 수 있도록 깨우쳐 주신 덕분에 필자는 아리랑을 들으며 불현듯 자신보다 이웃을 위해 늘 희생하고 살다가 돌아가신 선조들에 대한 감사한 마음을 안고 자아를 찾는 깨달음의 고개를 넘어가는 삶의 기쁨을 누리고 싶다.

원칙의 적용

2017.07.26
약한 자에게만 적용되는 원칙

　국민들이 갈망하는 민주주의는 모든 국민에게 균등한 원칙이 적용되어야 한다는 것이다. 이 원칙이 무너지면 사회질서와 민주주의는 붕괴의 길로 걷게 된다. 실력과 능력이 있어도 사회의 높은 벽에 부딪혀서 실의에 빠지고 자신들의 꿈을 포기하는 사람들이 많다. 그들은 포기하면서 '힘이 있어야 사회구성원으로 역할을 다할 수 있다.'는 부정적 사고와 사회에 대한 반감을 갖게 된다.
　최근에 방송에서 특정인의 자녀들이 대기업이나 공공기관의 취업에 대해 불평등이라고 제기하여 이슈가 되었다. 일부는 특혜라고 주장하지만 채용기관에 어떠한 압력이나 연락을 취한 적이 없고 채용기관에서의 결정이라는 답변을 들었다. 고위직 인사 자녀들을 알아서 채용기관에서 결정했다고 해도 일반 국민들은 액면 그대로 받아들이지 않는다. 힘이 있거나 권력자들의 자녀에 대해 채용기관에서의 부자연스러운 결정은 원칙을 붕괴시키는 계기가 된다.
　취업이 어려운 환경에서 이런 이슈는 취업을 준비하는 청년들의 심사를 불편하게 하고 있다. 공정해야 할 기관에서 권력들의 눈치를 보고 알아서 기었다면 서류상에 그 이상의 권력을 보여주었기 때문이다. 한 장의 서류가 한 사람의 인생을 좌지우지할 정도라면 이 세상은 정의로운 사회라 할 수 없다.

 평범한 사람들이 어려움을 호소하기 위해 기관을 찾아가면 원칙에 어긋나기 때문에 해결할 수 없다는 답변을 흔히 듣는다. 만약에 힘이 있고 권력이 있다면 판례와 적용한 예를 찾아 가능한 해결을 해 주려고 노력할 것이다. 그러나 일반 서민들은 서류 하나가 부족해도 접수가 되지 않는 현실에서 원칙이 힘의 논리에 지배를 받는다는 자체가 형이하학적인 사회라고 사료된다.

 흔히 자신의 위상과 내면을 과시하기 위해 자신은 원칙주의자라고 자신 있게 이야기하는 사람을 주변에서 보았을 것이다. 그런 경우에 맘 속으로 흔쾌히 원칙주의자로 받아들이는 경우는 그리 많지 않았을 것이다. 스스로 원칙주의자로 강조되는 우리의 현실이 그만큼 원칙이 수용되는 사회가 아니라는 것을 반증해 준다. 국민 개개인이 사회생활을 영위하면서 원칙이 적용된 사례와 권력이 원칙을 지배한 사례를 비교해보면 누구나 알 수 있을 것이다.

 가장 기본이 되는 원칙이 자기중심적인 입장에서 제시하는데 문제가 있다. 상대방이 밉고 얄미운 경우와 자신과 친한 경우, 권력이 있고 없고의 유무에 따라 적용하는 원칙이 상이하다는 것이다.

 왜 제3자의 인생과 미래가 걸린 대목에서 자신의 원칙기준으로 상처를 주고 실의에 빠지게 하는지 이제 고민의 차원을 넘어 개선해야 할 때라고 본다.

 다시 말해 모든 이에게 적용되는 민주사회의 기본 질서가 원칙이다. 있는 자가 없는 자에게 은근히 악용하는 원칙은 자칫 흉기로 변하여 우리 사회의 존립에 위협을 준다.

 정권이 바뀔 때마다, 책임자가 교체될 때마다 변하는 원칙은 원칙이 아니라 편법이다. 자신들이 사용한 편법이 원칙으로 둔갑한 결과가 어떠한지 지금 방송이나 매스컴에서 수없이 노출되고 있다.
 때로는 힘이 없고 부족한 사람들에게 원칙보다 더 중요한 것은 융통성이며 이는 인의 마음에서 나와야 한다. 권력자들에게 융통성은 비리로 직결되지만 힘없는 국민에게 적용되는 융통성은 화합의 지름길이 될 것이다.

북한의 핵보유국 인정에 대비도 필요

2017.08.12
북한의 자원은 우리 미래의 보고

북한 정권에 대한 관심보다 필자는 북한 자연환경에 많은 관심을 가지고 있다. 필자는 1990년 초에 북한 지형분석에 참여한 바가 있다. 북한의 지리교과서를 받았을 때는 정말 놀라움이 가득했다. 페이지마다 김일성 찬양의 글이 있어 이게 교과서인지 찬양서인지 구분이 가지 않을 정도였다.

필자가 무엇보다 탐나는 것은 북한의 풍부한 지하자원의 매장량이었다. 중국에서 채광권을 갖고 많은 지하자원을 소유했다는 소식을 들을 때마다 억장이 무너지곤 했다. 북한의 일방적인 주장이지만 서해안 일대에 대규모 원유가 매장되어 있다고 한다. 이러한 것들이 사실이라면 매우 심각한 문제가 발생된다.

미국이 지금 북한에 다양한 방법으로 압박을 가하고 있지만 종국에 화해무드로 조성되어 북한을 핵무장국가로 인정할 경우 우리는 닭 쫓던 개가 되어 버린다. 아마 미국은 북한을 핵보유국으로 인정한 대가로 북한의 개발권과 지하자원 채광권, 대사관 설치 등을 요구하면서 경협으로 전환시키려고 할 것이다.

북한이 핵보유국으로 인정받지 못해도 현재 핵을 보유하고 있는 사실을 부정하기는 어려울 것이다. 북한의 핵문제로 남북한의 경협이나 평화유지가 늘 불안한 것도 사실이다. 북한이 핵보유국으로 인정을 받게 되면 김정은 정권의 안정적인 체제를 위해 경협으로 정책을 바꿀 수밖에 없다.

 어느 국가든 허기진 국민은 정부를 용납하지 않기 때문에 더 안정적인 정권유지를 위해 경제를 부흥시켜야 한다. 이에 따라 김정은은 핵보유국 인정으로 많은 나라와 경제교류를 할 것이고 그 중심에 미국이 서게 될 것이다.

 북한도 중국이나 러시아와의 경협보다는 미국과의 경협이 더 유리할 것이다. 북한의 풍부한 지하자원과 인적자원으로 인해 경제부흥의 시간은 어느 나라보다 짧을 것이다. 우리는 많은 자원을 수입하여 재가공 수출을 하지만 북한의 경우는 원유를 제외하고는 자체 자원으로 개발이 가능하기 때문이다.

 한국을 배제한 미국의 유수한 기업들이 북한에 집중투자를 한다면 낮은 토지비용, 저렴한 생산가, 우수한 제품으로 우리를 위협할 것이 분명하다. 더욱이 한국과 해외로 집중 수출이 된다면 많은 중소기업들의 경쟁력 상실로 지금보다 어려운 상황을 맞게 될 것이다.

 그러나 북한이 짧은 기간에 경제부흥이 일어난다면 통일비용이 그만큼 줄어들어 우리에게도 유리한 면도 있으며 생산설비에 따른 경제적 이점도 있을 것이다. 미국은 자연스럽게 북한에 투자하면서 중국과 러시아를 가장 근접한 거리에서 견제를 할 수 있다. 또한 북한 영해로 미국의 무역선이나 상선들이 자유롭게 왕래된다면 중국과 러시아는 속앓이를 하는 반면에 북한에 자유의 물결이 스며들 수 있다.

 우리민족의 근면과 재능은 세계 최고이다. 북한에서 제품을 생산할 경우 한국에서 생산되는 제품에 버금가는 수준의 제품이 생산될 것이다. 미국에서 투자한 기업에서 생산한 것이니 세계에서 가장 경쟁력 있는 제품으로 북한의 경제력은 핵무기 이상으로 세계를 놀라게 할 계기가 된다.

 그동안 우리는 말로만 북한에 대응했지 대응다운 대응은 한 번도 없었던 것 같다. 지금도 북한-미국과의 직접 대화를 원하듯 앞으로도 한국정부패싱을 고수할 것이다. 따라서 한국의 북한에 대한 소소한 경협은 표시도 나지 않고 한순간에 무용지물이 될 것이다. 앞으로 정부는 북한 무력에 대응도 중요하지만 핵보유국이 될 경우를 대비해서 가장 효율적인 전략을 강구해야 한다.

단절된 세대의 문화

2017.09.04
경천사상을 잃어버린 지 오래

 필자가 초등학교 시절만 해도 한 가정에 적게는 3명에서 많게는 8명으로 자식들이 즐비했다. 피임에 대한 무지와 자손이 많아야 집안이 흥한다는 전통적 사고가 부합되어 대가족이 자연스럽게 형성되었다. 많은 식솔들의 호구지책을 위해 부모들은 자신들의 삶을 포기하면서까지 자신보다 자식이 우선이었다.
 그런 시절을 겪으며 정부는 식량부족으로 출산억제 정책을 펴게 되었으나 그 예측이 어긋나 지금은 출산을 장려하고 있는 실정이다. 혹자는 국가 존망이 인구감소로 말미암아 유발되리라는 연구를 발표하여 세대를 잇는 문화는 어느 시점에서는 단절될 전망이다.
 세대 간 단절을 유발하는 원인에는 세대별 이기적 사고도 한 몫 한다고 사료된다. 50대 이상의 세대는 어렸을 때 밥만 먹여주고 학교만 보내주면 감지덕지했다. 그중에서 학교만큼은 꼭 보내달라고 부모에게 간절히 원하였다. 부모들은 자식들이 많다보니 우수한 자식에게는 공부를, 머리가 부족한 자식에게는 기술을 업으로 살도록 장려하였다.
 그리고 고등학교나 대학을 졸업하면 자식들은 부모에게 결혼식 이외에는 무엇을 요구하는 경우가 드물었다. 그 당시 결혼할 때 신혼집을 구입해 주는 경우는 부잣집을 제외하고는 상상도 하지 못할 정도로 부

모의 여력이 없었고 자식들은 스스로 벌어서 집을 장만해야만 했다
 지금은 한 가정에 많아야 3명이고 대부분 1~2명의 자녀들을 두고 있다. 그러나 핵가족임에도 불구하고 자식을 대학보내기 힘들고 공부시키는 자체가 큰 부담이 되고 있다. 우리 부모들의 시대와 문화적, 경제적 여건이 상이하다고 하더라도 필자도 우리 부모님만큼 자식을 위해 헌신하고 살아오지 못했다.
 사실 필자와 동시대에 사는 많은 사람들은 자식들을 위해 헌신적으로 나의 삶을 포기할 여력도 없이 경쟁사회에서 필사적으로 살아남기 위해 가족이라는 울타리를 제대로 보살피지 못했다.
 그래서 가끔 우리네 부모님들이 위대하다고 생각을 하곤 한다. 벌이도 시원치 않은 환경에서 의젓하게 자식들을 잘 양육시킨 투철한 정신력과 자식을 낳으면 책임을 져야한다는 숭고한 사랑은 어느 민족에서도 찾을 수 없는 한민족만의 경천이다. 이러한 문화가 짧은 산업화와 공업화로 붕괴되어 경제력으로 부모의 능력을 가늠하게 되었다. 더욱이 결혼을 하게 되면 집을 사주거나 각종 혼수를 받는 것이 당연시되어 신혼집을 마련해 주지 않으면 무능력한 부모로 낙인찍히는 현실에 타협할 수밖에 없는 것에 우울하기 그지없다.
 또한 처가든 친가든 서로 잘 모시는 정서는 아름답다. 그러나 경제적으로 여유가 있는 쪽으로 더 관심을 두는 것은 사랑보다 경제력이 지배하는 현 세태를 말해 주고 있다.
 자식들은 비빌 수 있는 언덕을 찾는 것이겠지만, 그래도 우리는 올려다보는 삶보다 내려다보는 삶도 바라볼 필요가 있다. 부모들은 흔히 "뱁새가 황새를 따라가면 가랑이가 찢어진다." 라며 욕심내는 삶을 내려놓도록 철학을 심어주었다. 이제 우리들의 단절된 세대의 문화를 복원하여 한민족의 경천사상을 계승하길 기대해 본다.

타인에 대해 관대한 마음을 갖자

2017.11.03
즉흥적인 비판을 마구 쏟아내

　우리 선조들이나 부모님들은 자식들이 어느 자리에 가도 가볍다는 소리보다 듬직하다는 소리를 듣도록 훈육에 역점을 두었다. 특히 남의 손가락질 받는 것은 용서하지 않을 정도로 인간됨에 무게를 두었고 예의범절도 중요시 했다.
　지금은 집단 주택이 주를 이루고 있지만 필자의 성장기에는 단독주택에 넓은 마당이 있고 이웃 간의 담이 없어 수시로 마실을 오가곤 했다. 이러한 삶에는 인심이라는 요소가 중요했으며, 동네에서 아무리 권력과 부가 많아도 인심을 잃게 되면 그 동네에서 생활할 수가 없어 다른 곳으로 이사를 가기도 했다.
　그래서 부모들은 자식들에게 잘못된 곳에 발을 담그거나 어긋난 짓을 하면 용서를 하지 않았을 뿐만 아니라 부모 얼굴에 먹칠하지 말라며 호되게 훈육하셨다. 대가족 문화에서의 기본 질서는 개인이 아니라 가족이라는 전체가 중심이 되었다. 가족 구성원 한 명이라도 동네에서 욕을 먹게 되면 그 집안 전체가 얼굴을 들고 다닐 수 없을 정도로 자정 능력을 가졌었다. 최근에는 핵가족문화로 옆집에 누가 거주하는지 알기 어렵고 방송에서 범죄자의 거주지를 보도할 때 자신들의 거주지에 범죄자가 함께 거주했다는 사실에 경악을 하기도 한다. 이러한 사회에서는 가족의 구성원이 무엇을 하는 지에는 관심이 없다. 그저 경제력만 있으면 그만이라는 사고로 일괄하여 가족과 마을단위의 자정능력을 상실한지 오래되었다.

더욱이 인터넷매체를 통해 떠도는 글을 읽어보면 예전에 부모님들이 "비싼 밥 먹고 왜 욕먹고 다녀."라는 말씀이 저절로 떠오르게 된다. 흔히 자신과 관계가 없는 일에 잘 알지 못하는 상태에서도 즉흥적인 비판을 쏟아내어 소문을 확대 재생산하여 허위가 진실로 둔갑하게 됨을 본다.

자신에게 얻어지는 아무런 이득도 없이 맹목적으로 상대방을 비하하고 객관성이 결여된 말이나 글에 동조를 구하려는 모습을 볼 때마다 아쉬운 마음이 든다. 남의 일에 지나치게 간섭하기를 좋아하고 어떠한 모임에서 결정된 사안에 반드시 몽니 거는 행위는 자존감이 부족하여 나타나는 일종의 병적 현상일 수도 있다. 자신이 주장한 것을 자기 스스로 지키지도 못하면서 상황에 따라 일관성 없는 주장으로 핀잔을 받는 사람들도 많다. 이들은 한 가지 사실을 가지고도 말 바꾸기를 수시로 하며, 인터넷상에서 과격한 댓글로 지탄을 받기도 한다. 말은 한순간 지나가 증거가 사라지지만 글로 남긴 자신의 흔적은 오래 떠돌며 본인의 발목을 잡고 있다.

우리네 부모님들은 자식의 조그마한 허물이 노출되어도 흔히 하시는 말씀이 "얼굴낯짝을 들고 다닐 수 없다."는 연대책임감으로 자식교육에 헌신적이었다.

세상에는 고이 간직할 것들이 많다. 타인에 대한 관대한 마음을 가지고 남의 허물에 대해 지나친 관심을 보이지 말자. 타인의 일상에 과도하게 간섭하지 않는 일상 문화를 갖게 된다면 우리 삶이 좀 더 아름답게 될 것 같다.

우리나라 장의 우수성

2017.11.12
발효음식에 대한 자부심

 요즘 각 방송사에서 건강 프로그램이 홍수처럼 넘치고 있다. 그 중에서 음식에서 건강을 찾으려는 방송이 다수를 차지하여 먹을거리에 더 관심을 갖게 된다. 필자도 음식 관련 방송을 보면서 다양한 정보를 얻기도 하고 각종 음식 만드는 법을 배워 식구들에게 기쁨을 선사하기도 한다.
 그 중 우리가 주 식자재로 이용하고 있는 된장, 고추장, 간장 등 발효음식은 매우 좋은 식재료여서 언제부터 사용했는지 모르지만 처음 만든 사람의 탐구정신을 경이적이라고 할 만큼 높이 평가해주고 싶다. 아무리 과학문명이 발달해도 우리의 발효음식 이상의 좋은 먹을거리를 찾을 수 없을 정도로 요즘 음식은 화학적 결합으로 입에만 얕은맛으로 남아 아쉬움이 있다.
 필자와 동년배나 그 이상은 어려서 안방이나 사랑방 천정 밑에 못을 연달아 박고 그곳에 메주를 새끼줄로 묶어 겨울을 나게 하는 광경을 보고 성장했다. 메주가 뜰 때 나는 냄새가 옷에 배어 외출하거나 학교 갈 때 몸에서 메주냄새가 나 저절로 시골 놈이라고 광고할 정도였다.
 그렇게 만들어 먹었던 메주가 다양한 건강식으로 인정받은 것은 최근이다. 우리가 가난해서 먹어야 했던 음식들이 건강식으로 각광을 받자

각 가정에서도 된장과 메주의 식용빈도가 높아져 관련 산업이 성장하고, 장 담그기 체험 등 관련 업체의 홍보도 활발해지고 있다.
 1980년대 경제성장이 급속도로 신장될 즈음 중산층에서는 미국이나 일본에서 수입한 식품들을 선호하여 음식에서도 사대주의 경향을 보여준 시절도 있었다. 서구사회의 비만과 다양한 질병이 인스턴트 음식에서 기인한다는 보도와 연구에 의해 우리 사회에서 전통음식에 대한 관심이 크게 증가하고 있다.
 그러나 대량생산을 위해 공장에서 생산되는 장류들이 많아 지역색이 묻어있는 된장이나 고추장을 맛보기가 점점 어려워지고 있다. 가정에서도 현대식 주거문화로 인해 된장이나 고추장을 담을 공간도 없고 항아리에 저장해 놓을 공간도 없어져 젊은 사람들은 장 담그는 방법조차 익히지 못하고 있다. 이러한 아쉬움으로 각 지역의 일부 단체에서 장 담그는 체험을 통해 전통을 이어가려는 노력을 하고 있지만 대다수 젊은이들의 관심 밖으로 밀려나고 있다.
 사실 콩은 척박한 땅에서도 스스로 잘 자라는 식물 중의 하나이다. 콩을 재배하면서 거름을 주거나 비료를 준 기억이 없다. 작물을 심을 수 없는 땅이나 논둑 같은 곳에 구멍을 내어 몇 개의 콩알만 넣어도 비바람의 풍파에도 쓰러지지 않고 잘 자라는 것이 콩이며 최고의 친환경작물이다.
 재료 자체에서부터 오염물 하나 없는 우리네 장들이 점차 국민으로부터 외면당하고 있지만 외국에서는 그 우수성을 역으로 인정해주고 있다.
 유명한 외국 셰프들도 한국의 장에 대해 경이로운 평가를 내고 있다고 한다. 냄새난다고 치부하지 말고 우리 스스로 장을 담그는 문화를 전수하여 우리음식문화의 우수성을 지켜나갈 수 있었으면 한다.

이름에 숨어있는 심오함

2017.11.17
고유명사를 통해 본 조상의 지혜

　고유명사의 특징은 단어가 가지는 속성과 명확성에 있다. 우리나라 고을의 명칭에도 지리적 사상이 녹아 있어 지역의 명칭으로 그 지역의 특성이 이해가 될 정도이다. 특히 지형과 자연현상을 기반으로 하여 작명을 한 조상들의 현명함이 놀라울 따름이다.
　더욱이 이름을 가장 합리적으로 작명하여 기억하기 좋게 대부분 세 글자로 짧게 했다. 간혹 두 글자나 네 글자로 된 이름과 지명이 있지만 일반적으로 혼동을 줄이면서 합리적으로 이용하게 했다.
　영국 하틀리풀의 돈 맥마누스 여성의 이름은 목적성을 가지고 개명하여 161개의 단어로 지었으며 우리나라에서도 17자로 된 긴 이름을 가진 이가 있다. 그러나 우리는 대부분 세 글자의 이름을 가지고 있어 이름으로 인한 불편함과 불필요한 에너지 허비를 최소화하고 있다.
　개인의 이름을 자세히 살펴보면 부르기에 좋게만 작명하지 않았다. 태어난 시와 사주팔자 등등 여러 요소를 감안하여 최적의 이름을 자식에게 주었다.
　많은 돈을 주고 작명을 했다 해도 모두 성공하거나 부귀영화를 누리는 것은 아니지만 그래도 자식을 위해 이름 하나에도 정성을 다하는 것이 우리 부모님들의 마음이다. 우리 이름은 암기하기 쉬워 대부분

외우고 있기에 성만 부르지 않고 성과 이름까지 부르는 게 상식이다. 외국처럼 Mr, Miss 등 약칭으로 사용하는 경우는 상대방에게 결례가 되는 의미로 사용되고 있을 정도이다. 예를 들어 임씨 라고 부르는 경우는 상대방에 대한 하대였고 상대방의 기분을 상하게 하는 것으로 통상 인지되어 왔다. 그만큼 우리는 호칭조차 최대한 배려하여 상대방을 높게 보이도록 하는 문화를 가졌다.

 이러한 것을 기반으로 강이나 하천, 지명조차도 대부분 세 네 글자를 넘지 않은 것이 보통이다. 지금처럼 속도전을 요하는 사회에서 우리의 합리적인 명칭은 굉장히 효율적이다. 긴 이름으로 인해 남에게 기억조차 어렵게 했더라면 대인관계가 지금처럼 쉽지는 않았을 것이다. 휴대폰에 입력하거나 각종 서류에 이름을 기입할 때도 최적의 공간만 이용하면 되기 때문에 조상이 준 지혜를 말로 표현하기가 어려울 정도이다.

 더 놀라운 것은 사람의 성은 앞(임00)에, 사물이나 지형의 속성을 나타내는 명칭(00산, 00강)은 뒤에 붙은 걸로 보아 사람이 우선이며, 가족의 결속이나 연속성을 갖기 위해 이름 하나에도 심오한 사상이 들어있다는 점이다. 그럼에도 필자는 조상의 지혜로운 작명법을 무시하고 자만과 오만으로 자식들에게 내 멋대로 작명해서 주었다. 족보의 항렬을 따라 했더라면 아이들도 나중에 같은 성을 가진 사람과 이야기할 때 돌림자와 몇 대손인지 자신 있게 이야기할 수 있었을 터인데 가름조차 못하게 만들어 놓았.

 필자는 이 글을 쓰면서 두 자식에 대한 이름을 족보의 항렬에 맞게 새로 이름을 지어주려고 한다. 비록 호적에 이름을 바꿀 수 없지만 집에서 부르는 이름 정도로 사용해도 조상의 지혜에 조금 더 다가갈 수 있을 것 같다.

천국의 음식

2018.01.18
마음을 담은 음식

  여행지에서 그 나라 고유의 맛난 음식을 먹을 수 있는 있는 것은 여행에서 얻을 수 있는 가장 큰 행복 중의 하나임이 분명하다. 각 나라별 음식의 종류나 맛도 상이하거니와 기후와 토양에 의해 생산되는 농산물의 종류와 특성도 다양하다.
  나라마다 식자재의 종류가 다양하여 그 민족만이 자랑으로 삼는 전통음식이 있다. 작금에는 다문화로 인하여 국적을 상실한 퓨전음식이 젊은 층에 널리 파급되어 우리 전통음식이 희석되는 반면에 외국인들은 한국음식에 대해 높은 평가를 내리고 있다.
  같은 쇠고기 요리를 보더라도 미국이나 유럽 여러 나라에서 먹는 음식은 단순하고 종류도 우리와 비교되지 않을 정도로 적다. 우리의 경우는 쇠고기로 다양한 음식을 만들어내는데 그 중 불고기는 외국인에게 고유명사로 통할 정도로 가장 선호하는 음식이다.
  종전에는 외국인들이 한국음식에 대해 '맵다, 마늘냄새 난다.' 등 부정적인 견해가 있었다. 지금은 최고의 음식이며, 자연의 맛이라고 할 정도로 매료되어 있는 듯하다. 닭고기 대신 치킨 요리로 더 알려진 우리 맛이 중국은 물론 한국을 처음 방문하여 먹어 본 사람들도 엄지척을 한다고 한다.

같은 재료로도 이러한 뛰어난 음식이 창조될 수 있었던 것은 척박한 환경에서도 잡초처럼 생명력이 강한 우리 민족의 우수성 때문일 것이다. 자원이 넉넉지 않은 이 나라에서 생명을 보존하고 자손을 잘 키우기 위해 최선의 음식을 만들다보니 우리민족의 음식이 천상의 음식이 된 듯하다.
 사실 조미료의 맛이 음식의 맛을 좌우하는 시대가 되었지만 우리 전통한식만큼은 인공조미료를 사용하지 않아 앞에서 언급한 것처럼 외국인들은 우리 음식을 자연의 맛이라고 평가하고 있다. 장류인 고추장, 된장, 간장도 오직 소금으로 간을 하고 발효음식인 젓갈류도 소금으로만 절여 인공조미료를 찾아볼 수 없다.
 그러던 것이 일본의 식민지 시절에 조미료가 보급되어 김장할 때 감미료를 첨가하게 되면서 고유의 맛은 조금 변질되게 되었다. 그러나 아직도 자연의 재료로 오직 전통음식의 맥을 이어가고 있는 많은 종가와 한식연구가들이 있기에 여간 반가운 것이 아니며 그 고집에 찬사를 보내지 않을 수 없다. 우리민족의 유일한 가공식품인 두부도 간수라는 소금을 간으로 하는 것이라 우리식품은 곧 자연의 음식이라고 정의해도 무리는 없을 것이다. 삼면이 바다인 우리는 서해의 넓은 간석지가 발달되어 있어 소금생산을 위한 천혜의 조건을 갖고 있다. 세계 최고의 소금이 생산되어 우리민족이 널리 식용할 수 있어 다양한 음식을 만들 수 있는 바탕이 되었다.
 더욱이 가풍을 대표하는 종가의 음식이 몇 백년 맥을 이어오고 있는 것도 우리 민족의 자랑이다. 시어머니에서 며느리로 이어오는 동안 오직 종가의 비법을 맏며느리에게 전수하여 모방할 수 없는 최고의 맛을 지키도록 하는 유지는 한민족의 전통이자 멋이었다. 더욱이 우리 음식은 음과 양의 조화의 극치로 세계 음식의 중심이라는 자부심을 잊지 않았으면 좋겠다.

역사는 국가의 정체성이다

2018.02.10
정치에 따른 역사 왜곡은 막아야

한 나라의 역사는 그 국가의 정체성을 보여주고 있다. 따라서 소수에 의해 정립된 사관이 아니며 한 국가의 발원부터 현재까지의 흐름이 편향되거나 왜곡되지 않아야 한다. 최근에는 자국 이기주의가 극성을 부리고 있어 경제뿐만 아니라 과거 역사, 지리에 관한 자료까지 정치적 분쟁이 되도록 유도하기도 한다.

역사기록이 좌우성향에 의해 기술되거나 사대주의에 입각하여 집필된다면 후대에 막대한 악영향을 주게 된다. 독도의 경우도 우리 선조들이 중요한 사료를 적시하여 남겨두었기 때문에 일본보다 우위에 있게 되어 일본은 학술적으로 궁핍에 빠지게 되었다.

필자가 1985년 후반에 공부를 할 때 백두산에 다녀온 학자 한 분이 중국에서 발행한 지도를 인용하여 논문을 작성한 경우가 있었다. 지도에는 백두산이 분리되어 북한령과 중국령으로 확연하게 되어 있어 경악을 금치 못해 그 학자에게 역사적 의미를 설명한 바가 있었다.

다행히 그 학자는 필자의 제안에 동의하고 그 지도를 사용하지 않겠다고 약속을 했었다. 일부 잘못된 자료로 인하여 통일이 된 후 중국이 백두산에 대한 영토권을 주장할 때 우리는 할 말이 없게 될 수도 있다. 사려 깊지 않은 사고와 편향된 연구는 나라의 존폐뿐만 아니라 국론을 분열시키는 근원이 된다.

 역사의 기록이 이렇게 중요함에도 불구하고 정권이 교체될 때마다 역사교과서의 집필에 있어 여야가 뜨거운 논쟁을 일으키는 것을 보는 국민의 한 사람으로서 우려를 금할 수 없다. 일본의 만행인 위안부, 6.25전쟁, 중국의 동북공정, 미국의 경제압박 등의 사안이 근현대사에서 정권의 입맛에 맞는 집필시안의 기준에 의해 왜곡되어 국가를 한바탕 분탕질로 빠지게 하고 있다.

 이제 교육부에서 탁상공론식으로 집필시안의 기준을 제시하지 말고 공인된 학계에서 공모를 받아 정치적 색깔보다 학술적 역사교과서가 되도록 지원해야 할 것이다. 학회는 급진적 우파와 좌파의 성향을 가진 소위 무늬만 학자들을 집필에서 배제시키는 것이 정부의 몫이자 책임이다.

 필자는 분야별로 즉 고고학회, 고대학회, 근현대사학회 등에 단락을 전문 학회가 집필하도록 하는 것도 하나의 방안이 될 수 있을 것으로 생각한다. 집필이 완료된 교과서는 수차례의 공청회를 통해 재검증하는 절차를 거친다면 왜곡이나 여·야정치인들에 의해 분쟁되는 근원을 조금이라도 방지할 수 있을 것이다.

 사실 군국주의가 팽배할 때 침략대상국가의 역사와 지리를 가장 먼저 연구하도록 했다. 그리하여 역사와 지리의 왜곡이 심화되었다. 우리나라도 일본에 의해 고대사부터 왜곡된 부분들이 학자들에게 의해 제기되고 있고 지리도 마찬가지이다.

 정부는 이러한 역사의 중요성을 인지하여 역사과목을 수능시험에 필수과목으로 반영하도록 하였으니 그나마 다행이라고 생각한다.

 이제 더 늦기 전에 역사를 바로세우고, 여야의 정치인도 사대주의를 벗어버리고 부끄럽지 않은 역사가 되는데 적극 동참하고 반성해야 한다. 나라의 정체성을 왜곡하는 역사는 그 민족의 천추의 한이 될 것이다.

통일의 주체

2018.02.22
믿는 것 동족 뿐

　가정이나 국가의 주체는 그 집단을 이루는 구성원들이다. 요즘 남북 관계로 정치권에서는 여야와 국가 간 미묘한 흐름이 감지되고 있다.
　특히 평창 동계올림픽이 개최되고 있는 사이에 미국으로부터 통상압력은 우방이라는 개념조차 상실하게 해버리는 충격이었다. 남과 북의 대화 주체도 우리가 아닌 주변 국가가 주도권을 잡으려고 해 국민들의 자존심을 심히 상하게 만들고 말았다.
　역사의 주인공과 주체는 백성이다. 그동안 우리 국민은 역사의 주인공도 주체도 되지 못하고 한낱 불쏘시개에 불과한 삶이었고, 정권이 필요할 때만 등장하는 인물이었다. 백성이 이러한데 국가는 오죽했을까? 우리 역사의 재조명을 통해 봐도 자주 국가를 추구한 통치자보다 권력을 보존하려는 수동적인 통치자가 대부분이었다.
　남북한이 대치되어 있는 상황에서 남북대화의 주체는 당연히 우리 민족이다. 주변 국가들이 진정한 통일을 원했더라면 남북분단도 생기지 않았을 것이고, 남북대치도 전 세계가 걱정할 수준까지는 도래하지 않았을 것이다. 더욱이 남북한의 평화무드를 위해 주변 국가들이 대화조성의 지지와 기다림의 미덕을 보여줘야 하는데 현실은 그러하지 않는 것 같다.

짧은 기간 동안 세계무대에서 IT, BT 등 여러 산업과 스포츠에서 두각을 나타내는 한민족의 저력과 잠재력은 주변 국가들이 경계할 대상이 되었다. 이에 많은 국가에서 가장 쉬운 방법인 통상압력과 제재로 한국을 길들이기에 나서고 있음에도 불구하고 이 부분에서조차 여야의 목소리는 상이하고 단합된 모습을 보여주지 못하고 있다.
 만약 우리 사유재산을 주변인들이 마음대로 처리하고 처분하면 가만히 있을 개인이나 국민은 아마도 없을 것이다. 그런데 국가의 재산과 존엄은 강 건너 불구경하듯 국론이 분열되고 정권쟁취와 정권유지에 몰두하고 있으니 어찌 걱정이 안 되겠는가.
 어찌 보면 주변 국가들은 한민족의 혼란과 반목을 기회로 삼는 가운데 우리는 해결 방안을 찾기보다 서로의 실정을 노골적으로 부각시키는데 혈안이 되어 있어 앞날이 암흑과 같아 보인다.
 우리보다 먼저 통일을 한 서독과 동독의 예를 보더라도 통일의 주체는 양국이었다. 우리도 통일만큼은 우리가 주체가 되어 유구한 역사국가로서 재 웅비해야 한다.
 같은 민족이 하나로 되겠다는데 누가 간섭을 하며, 누가 주도권을 잡을 수 있는 권리가 있는지 반문하고 싶다. 북한을 불복시키는 도구로 미국은 무력도발을 주문하고 있는데 이것은 우리 한민족의 파멸을 의미한다. 이렇게 되지 않겠지만 이것을 동조하고 지지하는 세력이 등장한다면 우리 민족은 세계무대에서 퇴장하고 만다.
 이제 정권 잡은 정당이 싫다고 우리가 선택해서는 안 될 경우의 수를 선택하는 우매함을 버리자. 오직 단합과 단결이 신군국주의로부터 국가와 국민을 보호할 수 있으며, 통일의 주체는 우리 국민뿐이라는 것을 망각하지 말아야 한다.

명절의 성숙

2018.03.02
가족을 위한 양보

　방송마다 명절 때 며느리들의 힘든 고충을 주제로 한 토론마당이 매년 행사처럼 방영되는 것을 자주 목격한다. 30대부터 70대에 이르기까지 다양한 세대들이 출연하여 각자의 고충을 이야기한다. 방송에 출연한 사람들은 대부분 유명방송인이나 우리들에게 널리 알려진 인물들인 경우가 많다.

　방송을 보다보면 공감하는 면도 있지만 성숙하지 못한 발언을 하는 경우도 있어 마음이 편치 않을 때도 있다. 불만사항의 주된 원인은 아들과 며느리, 사위와 딸의 관계에서 비롯된 경우가 많은 듯하다. 어느 쪽을 먼저 중요시하느냐에 따라 시비가 갈려지고 마음의 상처를 받곤 한다.

　옛 우리 부모들은 딸들이 시집을 가면 "너는 시댁의 귀신이 되어야 한다. 친정은 잊어버리고 오직 시댁의 한 사람으로서 시부모를 섬기며 자식들 잘 키우라."는 것이 시집가는 딸들에게 해 주는 덕담이자 당부였다.

　아마 그 당시는 자식들이 많아 그런 풍습으로 자리 잡을 수가 있었을 것이다. 그러나 지금은 자식이 많아야 대부분 2명 내외이고 한 자녀인 경우도 많다. 이러다보니 자식들의 빈자리를 채워주는 인자가 줄어들어 부모들의 자식에 대한 그리움은 더 클 것이다.
 반면에 자식들은 막상 명절이 되면 스트레스로 몸이 아픈 사람, 시댁에 먼저 가야 하는 불평, 여자들만 동동거리며 음식을 해야 하는 불만 등등 여러 가지 요소로 불화가 조성되고 심지어 가정의 파탄까지 가는 경우가 있으니 안타까울 따름이다.
 달리 생각해보면 휴가철에 자기 가족끼리만 휴가를 보내고 평상시에는 직장일에 바쁘다는 핑계로 양가부모를 등한시 하였으니 고유명절 정도는 부모님께 효도하고 조상을 섬기는 일에 기쁜 마음으로 임하면 어떠하겠는가.
 그동안 이율배반적으로 인식해 왔던 딸은 며느리의 입장이 되어 보고, 며느리는 딸의 입장이 되어 시부모를 바라보며, 시어머니는 며느리를 딸로 생각하고 바라본다면 이보다 더한 화목이 없을 것 같다.
 온 가족이 모여 일 년에 두 번의 명절을 고된 행사로 여기는 생각들을 바꿔보면 좋겠다. 며느리는 언젠가 시어머니가 되듯이 지나가는 하나의 과정으로 인식하고 어느 정도는 가족을 위해 양보하는 마음을 가졌으면 한다.
 자고 나면 새롭게 바뀌는 세상이라고 해도 오랜 전통의 우리 풍습은 지켜야 할 가치가 있다. 소위 명문가로 소문난 집안을 들여다보면 어른 공경과 자식에 대한 내리사랑이 몸에 배어 있는 것 같았다.
 지금은 제사상의 음식도 시장에서 만들어진 것을 사서 지내는 가정이 늘어나 예전과 같은 번거로움이 많이 줄어들었다. 필자가 초등학교 시절에 큰댁에 가서보면 기왓장 가루로 놋그릇을 닦는 것부터 모두 어머니들의 몫이었다. 그 시절은 아무리 힘들어도 내색하지 않고 정성을 다해 조상을 섬기는 것은 여느 가정이나 같았다.
 서구문화의 영향으로 나 편한 것만 생각하고 행동하는 것을 보면 정성은 없고 푸념만 남아 있다는 생각이다. 더 안타까운 것은 시댁식구나 처가식구들을 내 가족으로 여기지 않는 사람들이 늘어난다는 점이다.

 내가 조금 더 부지런히 움직여 가족들이 즐겁고 행복하면 그 복이 나에게 다시 돌아온다는 조상들의 지혜를 다시 한 번 되돌아보는 성숙한 마음이 필요해 보인다.

신라식 통일은 곤란

2018.04.15
다 빼앗기는 통일은 후대에 치욕

　우리 역사에서 삼국시대는 서로 영토 확장의 무대였다. 고구려는 수나라와 당나라의 침략을 막아내어 북방을 든든하게 한 반면에 백제와 신라는 서로 공격하며 영토분쟁을 심각하게 했었다.
　때로는 서로 연합하여 전쟁도 했지만 고구려는 외세와 동맹을 맺고 전쟁을 하지 않았다. 유독 신라는 642년 백제의 의자왕이 신라를 공격하여 40여개의 성을 빼앗겼고 지금의 합천인 대야성이 위기에 빠지자 당나라와 동맹을 맺어 한민족의 한이 되는 통일의 기반을 만들었다.
　고구려가 신라의 제안을 받아들여서 백제의 공격을 멈추게 하였다면 광활한 고구려의 영토를 지금 우리가 지배하고 있을지 모른다. 결국 신라는 당나라의 야욕을 물리치지 못하고 대동강 이남의 한반도를 차지하면서 비극의 삼국을 통일했다.
　신라가 얻은 통일은 한민족이 하나로 되었다는 협의의 의미밖에 없고 불행하게도 자주적인 통일이 아니라 외세의 힘에 의해 통일이 된 슬픈 역사의 시작이었다. 많은 교과서에서 최초의 통일이라고 의의를 두고 있지만 사대적 사고에 기인한 역사적 평가로 치부된다.
　필자는 지금도 아쉬운 점이 고구려가 신라의 제안을 받아들이고 삼국의 평화적 기류를 조성했더라면 우리의 역사는 새로운 장을 열 수 있었을 것이라고 신라식 통일을 매우 비판적인 시각으로 보고 있다.
 고대의 역사를 뒤로하고 일본치하에도 우리의 힘으로 광복을 한 것이 아니라 연합국에 의해 주권을 찾아 반 토막의 국토를 가지는 또 다른 비극을 안게 되었다. 광복이후에 좌우개념으로 국토가 유린당하고 지금도 정치적 이념으로 인해 국가는 하나지만 국민은 여러 갈래로 쪼개져 있다.
 예전에는 선거철마다 북한의 무력도발을 이용했다. 최근에도 평화무드가 선거에 활용될 수 있는 환경을 조성하고 있다. 사실 북한과 평화무드는 필자뿐만 아니라 모든 국민들이 원하는 것이다.
 그러나 북한과 접근할 때 신라식 통일발상을 버려야 한다는 것이다. 삼국시대에는 무모할 정도로 영토를 빼앗기는 통일이었지만 지금은 영토를 방어할 수 있는 시스템까지 모두 포기하는 통일형태는 재고되어야 한다는 것이다.
 북한의 유일한 자국방어는 미국이 눈엣가시로 여기는 핵무기일 것이다. 성능이 어느 정도인지 확인된 바 없지만 북한이 핵을 보유하고 있는 현 시점에서 러시아와 중국에 대항하는 군사 균형을 이뤄주고 있다는 점을 생각해 볼 수 있다. 지금 중국과 우리가 무역과 해상에서 많은 충돌을 하고 있다. 하지만 중국에 어떠한 목소리도 못내는 실정에서 앞으로 군사충돌이 있을 시 더 문제이다.
 북한이 자체방어시스템을 포기하고 개방한다면 북한이 동원할 수 있는 시스템과 한국이 대처하는 시스템은 아무 것도 없다는 것에 더 우려가 된다. 아마 미국은 한국에 대한 군사적 압박뿐만 아니라 경제적 압박을 중국이상으로 하려들 것이다. 또한 북한의 지배를 위해 중국, 러시아, 미국이 치열한 경쟁을 할 것으로 예측되어 북한과의 접근에서 통일 후 우리가 가져야 할 방어시스템까지 다 포기하는 신라식 접근방식을 재고할 필요가 있다고 제언한다.
 그리고 북한이 미국과 협상에서 미군철수를 요구하지 않으면 무슨 의지인지 국가를 운영하는 자들은 잘 인지해야 한다.

일본이 햇빛 아래에서 살려면

2018.05.13
과거를 인정하고 새로운 동반자로

일본이 지금 안달이 난 모양새다. 사실 일본뿐만 아니라 중국도 만만디 전술을 유지하다 문재인 대통령과 김정은 위원장의 획기적인 만남으로 인해 국제사회에서 자국들의 위치나 존재감 상실로 연일 얼굴을 내밀고 있다.
 미국의 트럼프 대통령은 취임 후의 불신을 해소하고 지지율도 조금씩 올라가고 있는 상황에서 노벨평화상 여론에 만끽된 모습을 보면서 신라의 김춘추가 아닌 고려시대 서희의 외교전이 절로 생각이 났다.
 존재감이 없었던 외교부나 너무 앞서 나간 청와대 참모들의 행위에 대해 못마땅한 마음도 있지만 오랜만에 통일에 대한 염원으로 온 국민이 하나 되어 가는 모습이 너무나 좋다.
 그동안 6자, 4자 등 다국적 회담을 주장해 온 국가들이 이번 회담에서 혹시 소외되지 않을까 조바심이 있다는 것은 우리에겐 절호의 기회가 된다. 중국 사대주의에 빠진 일부 정치인들에 의해 사드보복을 앞서서 당했고, 아베가 미국과 친밀감을 과신하는 통에 우리는 국방비 증액과 무역마찰을 겪어야 했다.
 중국은 한국과의 사드보복 이전으로 회복하려는 조짐으로 관광조치를 조금씩 해제하고 있고, 일본은 한국 정부에 일본정부의 의향을 타진하는 등 다각도로 접근을 하고 있다.
 우리민족은 기분에 따라 결정을 신중하지 않게 하는 경향이 있어, 이번에는 최대한의 실리를 챙겨야 한다. 사실 남북문제에 있어 남북당사자간에 합의로 모든 것을 종료하면 좋겠지만, 국제사회에서 우리들의 위치는 강대국의 영향을 받지 않을 수 없다.
 그중에서 협상 대상으로 미국은 특히 무시할 수 없기에 정부 당국은 통일 한국을 대비하여 회담에 임해야 한다. 지지율이 좀 높다고 만취되어 껍데기만 요란하면 우리 후손들에게 얼굴을 들 면목이 없게 될 뿐만 아니라 영원한 제2의 이완용이 될 수 있기 때문이다.
 무엇보다도 일본의 태도가 상상을 초월한 저자세로 나오고 있는 것에 유의해야 한다. 일제강점기 시대 때 이준 열사가 헤이그에서 일본의 침략을 목숨으로 알렸지만 돌아온 것은 메아리뿐이었다. 지금도 중국 내 내몽고의 독립을 국제사회에 알려도 우리 정부는 중국의 눈치를 보며 어떠한 말도 못하고 있는 것은 국제사회가 힘의 논리라는 것을 다시 입증해 주고 있다.
 통일한국의 미래상을 알기에 일본도 조급히 자신들의 기여도를 높이려고 하고 있다. 이에 우리는 일본정부에 진정한 파트너로서 일본에게 햇빛을 보고 생활할 수 있는 국가가 되도록 유도해야 한다.
 국제사회의 공조라는 미명아래 무임승차는 곤란하며 일제강점기의 진정한 사과, 역사왜곡, 독도문제, 청일조약, 러일조약 등 우리민족의 치욕적인 사건에 대해 명백하게 사실을 밝히고 사과하도록 해야 통일한국 후에 우리가 러시아와 중국에 요구할 수 있는 객관적인 자료를 확보할 수 있다.
 일본에 요구할 수 있는 기회는 이번이 절호의 찬스이다. 이번 기회를 놓치면 우리는 더 이상 요구할 수 있는 기회를 잃어버리고 고토회복의 염원은 역사 속으로 사라지게 된다.
 그동안 동족상잔과 보이지 않는 정치적 내전으로 인해 해외 동족의 인권과 동질성을 회복시키지 못했다. 연변의 조선족과 연해주의 고려인은 러시아와 중국 일부가 우리 고토라는 것을 입증해 주고 있음을 잊지 말아야 한다. 이에 일본이 과거의 진상을 밝히고 고토회복의 자료를 내 놓으면서 한국민에게 진심어린 용서를 빌어야 동반자로 상생할 수 있을 것이다.

도둑맞는 우리의 역사

2018.06.15
되찾아야 할 국토를 잊지 말아야

국내 정치에 혈안이 되어 역사교과서 편집에 여야가 대립하여 물고 뜯기는 동안 중국과 일본은 자본을 앞세워 세계적인 백과사전에 한국의 고토와 영토를 자신들의 영토로 편집시키는 경악스러운 짓을 하고 있다.

이것도 벌건 대낮에 우리가 두 눈을 뜨고 있는 사이에 벌어져 '우리가 오천년 역사를 간직한 한국인'인지 의심이 갈 정도로 허탈하고 허무하다.

어느 학계에서 보여주듯이 특정대학 출신들의 장악과 파벌에 의해 능력보다 연줄의 연계성으로 학문의 질은 얕아지고 대학의 경제실리에 의한 학과 정비로 인해 역사와 지리학과는 존폐의 위기로 치닫고 있고 이러한 마당에도 제대로 목소리를 내는 단체가 없는 지경이다.

책이나 논문은 한 번 출간되면 하나의 역사기록이 된다. 중국은 무지막지한 공세로 밀어오는데 우리는 무엇을 잃고 있는지 자체를 모르고 있다. 오직 정권탈환에 목숨을 걸고 있는 위정자와 정치꾼들에 의해 우리의 고토와 영토가 중국령과 일본령으로 인정되어 가고 있다.

어찌 우리가 숨을 쉬며 살아갈 수 있겠는가! 나와 내 가족만 잘 먹고 잘 살면 되는 세상인가. 우리는 유구한 역사와 함께 호흡하며 살아가는 민족이다. 수많은 역사교과서에 오천년 역사를 기술하며 우수한 민족임을 자부하는 우리가 우리의 역사조차 지키지 못하는 민족으로 전락하고 있으니 얼마나 무능한지 반성이 필요할 때이다.

우리의 고토에 대한 명칭도 우리식 발음이 아닌 중국발음으로 표기하는 사람들이 늘어나고 있다. 책에도 중국식 발음으로 표기되고 있으니 기가 막힐 일이다. 비록 지금은 중국이 차지하고 있지만 언젠가는 우리가 되찾아야 할 국토이자 영토이다.

일부에서는 허무한 이야기라고 하겠지만 한 국가의 지배력은 영원하지 않다. 우리가 찾기 어렵다고 해도 우리의 역사임을 주장하며 후학들에게 고대사에 대한 교육을 더 확충해 나가야 한다.

더 안타까운 것은 젊은이들조차 정치적 이분법에 매달려 미래와 과거를 보는 두 눈을 잃어가고 있고 소위 지도층에 있는 자들은 국적과 상관없이 그들만의 생활패턴을 유지하려 하고 있다. 예산지원도 힘 있는 단체와 국회의원 등에 의해 변질되어 특정 연구와 보호단체 관계자들을 허탈하게 만들기도 했다.

학자는 모름지기 학식도 높아야겠지만 올바른 역사관으로 흐름이 잘못되면 용기 있는 자세를 보여줘야 한다. 자신만의 연구, 학술지 발표, 실적 등 개인의 치적에 몰입하는 동안 우리의 역사와 지리는 본질을 잃고 되찾을 수 없는 지경에 빠질 수도 있음을 알아야 한다. 그동안 식민사관으로 역사를 배웠던 필자는 새로운 역사기록이 나올 때마다 부끄러움에 견딜 수가 없다.

특히 일본보다 중국의 역사왜곡은 정도를 넘어 고대사 전체가 중국사로 넘어갈 판이다. 이제 우리 정부도 중국에 강력한 주문을 해야 한다. 경제력에 의해 눈치만 보다 우리의 역사를 송두리째 잃어버릴 수 있다.

그나마 일본에게는 독도의 주권을 인지시켜주고 있지만 중국의 역사 왜곡에는 어떠한 목소리도 내지 못하고 있는 학자나 정부관계자들은 훗날에 감당할 수 없는 치욕을 당할 수 있음을 기억해야 한다.

북한의 체제보장은 어디까지

2018.06.16
자신을 위한 민주주의

　미국과 북한은 자국의 지략을 총 동원하여 입지를 강화시키려 하고 있다. 공멸을 택한다면 미국도 손해이고 공존을 위한다면 미국으로서는 많은 부담을 안아야 한다. 많은 매스컴에서 패널들이 자신들의 주장을 펴며 방안을 제시하고 있지만 국한된 해결과 장기적인 방안의 부족으로 시간 때우기 같다는 생각이 든다.
　그동안 북한이 미국에 필수조건을 제시한 바가 있는지 아니면 미국이 어떠한 조건을 제시했는지 명확히 밝혀지지 않은 상황에서는 가정에 유추하여 해석할 수밖에 없다. 아마 북한의 조건은 방어용 핵무기를 보유하면서 체제보장과 경제지원이 최상일 것이고 미국은 세계의 경찰이라는 미명아래 북한의 완전한 핵무장 해제와 동시에 미국의 영향권에 두고 싶어할 것이다. 그래야만 미국의 체면이 서고 다른 국가에 대한 통치권이 가능해 초강대국이라는 그들의 목적을 달성하기 때문이다.
　가장 현안국인 우리나라에서는 어떠한 조건을 낼지 아니면 그냥 북한과 미국에 대화의 장만 마련해주는 들러리 국가로 전락할 것인지는 걱정이 되는 부분이다. 북한과의 평화무드 조성을 위해서는 북한이 요구하는 대로 대화의 장에 나가야 하고 만약에 거절을 한다면 돌이킬 수 없는 악재가 발생되어 정부로서는 난해한 국면에 처하게 될 것이다.

대부분의 보도에는 북한에서는 체제보장을 가장 우선시 한다고들 말하고 있다. 북한이 요구하는 체제가 어디까지인지 명확성도 없다. 김일성부터 김정은 위원장까지의 세습을 연속적으로 인정하는 것인지, 아니면 남북의 통일을 염두에 두지 않고 영원히 남과 북의 관계로 유지하는 것인지 등 이해되지 않는 부분들이 너무 많다. 전자의 경우는 북한의 민주화와 인권은 회복할 수 없게 되고 후자의 경우는 남북통일의 걸림돌이 될 수가 있어 우리 정부의 고도의 전략이 필요하다.

미국이나 우리가 북한이 요구하는 세습제를 인정하게 되면 우리 민주투사들의 명분이 하루아침에 신기루가 되어 버린다. 지금까지 민주주의를 외치고 인권을 주장했던 인사들이 북한과 중국의 인권에 대해서는 어떠한 언급 한 번 없었다. 소위 자국문제가 아니기 때문이라고 피해 갈 수 있다. 허나 그동안 인권과 민주화 운동이 자신들만의 정치적 소재로 이용했다는 의미로 비판의 대상이 될 수 있다.

북한체제의 보장이 어느 선까지인지가 밝혀지는 날에는 국내에서 비판과 비난의 장이 대두될 것이 명확하다. 지구상에 세습과 폐쇄된 국가는 북한이 유일한 것으로 밝혀졌고 공산주의를 추구하는 국가들도 자유경제시장을 도입하여 국제무대에 등장하고 있는 상황에서 북한의 세습에 대한 인정이 용납될 수 있을지 여야의 공방이 대두될 것이다.

이러한 북한이 세습 이외는 체제유지를 보장해 달라고 할 이유가 없을 것이다. 지금도 체제유지를 잘 하고 있고 내부의 반발만 없으면 계속 유지될 터인데 굳이 체제보장을 요구하는 이유를 우리는 명확히 파악해야 한다.

정부도 북한의 체제보장이 어느 선인지 밝혀야 한다. 대화와 웃음으로 만나는 분위기는 그리 길지 않다. 이제는 들뜬 마음을 가라앉히고 명철한 방안과 대책을 국민에게 제시해야 한다.

북한의 핵무기 폐기 누가 가장 좋아할까

2018.08.04
전략다운 전략을 사용해야

　북한의 핵무기를 두고 세계가 놀라고 있다. 미국까지 사정거리가 확보될 가능성이 있자 미국이 위협을 받는다는 구실로 북한을 더욱 압박하고 있다. 세계 속의 보안관을 자부하던 미국의 입장에선 북한의 핵무기 고수로 체면이 말이 아니다.
　미국과 북한의 대립 속에서 은근히 웃는 나라도 있을 것이다. 그동안 팽창주의를 표방한 중국은 미국과 대등한 신무기 개발뿐만 아니라 우리나라 영공에도 가끔 침범하여 우리의 속을 뒤집어 놓고 있다.
　우리나라에는 속어로 중국을 되놈, 미국을 양키, 일본을 쪽발이 등 우리민족에게 아픔을 준 상처의 단어로 각인되거나 문화적 열등국가로 치부하여 부르기도 했다.
　우리가 가진 것도 없고 힘도 없으면서 폄하의 말로 위안을 삼는 동안 그들 국가는 세계를 주름잡는 국가로 성장해 우리가 대항할 수 없는 대국으로 우뚝 섰다.
　역사 드라마에서도 작가들은 중국을 상국으로 치부하듯 연출하고, 우리 조정은 힘없고 나약할 뿐만 아니라 약소국가로 단정하여 보는 이로 하여금 치를 떨게 한다. 더욱이 친중파 정치인들이 서서히 고개를 들고 있어 친일과 친미, 친중 사이에서 국가의 외교가 각 입장에서 경쟁적으로 전개되는 느낌이다.

 사실 미국은 베트남과 6.25전쟁에서 뼈저린 경험을 했다. 미국이 전쟁에서 승리했더라면 우리는 숙명의 운명이 아닌 위대한 한민족으로 세계의 중심에 서게 되었을지 모른다.

 필자는 작금의 현실에서 북한이 핵무기를 폐기하면 가장 좋아할 나라는 중국이라고 생각한다. 북한이 지탱되고 있는 것은 핵무기이지 경제나 정치가 아니다. 핵이 없는 북한은 경제의 궁핍으로 지하자원부터 돈이 되는 것은 모두 중국이나 친중국 기업으로 인수나 합병으로 인해 경제식민지가 될 공산이 크다.

 어쩌면 북한이 중국의 하나의 성으로 편입되어 한민족은 영원히 만주와 고조선의 영토를 잃게 되고 역사도 중국 중심으로 왜곡될 게 뻔하다. 중국의 보복조치로 한국 기업이 입은 피해는 상상 이상이며 롯데와 게임업체 이상으로 삼성에 어떠한 구실을 씌워 수입중단을 할 경우는 우리나라 경제가 마비되고 말 것이다.

 지금 나라 안팎으로 경제적 어려움과 정치적 혼란이 가중되고 있는 시점에서 우리가 믿을 구석은 우리 민족뿐이다. 미국의 어설픈 북한에 대한 고도의 전략이 자충수가 되어 다시 한 번 한민족을 영원한 분단국가로 만들지도 모른다.

 미국이 말하는 고도의 전략이 힘의 균형이라면 전략을 수정해야 한다. 고도의 전략은 피를 보지 않는 것이지 무력으로 파멸을 몰고 오는 것이 아니다. 북한의 핵 보유는 미국이 가장 유리하며 오히려 중국이 장기적으로 손해를 보게 된다.

 즉 중국과 북한이 대등한 입장이라면 중국이 주장하는 역사왜곡은 물론이고 팽창주의의 궤도수정이 불가피하게 될 것이기 때문이다. 이런 점을 고려해보면 미국이 북한을 보는 견해가 달라질 것이다. 북한이 핵무기를 보유하면 4강들의 균등한 견제의 역할을 충분히 할 수 있다. 따라서 미국이 전개해야 할 전략은 북한과의 우호조약을 기반으로 하는 경제협력과 북한이 국제무대에 나올 수 있도록 하는 것이다. 미국의 우방인 영국이나 프랑스도 핵을 보유하고 있듯이 북한도 미국의 한 우방으로 만드는 것이 진정한 고도의 전략임을 말하고자 한다.

처가 호칭의 차별

2019.1.20
우리가 호칭의 의미를 퇴색시켜

요즘은 소재 한 가지 가지고도 차별을 표현하고 대안을 제시한다. 어떠한 것이 차별이고 문제인지에 대한 것들을 개인보다는 사회에 돌리려고 긁어 부스럼 만드는 사례도 종종 있다.

 문제가 아닌 것을 문제화하여 이슈를 만들고 주목을 받으려는 경향은 다양성이 요구되는 문화에서 자연스러운 발로이겠지만 우리 전통과 관습에 쉽사리 정착되지는 못할 것 같다.

 1970년 대 정부의 주도하에 신정을 장려한 경우가 있었다. 신정과 구정으로 나뉜 설 문화가 혼동 속에서 결국 구정을 중심으로 대국민 이동이 장관을 이루고 있다. 당시 신문명을 받은 사람과 사회지도층 중심으로 신정에 앞장섰지만 전통적인 구정을 극복하기는 쉽지 않았.

 이번에는 시댁과 처가댁 식구에 대한 명칭으로 의견이 분분하다. 여성 쪽에서 명칭에 대한 차별을 제기하여 일부 기관에서 명칭변경을 준비하는 것으로 알고 있다.

 명칭에 대한 것은 대중의 수용과 실용성이 있어야 하는데 일부에서 제기하는 명칭을 보면 실현 가능성이 어려워 보인다. 또한 명칭에는 고유성과 의미가 함축되어 있어 사물의 구분을 용이하게 해 주어야 한다.

지금 '성별 비대칭적 가족호칭 설문조사'를 통해 방안을 제시할 것 같은데 주로 제기되는 것이 남편의 동생은 도련님, 아가씨로 높여 부르는 반면에 아내의 동생은 처남, 처제로 호칭하는 것이 성차별적이라는 것이다. 부르기 좋고 호감도가 높은 호칭으로 바꾼다면 누구나 찬성할 것이다. 그러나 시댁과 처가댁의 구분을 극명하게 해 주고 있는 기존의 호칭도 차별이라면 앞으로 사용하는 단어 하나하나에 시빗거리가 될 수 있다.

필자는 호칭에서 주는 차별뿐만 아니라 행위자들의 어른스럽지 않은 습관에 따른 면도 있다고 본다. 남편과 아내가 사용하는 서로에 대한 존칭을 보더라도 대부분 남편들은 반말을 주로 사용하고 있으며, 아내가 나이가 많건 적건 간에 부부의 연을 맺으면 말을 놓기가 일쑤이다. 심지어 처가댁의 동생들에게도 거의 말을 놓다보니 행위로부터 오는 차별이 호칭에 대한 차별로까지 이어지는 것 같다. 남편이 현재 사용하고 있는 처가의 호칭을 그대로 사용하면서 아내가 남편 식구에 대하듯 처가에 동등하게 생활했더라면 오늘의 문제가 제기되지 않았을 수도 있다고 본다.

필자의 경우는 결혼을 하고 나서 아내의 남동생과 여동생들에게 존칭을 사용해 왔다. 처음에는 처가식구들이 다소 불편해하기도 했지만 쭉 존칭어를 사용하다보니 이제는 자연스럽게 상호 존경하는 마음을 갖게 됐다.

필자의 손아래 동서들도 필자를 따라서 존칭을 사용하고 있다. 지금까지 처가와 필자와의 관계에서 처가에 사용하는 호칭으로 불편이나 차별을 느낀 적이 없다. 또한 처가식구들도 마찬가지로 어떠한 차별을 느끼지 않는다고 한다.

이와 같이 남자들이 호칭의 고유성을 상실하고 자신이 편한 대로 호칭하면서 상대하다보니 처가 식구들을 다소 낮게 보는 편견을 갖게 됐다. 흔히 혼인에서 딸을 보낸다 생각하고 며느리를 맞는다고 생각한다. 받는 입장은 주가 되고 보내는 입장은 객이 될 수 있어 그동안의 잘못된 관습자체를 평등하게 고쳐나가는 것이 더 현명할 것이다.

 만약에 양가에서 같은 날 결혼식이 있다면 어느 식에 갈 것인가는 부부의 문제이지 사회의 문제는 아닌 것처럼, 호칭도 가정의 문제이지 사회의 문제가 아닐 수 있다고 보여지며 크게 문제가 되지 않는 것 가지고 사회화시키려 하지 않으면 좋겠다는 것이 필자의 생각이다.

역시 중국은 중국다워

2019.03.15
덩치 값도 못하는 중국

　면적이 약 959만㎢로 세계 4위, 인구 약 14억 1,504만명으로 세계 1위, GDP 약 13조 4,572억 달러로 세계 2위인 중국은 공산화 이후 급속도로 발전한 경제성장으로 세계 2위의 무역과 첨단무기보유로 미국과 경쟁을 하고 있다.
　지하자원도 형용할 수 없을 만큼 풍부하여 세계 패권의 중심에 서 있으며, 이제 공산국가의 종가는 중국이 되어버렸다. 중국은 경제대국 이외에도 고대부터 잘 보존되어 있는 문화재로 조상들의 후광을 받아 문화관광으로도 세계적 조명을 받고 있다.
　그럼에도 중국은 정치력이 치졸하고 옹졸하여 세계의 지탄을 받고 있다. 미국의 무역보복에서는 고양이 앞의 쥐처럼 굴지만 한국에 대해서는 당당해도 너무 당당하여 치욕적인 생각마저 든다.
　2019년 3월은 어느 해 보다도 유달리 미세먼지가 극성을 부렸다. 미세먼지의 원인은 누가 뭐라고 해도 주로 중국에서 발원한 물질들인데도 중국당국과 기관지에서는 중국과 무관하다는 평만 내 놓고 있어 아연실색할 정도이다.
　한국에서 발생하는 오염물질이 원인이라는 중국의 변명이 증명되려면 우리나라는 1년 내내 미세먼지로 덮여 있어야 하고 긴급 상황 조치도 1년 내내 내려야 한다. 그러나 우리나라에서 조치하는 긴급 상황은 일기예보와 같이 중국에서 발원하는 경우 이외는 거의 없는 것으로 알고 있다.

특히 중국 정부의 최대 정치 행사인 전국인민대표대회와 전국인민정치협상회의 기간에 베이징에 스모그가 뒤덮어 당국자들이 긴장과 당혹에 빠졌다는 기사를 보면 손으로 하늘을 가리는 것이 아니라 미세먼지로 하늘을 가리는 국가가 됐다.

그렇게 뻔뻔하게 굴던 중국에게 베이징의 미세먼지가 세계 곳곳에 미세먼지의 심각성을 잘 홍보해 준 격이 되었다. 중국의 소극적인 대처로 우리나라 국민들이 미세먼지의 공포에 떨고 있다. 한국 정부의 대책은 화력발전소 정비, 마스크 공급, 자동차 운행조정 등 누구나 제시할 수 있는 구태의연한 방안을 제시하는데 그치고 있다.

정치권에서는 서로의 잘못을 탓하며, 공전하고 있는 법안을 조속히 처리할 생각은 없고, 이구동성으로 미봉책만 줄기차게 나열하고 있는 상황에서 중국의 한 전자회사의 미세먼지 관련 전기제품이 불티나게 팔린다고 한다.

미세먼지는 화산재와 같은 역할을 하여 시야방해, 기온하강 및 식물의 광합성에도 영향을 미치고, 더 심각해지는 경우에는 태양열에너지, 관광, 수송 등 형용할 수 없는 2차적 피해가 발생된다.

미세먼지에 대한 대처가 '중국이라는 나라가 원래 그래.' 라고 치부한다손 치더라도 우리들이 대응하는 자세가 너무나 진부하다. 비록 중국과 경제와 국방 등 여러 문제로 얽켜 있다고는 하지만 우리 국민의 건강과 생존권이 달려있는 환경문제만큼은 더 적극적인 자세로 대응을 좀 해 주었으면 한다.

그동안 인공강우실험, 공기정화기 설치 등등 대책을 수없이 실시하고 경제적 투자를 해도 자연현상을 극복하기란 역부족이다. 필자는 소설에 나오는 바람의 방향을 바꾸는 능력자의 탄생만 기다리는 우리나라의 현실을 보면서 첨단시대에도 자연의 힘인 비(雨)만이 유일한 해법인 것 같아 안타깝기 그지없다.

인사청문회 폐지해야

2019.03.28
해도 소용없는 청문회, 분열만 만들어

　고위직 임명에 있어 공명정대하게 업무를 추진할 수 있는지를 검증하는 인사청문회가 국민들의 감정만 상하게 해 주고 있다. 결격사유가 많은 후보도 임명되고 심지어 의원들이 요구하는 자료도 거부하는 등 하나마나하는 인사청문회를 유지해야 할 필요가 있을까.
　그냥 임명권자가 편하게 임명하도록 하면 지나온 과거로 인해 국민들이 경악하는 일은 없을 것이다. 어느 후보 하나 국민들이 '바로 우리가 원하고 바라는 인사'라고 공감대를 형성하고 오랜만에 인사다운 인사를 했다고 찬사를 받은 일이 없으니 불행한 정치사를 그대로 보여주고 있다.
　고위직에 있는 사람들이나 권력이 있는 사람들 다수가 남에게 잊지 못할 상처를 주었거나 재산증식과 자녀문제에 있어 민망할 정도의 방법을 사용했다. 후보자들마다 나열된 과오들이 형용할 수 없을 만큼 다양하여 이제는 웬만한 일로 국민들이 놀라지도 않게 되었다.
　본인으로 인해 공직기강이 느슨해지고 업무추진이 어려워지지는 않을지 스스로 자문자답을 해야 함에도 불구하고 청문회에서 당당한 모습을 보면서 고위직이 되려면 저 정도의 철면피가 되어야 가능하겠다는 생각을 하게 된다.

특히 과거의 일들에 대한 본인들의 과오를 너무 쉽게 인정하고 있다. 청문회만 넘기면 된다는 안일한 사고로 국민들이 수긍할 답변 대신에 자신을 옹호하고 변명하는 모습에서 고위직의 재목이 아님을 스스로 보여주고 있다.

이런 어처구니없는 인사청문회의 문제를 야기한 점에 대에 인사검증이 얼마나 허술하고 탁상공론으로 인사를 천거했는지에 대해 먼저 책임을 물어야 한다. 또 여야의 청문회 의원들의 능력도 한심하다. 여당 출신의원들은 문제가 있어도 비호하면서 질의도 아닌 것으로 시간을 때우거나 후보자를 보호하는 자세로, 야당 위원들은 과오에 대한 집착성이 능력검증보다 우선이다 보니 청문회다운 청문회를 지금까지 본 적이 없다. 더욱이 청문회 의원들이 낮과 밤의 질의 수준이 달라진다는 것도 자질 없는 의원임을 자명하게 보여주고 있다.

그동안 실시해 온 청문회에서 여야 의원들이 국민의 눈높이에 맞지 않는 인사들을 퇴출시켰더라면 오늘의 청문회가 국민의 지탄을 받지 않았을 것이다. 유유상종으로 서로 보호막을 쳐 누구든 천거만 하면 임명된다는 식으로 국민이 준 의무와 책무를 망각하고 있다.

여당에서부터 철퇴를 가했더라면 인사검증을 담당하는 부서의 부실을 막았을 것이고, 대통령이 원하는 장관이 아니라 국민이 원하는 장관이 천거될 수 있었을 것이다.

눈과 귀가 멀었는지 어찌 이렇게 고를 수가 있는지 '그 밥에 그 나물' 이라는 식상한 글귀가 차라리 마음을 내려놓게 한다. 심지어 여당의 의원 중 일부는 문제의 인사에게 극찬을 보내기도 했다. 그가 문제 있는 후보자를 그렇게 극찬을 했다면 나중에 국회의원 선거 시 자신의 지역구에 공천을 양보할 수나 있을까. 그러나 그렇게 할 만한 인사가 아님이 뻔함에도 미사여구로 국민을 속이는 행위는 인사청문회의 무용론을 더 돋보이게 해 주고 있다.
 사실 장관의 임기는 짧다. 짧은 기간에 얼마나 좋은 결과를 보여줄지 기대를 거는 국민도 거의 없다. 그렇게 난타를 당해도 자신과 가문의 영광인지 사퇴하는 자가 드무니 인사청문회에서 보여주는 행태가 오늘의 한국 정치의 현주소를 적나라하게 보여주는 한 장면 같아 고위직과 정치인에 대해 염오를 갖게 한다.

성공하지 못한 정권

2019.04.08
많은 국민을 만족시키는 정부는 거의 없어

　국민의 마음을 민심이라고 하며 또한 민심은 천심이라고 할 정도로 어느 집단이든 정당이든 민심은 커다란 지지기반이 된다. 일시적으로 지지를 얻던 장기적으로 얻던 간에 정치권에서 민심을 얻지 않고서는 어떠한 정치도 구현할 수가 없다.
　해방이후 많은 정당들이 사라지고 새로 생기는 것은 민심을 얻지 못해 심기일전의 마음으로 창당 기치로 깃발을 올렸지만 어느 정당도 초심을 상실하고 자신들이 스스로 책임을 지는 책임정치를 다 하지 못했다.
　새로운 정당이 창당될 때마다 국민들은 새로이 기대를 했고 국가 발전을 위해 힘을 모아주었으나 정권을 잡은 뒤에는 민심과 이격되는 행위로 늘 실망을 주고 말았다. 기대가 크면 실망도 크다는 말도 있긴 하지만 늘 이런 실망이 거듭되다보니 국민의 정서는 어느새 '정치하는 놈은 다 똑같아' 라는 마음을 갖게 되었다.
　국민들은 나라다운 나라를 만들기 위해 늘 힘을 모아 주었다. 정말로 '사람 사는 세상', '갑과 을이 없는 나라' 를 꿈꾸며 아이들의 손을 부여잡고 희망가를 부르며 투표장에 나가 국민의 권리를 행사했다. 하지만 돌아오는 것은 권리가 아닌 의무만 남았다.

권력자들이 권리를 누리는 동안 국민들은 경기하향에 따른 실업과 각종 세금, 가파른 주택가격 상승 등 실생활자체가 힘들 정도의 고통으로 지지율이 곤두박질치고 말았다.
 동서고금을 통해 자신들이 만든 법이나 잣대에 의해 무너진 사례에서 정치적 해법을 찾아 현명하고 국민중심의 정치를 구현했더라면 이처럼 민심이 민들레처럼 가볍게 해리되지는 않았을 것이다.
 거창하게 국가재건을 위해 청사진을 제시하고 국민을 현혹했으나, 그 현혹이 벗겨지는 시간은 채 3년이 넘지 않았다. 역대 어느 정권이든 마찬가지였으며 국민의 준엄한 심판이 있을 경우에만 속죄와 반성을 거듭해 왔다.
 민심은 이제 이러한 속죄와 반성도 지겨워한다. 해방이후 지금까지 속아 온 것이 한두 번이 아니었기에 정치인들이 내뱉는 말을 이제는 신뢰하지 않게 되었다. 결국 이러한 불신은 한 국가의 미래를 보장해 주지 못한다.
 오직 정권의 야욕에만 눈이 멀어 민심을 읽지 못하는 것이 국가와 국민을 얼마나 힘들게 하는지 정치를 한다는 사람들이 알고나 있는지 모르겠다. 현 여당도 자신들의 무능과 실패를 타 정권이나 정당에 돌리기 바빴지 진정한 국민의 마음을 읽지 못해 4.3보궐선거에서 참담한 결과를 보여 주었다.
 여당은 여당다워야 한다. 여당이 군소정당과 단일화를 한다는 자체가 모순이고 자신감의 상실을 의미한다고 보여 진다. 창원에서의 여권후보가 여론조사에서조차 군소정당에게 패하고 단일화해서도 피 말리는 신승을 했다.
 현재 보여주는 이것이 여당의 얼굴이라면 국민들은 더 이상 기댈 곳도 희망도 없게 된다. 기초의원선거에서 한 석도 얻지 못했다면 3년 동안 국민들이 얼마나 실의에 빠지고 힘들었던가를 알고 속죄해야 한다.
 야당도 마찬가지이다. 상대당의 실패로 인한 반사이익으로 선거에서 이겼을 뿐 자체 정당이 잘 해서 지지를 받은 것이 아니다.
 언제쯤 우리는 각 정당에서 정책이나 정치를 잘 해서 지지를 받거나 책임정치를 하는 것을 볼 수 있을까. 상대 정당이 잘못을 해야 지지를 받는 고질적인 병폐를 청산할 때 비로소 진정한 국민 중심의 정치가 정착되어 국민들이 시름에서 벗어날 수 있을 것이다.

얼마나 잔인해 지려나

2019.06.07
모든 생명체는 소중해

　아무리 잔인해도 자연법칙에서 인정할 수밖에 없는 것이 약육강식이다. 살기 위해서는 약자를 먹이로 삼아야하기 때문에 자연계는 피라미드의 형태를 유지하게 된다. 동물세계에서 약육강식이 파괴되면 생태계도 파괴되어 더 혼란스러운 지경에 이를 수 있다. 우리는 자연에서의 먹이사슬로 인한 것을 잔인하다고 말하지 않는다. 다만 인간에 의해 자행되고 있는 몰지각한 행위에 경악을 금치 못할 뿐이다. 필자도 간간히 보도되는 영상을 보고 동물들이 겪는 고통에 잠을 이루지 못할 정도로 분노하기도 한다.
　돼지고기의 냄새를 없애기 위해 어린 돼지에게 마취도 하지 않고 물리적 거세를 한다는 소식은 돼지고기를 좋아하는 미식가들조차 놀라게 하는데 부족함이 없다. 마치 어린 새끼돼지가 무서움에 놀라 울부짖는 소리가 들리는 듯하다.
　1970년대에는 이것보다 더한 투견이 있었다. 작은 우리에 두 마리 투견이 공포에 질려 오직 상대방을 죽여야 한다는 처절함과 물리면 자신이 죽는다는 절박감으로 상대방을 한 번 물면 상대방이 죽을 때까지 놓지 않는 사투를 벌인다. 사람들은 이런 사람과 유사한 사람을 불독이라고 명칭을 줄 정도였다. 최근에도 이러한 불법 투견이 적발되어 동물애호가로부터 질타를 받았다.

 또한 보신과 건강에 좋다는 동물을 잡기 위해 올무를 놓아 동물이 목에 걸려 발버둥치다 질식되어 죽어가는 잔인성, 원통에 날카로운 날을 만들어 통에 들어갔다 나올 때 상처를 입히는 행위, 긴 웅덩이를 파 동물이 탈출하지 못하게 하는 등 수 없는 동물학대의 잔인성을 봐왔다.

 어린 시절에 사람들이 콩 속을 파고 그 안에 싸이나(싸이안화 칼륨)를 넣어 산에 뿌려두어 그것을 먹고 조류나 산짐승들이 고통스럽게 죽은 후 겨울에 언 상태로 발견되어 어린 마음을 닫게 했던 필자의 기억은 지금도 너무나 생생하다.

 인간이 먹기 위해 이러한 짓을 했다고 가정을 해도 너무나 잔인한 과정이라 용납되기 어렵다. 지금도 인간이 동물에게 가한 행위를 보노라면 인간을 포기한 것 같다는 생각을 갖게 한다. 요즘에는 경제성을 위해 작은 공간에 동물들이 몸을 거의 움직이지 못하게 하는 닭장과 돈사 등으로 동물학대를 하고 있다.

 인간도 인간의 잔인성을 동서고금을 통해 수없이 인지해 왔다. 사지를 각각 말이나 소에 줄을 묶어 온 몸이 찢어지게 하는 능지처참, 고통으로 인해 살려달라고 외칠 정도의 아비규환, 눈 뜨고 볼 수 없는 목불인견, 생매장으로 사람을 죽인 분서갱유 등과 최근에 제주도 남편살해, 영아 시신을 박스에 두고 도피한 어린부부, 대형 사고를 내고 그대로 달아나버린 크루즈 선장 등 인간세계에서 있을 수 없는 잔인성이 행해졌다.

 이러한 잔인성이 첨단과학 시대에 살고 있는 지금도 자행되고 있다는 것이 두려움을 느끼게 한다. 대인관계에서 감정을 다스리지 못하고 흉기로 사람을 해하기도 하고 흙속에 파묻는 등 예전이나 지금이나 인간의 잔인함에 비통함을 느낀다.

필자가 우연히 시골 마을을 지나가다가 개 우리의 좁디좁은 공간에서 여러 마리의 개들이 겁에 잔뜩 질린 모습을 보고 마음이 너무나 불편했었다. 우리 모두가 생명을 가진 동물이나 타인의 아픔을 공감하고 외면하지 않도록 인본주의를 시급하게 회복해야 그 잔인성을 막을 수 있을 것이다.

자만과 허영에 대한 경각심을 가지자

2019.06.21
절약과 저축이 요구되는 시대

　2017년 기준으로 한국의 콩과 옥수수의 식량자급률은 22.0%와 3.3%이며 매년 서울 면적의 3분의 1 정도의 농지가 사라져 자본이 있어도 식량을 조달할 수 없는 '21세기 보릿고개'가 올 수 있다는 한 보고서의 전망을 읽고 어린 시절에 본 농촌풍경이 떠올랐다.
　초등학교 입학하기 전에 모친을 따라 큰 댁 뒤에 있는 작은 비탈진 구릉으로 간 적이 있었다. 친구들과 묘 둥지에서 놀면서 동네 어른들과 모친이 부지런히 나무와 풀을 뽑던 모습이 지금도 생생한데 지금 생각하건데 그것이 개간이었다.
　당시 부친은 공무원이었고 논과 밭이 좀 있어 먹고 사는 데는 큰 어려움이 없었지만 육남매 교육을 위해서 모친은 농토가 더 필요하다고 생각하셨던 듯하다. 꽤 넓은 밭을 일궈 감자와 고구마 같은 구황작물을 심고 고추와 기타 작물을 재배하였다. 필자는 가계에 조금이라도 보탬이 되기 위해 뜨거운 여름에도 김을 매는 모친의 모습을 많이 보고 자랐다.
　그 시절 농사를 짓는 분들의 고충을 알았고 그분들의 알뜰함과 근면함에 존경심을 갖게 된 필자는 그때의 훈육 덕분으로 쌀 한 톨도 함부로 버리지 않게 되었다. 그 당시에는 상상도 하지 못할 배고픔이 한 집

건너마다 있었다. 개간할 수 있는 땅은 모두 개간하여 농토로 변경할 정도로 농사지을 땅도 부족했다.

격세지감인지 지금은 노는 땅에 곡식보다 경관을 중시하는 문화가 팽배해 있다. 다양한 꽃을 심어 관광지로 개발하기도 하고 사진 찍는 곳을 선정하여 지역경제에 조금이라도 도움이 되려하고 있다. 이러한 사업이 잘 되어 농사 이상의 이익이 있다면 누가 봐도 잘 한 일이라고 칭찬을 할 것이다.

그러나 대부분 경관이 협소하고 관광지라 하기엔 무리가 있는 정도로 관리되지 않는 땅에 그냥 꽃씨를 뿌려 보기 좋게 하는 것이 아닌가 싶다. 불과 40~50년 전에는 땅이 없어 개간을 하여 콩 하나라도 더 심으려는 운동이 전국적으로 확산되었다. 이제 먹고살만하니 이렇게 넓은 땅에 꽃을 심어 자원을 낭비하는 것은 아닌가? 그동안의 평안함에 반성을 하게 되었다.

필자가 생활하는 지역의 봉사단체에서 야채와 감자 등을 심어 어려운 이웃에게 선사하는 등 아름다운 공동체사업을 전개하고 있다. 이들에게 이렇게 넓은 땅을 임대해 주면 더 많은 분들이 혜택을 받을 수 있을 것인데 하면서 아쉬운 마음이 들었다.

경제성장으로 농사를 지을 사람이 없어 놀리는 농토도 있다고 한다. 공공사업으로 풀 뽑기 등 비생산적인 사업에 투자하지 말고 지역에서 휴경지나 농사를 지을 수 있는 땅을 찾아 생산적인 공공사업으로 전개된다면 참여하는 분들에게도 사명감을 줄 수 있을 것이다.

앞으로는 시간 채우기식의 사업을 과감히 정리하고 생산적인 사업전환으로 곡식과 식량의 중요성을 되찾아야 한다. 그동안 누려온 자만스러울 정도의 행복과 평온이 영원히 지속되리라는 법이 없다. 식량수출국에서 갑자기 수출을 금지시키면 우리에게는 먹고사는 것에 대한 해

법이 없다.

 전국의 휴경지를 활용한 식량자원자급에 눈을 돌려야 한다. 농작물 재배가 가능한 곳에 필요 없는 예산으로 낭비성 행정을 지속하다가는 우리에게 위기가 닥칠 수 있다는 경각심을 가져야 한다. 자만과 허영이 과하면 언젠가는 크게 잃을 수도 있다. 우리가 먹는 채소와 곡식의 이름은 몰라도 꽃 이름을 줄줄 외우는 현실에서 이제부터라도 과거의 어려웠던 시절을 기억하자. 쌀이 조금 남는다고 자만하지 말고 잦은 기상변화와 줄어드는 농지로 인해 식량의 자급자족만큼은 해 놓아야 어떠한 재앙에도 극복할 수 있는 유비무환이 될 것이다.

도를 넘으면 정의를 상실해

2019.06.25
명분을 상실한 주장은 외면당해

흔히들 좋은 일 해 놓고 "왜 욕먹는지 몰라, 차라리 안 하니만 못해." 등등 선한 일을 하고서도 과정이나 결말이 좋지 않을 경우 이런 뒷말을 한다.

기근으로 굶어죽게 생겼을 때 도적들이 양반네와 부잣집 재산을 탈취하여 가난한 자들에게 나눠 주었다고 찬사를 받지 못하거니와 근대화로 경제부흥을 일으킨 대통령이 위대한 대통령으로 추앙받지 못하는 것도 단 한 가지 이유이다.

곧 정의가 없기 때문이다. 어떠한 사업을 전개해도 과정이 옳지 않으면 결과는 극과 극에 달한다. 혜택을 받은 가난한 사람 입장에서는 "있는 사람 것 조금 빼앗아 목숨을 연명했는데 좋은 일이 아닌가?" 라고 할 수 있고 "인권은 탄압되었지만 잘 먹고 잘 사는 나라 만들어 주었으면 됐지 누구나 할 수 있는 지도자가 아니야." 라고 주장할 수 있다. 다양성 평가가 요구되는 시대에서 가볍게 여겨서는 안될 것이 정의이다.

시대에 따라 생활양식은 변할 수 있지만 정의는 변할 수 없다. 그동안 우리는 결과중시의 문화에서 과정 중심의 사회로 전환되고 있다. 짧은 시기에 국민들의 의식주를 해결해 주고 싶었던 정치권과 경제계에서는 도덕성과 가치관보다 국가관이 우선이었을 것이다.
　나라와 국민을 위해 죽도록 일하는 것이 행복이고 즐거움 자체였을 것이다. 그러한 행복과 즐거움 속에서 개념조차 갖지 못한 행위와 소유에 대한 의혹을 벗어버리지 못한 것이 지금의 잣대로 평가받아 사회의 지탄대상이 되었다.
　최근에는 모 노조에서 취업알선, 대물림 취업 등등으로 지탄을 받아도 어떠한 해명 없이 조용히 있는 모양새와 정치권에서도 마찬가지로 친인척 취업 압력 등으로 곤혹을 치르고 있는데도 변명으로 일괄하고 있는 것은 자신들에게는 다른 도덕적 잣대를 가지고 있는 듯하다.
　사실 대한민국 국민 중에 정의를 외칠 수 있는 사람은 극히 일부에 지나지 않는다. 소위 양심을 부르짖는 사람에게는 양심이 없고, 정의를 외치는 사람은 정의를 욕보이며, 민주주의를 위해 투쟁한 사람은 민주정신이 부재한 사례를 수없이 경험했기 때문이다. 자신들이 주장하는 것은 스스로 자신들이 부족함을 대변하는 듯하다.
　또한 범위를 넘어서는 주장은 정의를 넘어서게 된다. 더구나 도를 넘은 주장은 자정능력을 상실하여 구성원으로부터 외면 받게 된다. 목적을 위해 구성된 단체에서도 마찬가지이다. 목적에 맞는 주장과 투쟁을 할 때 국민들의 지지를 받지만 지나친 과욕은 외면당하기 일쑤이다. 그들이 시작할 때는 약자였지만, 후에 강자로 부상하면 정의 위에 군림하여 무소불위의 권력을 갖게 된다. 내부의 비민주의적 행태가 사회에서 일어나고 있는 것보다 더하지는 않은지 한 번쯤 자정의 기회를 가져야 한다.
　최근에 모 노조의 임원이 "우리를 건들면 얼마나 혼이 나는지 알아야 한다."는 말에 그동안 지지했던 마음이 사라지고 말았다. 이와 같이 정의 위에 군림하는 조직이나 국가는 국민으로부터 외면당한다는 것을 경험과 체험으로 익히 숙지한 상태이다. 자신들이 비판했던 집단들이 행했던 것을 답습하는 모습에서 자성의 목소리는 들리지 않고 오직 자신들만이 정의롭다고 외치니 그들에 의해 정의 없는 사회로 떨어질까 노심초사한다.

무역전쟁 중에도 주 52시간 근무하는 한국

2019.06.30
정치인은 경제인을 독립시켜 줘야

요즘 뉴스를 읽거나 보다보면 답답한 마음이 가득하다. 한국을 따돌리려는 각 국가의 행태를 보면서 우리가 너무 안일한 생각을 하고 있으며, 특정세력에 의해 국가동력을 잃어가고 있지 않은지 걱정을 하지 않을 수 없게 된다. UAE 바라카 정비사업 단독수주 시 최대 15년간 3조원 규모의 계약을 맺을 수 있다고 기대했지만 결과는 허탈한 정도이다.

일본 정부가 국론분열이나 2차적 효과를 위해서인지 모르지만 한국에 대한 수출관리 운용 정책을 수정해 TV·스마트폰의 유기EL 디스플레이 부품으로 사용되는 플루오린 폴리이미드, 반도체 제조과정에서 '리지스트'와 에칭 가스 등의 품목 수출 규제를 한다고 한다.

이와 같이 보이지 않는 경제(무역) 전쟁 중인데도 우리는 경제가 잘 되어 가고 있다고 호언하며 곡간이 비어가는 줄 모르고 있다. 기업의 고충을 정부가 미리 알아서 처리해 주면서 일자리창출을 요구해야함에도 불구하고 정부정책과 외교력 부재로 기업들이 곤혹을 치르게 됐다.

미국과 중국의 화해무드로 중국에 수출하는 전자제품들이 잠시 숨을 돌릴 수 있는 시간을 확보했지만 완전 타결 시에는 저가의 중국제품으로 한국 전자제품들은 고전을 면치 못할 것이다. 더구나 중국은 반도체 육성을 위해 우리나라에 비해 형용할 수 없을 만큼 많은 인력을 양성하고 있는데 비해 우리나라 일부 대학에서는 기업에 종속되는 것을 우려하여 학생 선발조차 하지 않는다는 보도에 답답함을 금치 못했다.

왜 이리 안일하고 방만한 자세가 팽배해졌는가? 어디서부터 잘못되어 가고 있는지 해결책은 없고 무조건 자신들의 영역만 고수하려는 것 같아 울분을 금할 수 없다.

더구나 주 52시간 제도로 인하여 밤새도록 불이 켜져 있어야 할 연구소에 오후 5시면 불이 꺼진다고 한다. 세계 각 나라에서는 5G를 넘어서 6G 연구와 자율주행 등 최첨단기술을 개발하고 연구하고 있다. 우리는 마음 편하게 주 52시간을 잘 지키고 있다. 법을 어기면 관리자들이 처벌을 받게 되어 있어 이제 추월당하는 것은 시간문제이다.

태평세월이다. 8시간 근무하고 퇴근하여 여가와 자신의 재능을 연마하거나 취미활동하면서 나중에 다른 나라에서 기술 수입하다 사용하면 그만이고 로얄티 지불하면 된다고 생각하는가!

그동안 노동착취로 기업이 성장하고 일부 그릇된 기업가들의 행태가 지탄을 받고 있는 것도 사실이다. 범법자가 운영하는 기업, 가족이 운영하는 족벌기업이라고 비난을 받아도 우리가 해야 할 책무는 기업을 지탱하는 기술연구이다. 기술마저 다른 나라에 종속된다면 미래를 개척할 수가 없다.

최근에 발표된 특허자료에 의하면 중국의 화웨이가 삼성전자를 앞섰다고 한다. 특허가 기업의 규모를 대변하는 것은 아니지만 그만큼 그들은 인재양성으로 무역전쟁과 경제전쟁을 준비해 오고 있다. 이러한 전쟁속에서 우리는 강력한 주 52시간 제도를 고집하고 확대하려고 한다. 아마 실제 전쟁이 나도 전투중에 52시간을 주장할지 모르겠다.

정부와 정치권에서는 주 52시간 제도의 재검토가 필요하다. 국가전략과 최첨단 연구에 대해선 기업에 맡기고 연구원에 대한 인센티브를 강력히 보상하는 법안을 만들어 기업과 연구원 모두 국가동력이 되도록 동기를 부여해야 한다.

앉아서 당하지 말고 남들이 뛸 때 우리는 다시 날아야 한다. 최첨단 제품의 국산화율이 100% 가 되기 전까지는 국민 모두가 독려를 해 줘야 한다. 국민이 준 작은 권력으로 국가동력을 상실하게 한다면 역사의 죄인뿐만 아니라 경제전쟁의 패자로 기록될 것이다.

경솔한 일본이 준 교훈

2019.07.02
독립된 기술이 없으면 속국 돼

일본의 경제전쟁 선포로 일본과 한국의 매스컴에서 아베에 대한 비판적 기고와 기사가 넘쳤다. 일본에서야 준비된 선전포고지만 한국과 우방에서는 설마설마했었다. 결과는 멋지게 뒤통수 맞았고 역시 일본이라는 극일 사상을 극명하게 새겨주었다.

일부 매체에서는 반일감정과 일본제품 불매를 유도하고 있지만 정부의 안정적인 태도에 찬사를 보내고 싶다. 반일·반한 감정은 양국에게 필요 이상의 에너지를 소모하게 만든다. 우리가 더 포용력 있게 대처하는 모습에서 국민들도, 기업들도 안정적으로 본연의 업무에 몰두할 수 있다.

야단법석 떨면서 항의해 봐야 아베에게 유리한 조건만 만들어 준다. 차분히 대처하면서 우리의 기술독립에 대한 방향성을 잡고 노력해야 한다. 홍남기 경제부총리와 삼성전자 임원과의 긴급 회동을 통해 정부와 기업 간의 그동안 벽을 허무는 계기가 되는 것 같아 모처럼 정부의 역할을 보는 듯하다.

일부 단체의 반기업정서에 의해 적폐대상으로 삼았던 기업인들이 일본의 사태로 인해 한국사회에 얼마나 큰 기여를 하고 있는지 반증해 주는 효과도 톡톡히 보고 있다. 일부에서는 삼성을 해외로 이전하라고 타도 삼성이었지만 지금은 한국경제의 버팀목이 되어 주고 있음을 보여 줌으로서 반기업정서가 줄어드는 듯하다.

 정부에서도 최첨단기술의 중요성을 인지하고 대책마련과 예산확보를 통해 기업인들을 독려하고 기술개발을 통해 경제독립을 추진하려는 어른스러운 대응태도에 신뢰가 간다.

 우리가 이기는 방법은 일본의 기술 없이 독자적인 기술과 시설을 확보하는 것이다. 금속활자, 한글창제, 반도체 등 외국에서 따라올 수 없는 능력을 가진 우리민족이기에 짧은 기간에 일본으로부터의 기술해방이 되리라고 믿는다.

 정부도 이번 사태와 같은 일이 반복되지 않도록 교훈을 삼아야한다. 필자가 전에 기고한 주적이라는 글이 있는데 새삼 그 글이 떠오른다. 군사적인 주적뿐만 아니라 경제적 주적이 얼마나 무섭고 국가경제 자체를 흔드는지 국민이나 정치권에서는 제대로 인지해야 한다. 오직 특정한 국가만이 적이 아니라 한국을 주시하고 먹잇감으로 삼는 나라가 한 둘이 아니다.

 특히 일본은 한국을 그동안 기술식민지로 간주했었다. 일본 아니면 한국의 산업은 사상누각과 같다는 우월감에 도취하고 있을 때 우리 기업들은 미래를 준비해 왔다. 그로인해 일본이 위기감에 한국을 경계대상으로 삼고 있는 것 같다. 한일 분쟁도 있겠지만 이번 일을 계기로 지역이기주의와 님비사상으로 공장건설을 반대하여 국가경제에 막대한 지장을 초래하는 일이 없었으면 한다. 기업도 유해물질이 발생되는 사업에 대해서는 지역주민의 생활을 보장하고 지역경제를 살리는 친기업으로 거듭나야 한다.

 지금 와서 서로 잘못을 나열하고 비판하는 것이 바로 일본이 원하는 것이다. 기업을 무시하고 자신들이 좌지우지 할 수 있다고 여겼던 정치권의 혹독한 반성이 요구된다. 국민이 먹고사는 것이 얼마나 무서운지 일본이 준 교훈으로 뼈저리게 느껴야 한다.

 또한 200대 소재·부품 핵심기술 중 한국이 가진 것이 없다는 사실에 그동안 정부에서 한 일이 무엇인지 기가 막히지만 사건이 터져야 대책을 세우는 정부가 아니라 기업들의 고언을 듣고 미래를 대비하는 정부를 기대해본다. 일본이 도발한 이번 경제전쟁으로 국민이 단결되고 기술개발투자, 기업들의 국내기술인정, 상호협력강화 등 얻는 것이 더 많아 한편으로 다행스럽단 생각도 가져본다. 그동안 경제에 대해서 내성을 갖지 못한 정부에게 정신을 바짝 차리게 해 준 것도 무시할 수 없을 것이다. 이번 차에 성장주도의 경제와 생산적인 투자가 얼마나 중요한지 정치인들의 사고전환에도 기여했으면 한다.

 지금처럼 차분하게 투자와 기술독립으로 웅비하는 한국을 재건설해 나가는 계기가 되고 기업과 국민간의 거리가 더 좁혀지는 전환점을 만들어 준 일본의 경솔한 행동에서 더 많은 교훈을 얻어 보자.

한국인의 이중성

2019.07.03
냄비 같은 얕은 근성 버려야

　우리가 근대화에 매진한 1980년 전까지만 해도 어떠한 제품을 구입하면 '일제야, 미제야' 할 정도로 국산품의 성능이나 제품구성이 형편없었다. 공작기계부터 흔히 사용하는 칼까지 일제를 선호할 정도로 일본제품이 매우 우수했다. 한국에서 어렵게 개발하여 생산한 제품을 홍보해도 쳐다보지 않았고, 대기업에서도 국산을 믿을 수 없어 아예 신뢰하지 않았다. 오직 일본제품만 갈수록 선호하였다.
　사실 필자도 나사 하나를 쓰더라도 일제를 사용했던 그 시절의 아픈 기억이 생생하게 상기된다. 국산 드라이버를 몇 번 사용하면 날이 뭉개져 잘 사용되지 않았던 기억도 있고, 나사를 몇 번 돌리면 머리 부분이 둥그렇게 뭉개진 것을 보고 국산에 대한 실망을 토로하기도 했다.
　일본보다 철강생산도 부족하고 철강의 질도 떨어져 당연한 일이었지만, 이렇게 한번 숙지된 기술자들은 쉽게 제품을 바꾸려고 하지 않아 결국에는 일제선호사상이 몸에 베이게 됐다. 더욱이 일본은 기초과학을 체계적으로 육성한 반면 우리나라는 점수가 낮아서 가는 학과로 낙인 찍혀 우수한 학생들이 기피하고 졸업해도 일자리가 보장되지 않는 학과로 인식되다보니 각 대학의 입시성적에서 대부분 하위권에 속해 있는 학생들이 진학하였다.

이러한 현상은 정치권에서도 마찬가지이다. 대부분 판사, 검사, 의사 등 최고의 코스를 거친 사람들이 주를 이루고 있다. 각 부처의 전문성을 배제한 채 장관들도 해당부서와 관련 없는 전공자들이 많아 기술개발의 중요성을 인지하기도 전에 임기를 마치는 경우도 허다했다.

다행히 한국기술의 독립을 위해 자신의 재산을 모두 투자하고 성공한 사례가 늘면서 일정 부분에서 일본기술에 준하거나 앞서는 기업과 제품들이 생산되어 희망적인 기대를 갖게 된다.

사실 필자가 대학원 재학시절 암석을 실험할 때 화학약품 중 대부분 일본제품이었다. 한국 화학제품은 일본제품이 비해 질이 떨어지는 관계로 기피대상이 되었다. 그때는 연구하고 논문쓰기 바쁜 시기라 왜 일본제품이 더 좋은지에 대해서 생각조차 하지 못했다.

이제 와서 생각하건데 일본화학제품이 우수한 이유가 많겠지만 가장 단편적인 것은 우리 지역에서 생산을 반대하는 제품들이 일본에서 생산되고 있다는 것이다. 반면에 한국은 님비현상으로 공장 설립까지 불가능한 환경청정주의가 팽배해 있다. 지방자치단체장부터 위험한 화학제품과 유사한 생산 기업과 공장을 발벗고 나서서 반대하니 고순도 물질을 연구할 수도 없고 생산도 할 수 없는 지경이 아닌가 싶다.

우리스스로의 발목을 잡은 우리가 일본을 질타하기 전에 우리들의 반성도 있어야 일본경제전쟁에서 승리할 수 있다. 뼈저린 아픔은 일본을 비판하면서 일본 맥주, 일본 상품, 일본차 구매와 방송에서 일본먹거리 소개 등을 보면 한국인들의 이중성을 비판하지 않을 수 없다. 꼭 어떤 사건이 발생하면 불매운동을 전개하는 것도 보기 흉하다. 평소에 극일사상이 아니라도 우리경제 활성화를 위해 국산을 애용했더라면 이중적 행태를 보이지 않았을 것이다.

경제뿐만 아니다. 민주화운동 시절 반미와 반일을 주장하던 일부 인사들은 자기 자식들을 미국이나 일본으로 유학을 보내기도 했고, 특목고를 반대하는 자들의 자식들은 특목고를 졸업시킨 이율배적인 정치인과 교육자들이 수두룩하다. 이러한 이중성을 가진 자들에게 우리의 정치와 교육을 맡겼으니 그 결과 지금과 같은 사태를 몰고 왔음을 부정할 수 없다.

잘난 사람들 목소리 좀 내 보소

2019.07.05
능력이 없으면 조용이라도 해야

　저자세 외교, 자존심 없는 외교 등으로 폄하된 보수진영 정권이 왜 그리 미국이나 일본을 눈치보고 가능한 한 외교로 문제를 해결하려고 했는지 새삼 느끼게 됐다.
　필자도 우리 힘으로 국방과 경제를 유지할 수 있을 거란 자신감이 있었지만 이번 일본사건과 미국의 압박을 보고 사고의 전환이 생기게 됐다. 그동안 필자를 포함한 자주를 추구했던 사람들은 비싼 수업료를 내었다.
　기술의 허약성과 체질이 부실한 경제구조에서 우리가 할 수 있는 것은 거의 없었다. 경제의 한 축이 무너지는 상황에서 대통령과 온 국민이 치를 떨며 치욕적인 해결을 위해 노심초사했던 모습에서 비애를 느끼곤 했다.
　정말 한국은 세계 속의 작은 나라였다. 선뜻 나서서 우리의 호소를 들어주고 지지해 주는 나라가 보이지 않는다. 세계무역 12위, 올림픽 강국 등 한국의 위상이 드높아지는 기분에 만끽하여 현실에 안주하며 미래를 준비하지 못한 상황이 아니었나 반성을 해 본다.
　죄지은 놈이 더 많이 죄지은 놈을 척결하는 동안 우리는 잃을 것을 너무 많이 잃었고 국민의 자존심은 바닥으로 내려앉았다. 대통령으로부터 국민들이 듣고 싶어 하는 속 시원한 말 대신 경제인들이 잘 해결할 수 있도록 협조해 달라는 피눈물나는 하소연뿐이었다. 대통령으로 이 말을 하기 까지 얼마나 힘들었을까? 지지하던 지지하지 않던 간에 우리국가의 대통령으로서 할 수 있는 결단은 인내와 와신상담이었다.
 미군철수 하라는 일부 인사들, 수출드라이브 정책이 아니어도 경제성장이 가능하다는 정치인들, 미국과 일본을 멀리하고 중국과 가까이 하려던 인사들 모두 국가와 경제에 도움이 되지 않는 부류로 각인될지도 모르겠다.
 이렇게 상황이 급변하는데 너무 안이하고 조용하다. 중국의 사드가 발생할 때 서로 중국을 방문하겠다고 법석을 떨더니 지금은 조용해도 너무 조용하여 존재감을 찾을 수가 없다. 얼마나 답답하면 피해 당사자인 삼성전자 이재용 회장이 일본으로 급히 갔을까. 대통령과 경제인 모임에도 불참할 정도로 사태가 긴박하게 돌아가고 일본의 한국 때리기는 도를 넘고 있다.
 오히려 자신의 기업이 입을 피해보다 한일 양국관계가 더 악화될 것이 염려된다는 젊은 경영인의 고뇌에 미안한 마음이 가득했다. 국가가 어떻게 되든 자신의 기업만 잘 되면 상관없다는 이들이 즐비한 가운데 내 기업보다 나라를 먼저 걱정하는 그를 '과연 한 그룹의 총수이다.'라고 인정해 주고 싶다.
 과거정부와 현정부에 큰소리를 치던 분들, 일본과 미국에 국민들이 속 풀리게 큰소리 한 번 쳐주세요. 일본제품, 미국제품 불매하자고 거국적으로 나서 주세요. 광화문을 번갈이 가면서 데모하신 분들, 같이 동참하여 '일본과 미국으로부터 내정간섭 받지 않게 합시다.' 라고 한 목소리 내어주세요.
 이제 우리 한국호가 더 이상 갈 곳을 잃고 방황하면 안된다. 이번 위기를 독하게 해결해야 세계 속의 동네북이 되지 않는다. 사드가 발생했을 때 강하게 대응했어야 했는데 박근혜 정부 척결에 너무 몰두하다보니 대응다운 대응을 못한 것이 일본에까지 빌미를 준 것 같다.

 외교는 실리다. 비굴한 것이 아니라 적게 주고 많이 얻는 것이다. 이러한 명제를 정부에서 실리를 추구했는지 아니면 독불장군식으로 자신이 있어 실리보다 명분을 먼저 챙겼는지 모르지만 우리의 힘을 상호 비방하는데 낭비하지 말고 한 곳으로 모아보자.

한국을 왜 두려워 하는가

2019.07.11
단결된 한국은 누구도 못 막아

나이 지긋한 중년들은 청소년기에 미국과 일본을 선진국으로 갈망했었다. 미국에 비해 기술이 30년, 일본에는 20년이 뒤졌다는 비관적이면서 자조적인 이야기를 흔히 했다. 아마 6.25사변으로 인해 국가재건을 할 때라 작은 물건 하나에도 "역시 국산하고는 차이가 있어." 라고 우수성을 스스로 인정해 주었다.

국가를 재건하기 위해 정부는 오직 교육만이 살길이라며 '공부 공부' 에 집중하도록 하여 우수한 인재양성에 노력했다. 이와 관련 유쾌한 이야기가 떠도는데, 미국으로 유학을 간 한국 학생이 수업시간에 졸면서 집중하지 않자 담당 교수는 그 학생에게 수치심을 주기 위해 질문을 했다고 한다. 그 학생은 교수의 질문에 완벽하게 대답하여 교수를 당혹하게 만들었고, 그 교수는 "이렇게 우수한데 왜 유학을 왔느냐?" 라고 물어볼 정도로 당시의 유학생들은 한국을 대표하는 수재들이었다.

그 수재들이 미제와 일제를 조금씩 우리생활에서 밀어내게 해 주었고 세계를 주름잡는 기술력과 창의력을 발휘하게 됐다. 당시 한국식 교육이 아닌 지금처럼 철학부재, 미래부재의 교육을 행했더라면 한국을 이끌어갈 인재를 양성하지 못했을 것이다.

더불어 재정도 부족한 과거 정부에서는 선진기술육성이라는 목표아래 기술인 양성에 최우선으로 노력했다. 전국에 우수한 공업고등학교를 신설하고 역군양성에 기여한 결과 국제 기능올림픽을 재패하는 기술한국을 이끌어 냈다. 이는 스포츠에서의 금메달과는 너무나 큰 차이가 있었다. 정부에서 조금 더 기술인으로 인정하고 양성했더라면 더 우수한 인력들이 사장되지 않았을 것이다.

그 후 국제올림피아에 출전하여 한국 청소년들의 우수성을 세계에 알렸다. 수학, 과학 등 미래의 인재를 가름하는 대회여서 각 국가에서는 최고 우수한 인재를 출전시켜 국제적 관심을 사고 있다. 우리나라에서도 국제올림피아드에서 입상했다고 하면 미래가 보장될 정도로 각 학교에서 자랑거리로 삼았다. 불행하게도 이렇게 과학에 소질이 많은 학생들이 과학 분야보다는 의대나 안정적인 학과로 진학을 하여 미래 기술에 암울한 면도 보여주고 있다.

미국이나 중국의 한 주나 하나의 성에 불과한 한국이 세계 10대 무역국가로 발전하는 동기는 교육에 있었다. 창의력은 물론이고 남들보다 뛰어나야한다는 민족성이 어느 국가보다 강했다. 목적을 향해 물불을 가리지 않고 자신의 몸을 돌보지 않고 연구하는 한국인의 끈기 그 자체가 미국, 일본, 중국을 두렵게 만들어 놓았다.

일부에서는 우리의 민족성을 폄하하기 위해 모래알 같은 민족이라고 했지만 과연 우리 민족이 모래알이었는지 식민사관을 가진 자들에 의해 우리 스스로 민족성을 저하시킨 면도 있다. 국난일 때 무섭게 단결하는 우리 국민들의 모습을 상기해 봐라. IMF나 일본의 경제전쟁 때 하나 되는 우리 민족의 아름다운 애국심을 어느 국가에서 볼 수 있는지 자각도 필요하다.

다시 말하건데, 우리 민족의 우수한 두뇌, 창의력, 단결력이 세계를 두렵게 한 요인이다. "한 번 목표를 세우면 반드시 성공해야 한다."는 그 끈기가 오늘의 한국을 만들었으며, 특히 교육, 스포츠, 경제 등 각 분야에서 세계적으로 부러움을 사고 있다. 나라가 어려워도 오직 정권에 몰두하는 정치인만 비판의 대상이 되고 있을 뿐이다.

 경제와 교육에 전혀 도움이 되지 못하는 정치인들이 각 분야에 끼어들어 도태되는 사태를 막아야 한다. 다른 나라에 흔들리지 않는 탄탄한 국가가 되기 위해서는 교육은 교육 현장에서, 경제는 경제계에서 자율적으로 자신들의 영역을 넓혀 가도록 가만히 두어야 한국호가 다시 우뚝 설 것이다.

얼마나 못났으면 우리끼리 싸우는가

2019.07.25
다른 나라들이 원하는 짓만 골라서 해

내가 지지할 후보가 없을 경우 대부분 차선책으로 능력이 가장 뛰어난 후보를 지지하지만 그마저도 마땅치 않을 때에는 그 중 가장 덜 미운 후보를 찍기도 한다. 대부분 내가 지지한 후보가 대통령 선거에서 당선이 되면 무슨 일을 하건 우호적으로 바라보지만 극열히 반대했던 후보가 당선이 되면 그 후보가 무엇을 해도 부정적인 견해를 갖는다.

지금 온 나라가 혼란스러운 상황인데도 일부 중앙매체가 한국의 입장 대신 정부를 비방하는 듯하면서 일본의 견해를 우호적으로 보도하여 국민의 울분을 사고 있다. 아무리 대통령이나 정부가 미워도 이것은 아니다.

총칼만 안 들었지 죽고 사는 전쟁과 같다. 이러한 시국에 일본이 원하는 경향의 보도는 한국 신문매체인지 일본 극우세력의 매체인지 도대체 이해가 되지 않는다. 이름만 되면 알만한 한 경제학자와 그를 추종하는 사람들이 일본의 혼을 담은 듯한 언행으로 한국 사람인지 일본의 극우세력인지 구분이 가지 않는다. 얼마나 미우면 매국이라는 비판을 들으면서까지 정부를 비판하고 일본을 옹호하는지 국민의 한 사람으로서 분노를 토한다.

일본 사람이라고 다 반한감정을 갖지 않는다. 임진왜란 때 조선을 도운 일본 장수나 박정희 정권시절 한국 근대화에 일조한 주한대사 등등 친한파 인사들도 많이 있다. 더욱이 한국문화를 사랑하는 일본인, 한국사람과 결혼하여 생활하고 있는 일본인 등 우호적인 관계를 갖고 양국의 민간외교를 돈독히 하는 이들도 있다. 독도문제가 돌출될 때마다 한국편에서 학술적으로 제시해 주는 세종대학교 호사카 유지 교수도 있다.

일본의 무례한 외교와 경제전쟁에 당혹해 하고 있는 지금 우방이라고 하는 미국이나 서구 여러 나라에서 방관의 자세만 취하고 있다. 이러한 때일수록 우리가 하나 되는 모습을 보여야 일본도 주춤할 것이다. 한국의 매국매체의 기사를 악용하고 있는 아베정권이 이번 선거에서 반타작을 하여 앞으로 어떻게 경동할지 예측할 수가 없다.

우리도 아베의 무리수를 일본매체에서 비판하면 그 매체를 매우 우호적으로 대하는데 역으로 일부 한국매체가 아베의 입장이나 일본의 정당성을 대신해 주니 고마운 일이 될 것이다. 이러한 혼란에도 북한은 일본 때리기에 열을 올렸다. 육두문자를 사용해가며 일본이 섬뜩할 정도의 언어로 최고의 비판을 하여 그래도 같은 민족이라는 일말의 양심을 보여주었다.

그동안 주적이 북한이라고 그렇게 주장했어도 한국이 어려운 국면에 처하자 일본을 대변하지 않고 일본을 극명하게 비판해 준 북한의 행동을 못 따라 가더라도 가만히 있으면 중간이라도 갈 것이다. 더 이상 민족혼을 팔지 말자. 고난을 현명하게 극복할 수 있도록 격려와 희망을 주는 매체가 되어야 한다.

언론이 정부, 정치인, 공무원의 비리를 밝혀 청렴할 수 있도록 만들고, 복지부동과 정책부재를 비판하여 건전한 국가건설에 동참하면 그동안 잃어버린 신뢰를 회복할 수 있을 것이다. 국민이 얻어맞고 있는데

구경하고 있는 경찰, 공권력보다 더 세 보이는 노조, 미래 산업의 부재, 국회의원 특권 남발 등 비판의 소재는 널려 있다. 중앙일간지가 비판한 것들만 개선되어도 한국은 조기에 정치·문화·경제·복지선진국이 될 것이다. 정권을 비호하는 언론이 아니라 창간의 이념으로 돌아가자. 정치권도 창당의 정신으로 돌아가자. 얼마나 못나면 정치권은 정치권대로, 언론은 언론대로 우리끼리 싸워야 하는가!

까불다 맞는다

2019.08.03
미운 짓도 수준이 있어야

부모형제와 선배에게 좀 심한 장난을 하거나 말대꾸할 때 '까불면 죽는다.', '까불다 맞는다' 라는 말들을 한두번씩 들어봤을 것이다. 자신이든 옆에 있었던 친구든 간에 좀 심하다 싶을 때 하는 보복의 경고조치였다.

일본이 요즘 너무 나대고 있다. 소위 너무 까분다고 하는 것이 더 맞는 표현일 것이다. 아베와 트럼프가 친분을 과시하면서 동네 병정놀이 하는 듯하다. 힘 있는 녀석에게 빌붙어 위세를 부리는 모양새라 더욱 더 꼴사납다.

한 나라의 대통령을 무시하듯 거만하고 오만한 태도로 우리국민의 울분을 샀던 아베가 오늘은 한민족에게 치욕을 안겼다. 경제력과 기술력을 바탕으로 기고만장하고 있는 아베는 브레이크가 없는 고장 난 자동차와 같다.

오직 자국의 헌법 개정을 위해 한민족 간 이간질로 재미를 톡톡히 보려하고 있다. 이들 놀이에 속없는 여당 쪽의 총선에 현 시국이 투표에 유리할 것이라는 보고서가 나돌아 국민들은 또 다시 믿을 언덕을 잃어버렸다. 일본보다 더 알미운 행태로 비판을 받아도 책임질 사람 없이 그냥 지나가는 것을 보면 너무나 철면피요 무책임한 여당으로 생각된다. 일부 야당인사도 일본의 억지주장을 대변하는 사례에서도 책임을 묻지 않는 것을 보면 '그놈이 그놈이다.' 라는 글귀가 저절로 상기되며 어찌 저런 인물들이 공직자고 국회의원인지 도저히 이해가 되지 않는다.

더구나 긴박한 추경에서 술 먹고 의정활동을 하는 야당의원이나 추경이 통과됐다고 안심하는 여당의원이나 모두 한 통속이다. 그들의 추한 행동에서 국가와 국민은 어떻게 되던 상관없이 국민을 기망하는 것으로 보여 어떤 대책을 내어 놓아도 신뢰가 가지 않는다.

최근 일본의 이러한 추태에 필자가 거주하고 있는 지역의 한 초등학교 학생들이 일본 상품 불매운동을 전개하는 기사를 봤다. 코흘리개 아이들도 나라 걱정에 나서고 있는 시국에 정치한다는 사람들의 그릇된 사고와 행동은 국가의 청사진을 어둡게 한다.

이젠 정치에 기대고 안주할 수 없다. 우리가 믿을 건 경제뿐이다. 그동안 무참하게 비난과 비판을 했어도 그래도 정치꾼들보다 낫고 경제를 살려 국민들에게 배고픔을 주지 않으려고 하는 기업인들이 훨씬 훌륭해 보인다.

비상체재에 돌입한 기업들은 살얼음판을 걷는 심정일 것이다. 일본으로부터 물량확보는 한계가 있다. 그들이 노리고 있는 것은 언제나 자신들의 아래에 두려는 야욕과 한국의 미래 먹거리를 빼앗으려는 야비한 술책이다.

우리는 강한 자에게 강한 민족이다. 길어야 1년이다. 1년 안에 피눈물로 기술독립을 시켜보자. 정부도 추경이나 예산 증액도 좋지만 대기업들이 중소기업과 공동연구를 할 수 있는 환경을 조성해 줘야한다. 우선 일본의 화이트국가 제외로 시급한 품목에 대해서 중소기업에 투자한 만큼 법인세를 감면해 주는 제도를 한시적으로 도입하면 좋겠다.

또한 중소기업에 투자한 것은 주식으로 전환하고 클러스터를 조성하여 짧은 기간에 효과를 극대화시키도록 정책전환이 요구된다. 이러한 것이 시행되면 많은 연구자와 전문가들의 재취업내지 일자리 창출까지 유도할 수 있다. 이왕이면 예산도 대폭 늘려 기업들이 정말 신바람 나게 극일할 수 있도록 해 주자. 순간적인 모멸은 얼굴 한 번 붉히면 된다. 얼마나 좋은 기회인가. 대기업과 중소기업이 서로 상생하는 모습과 독립기술 대한민국 말이다. 1년 후 일본이 그동안 까불었던 행동들이 얼마나 부질없었던 짓인지 한국인의 저력이 기대된다. 그리고 "까불면 맞는다." 는 우리의 속담을 일본에게 제대로 보여주자.

임종호 박사의 「공간의 수필」
'낮은 곳에서 봐야 산이 높아 보인다네'

제 4 부
살맛나는 세상을 위해

독불장군은 한시적이다

2016.09.12
민주를 외친 사람이 더 근대적

　한국 역대 대통령의 삶을 조명해 보면 모두가 조국을 위해 자신을 승화했다고 자부하는 것 같다. 박정희 대통령은 근대화, 김대중 대통령은 민주화, 노무현 대통령은 평등사회, 이명박 대통령은 경제화 등 측근이나 일부 평론가들은 이렇게 말하곤 한다.
　그러나 정적의 입장에서는 평가는 극명하게 반대를 향해 가고 있다. 이와 같은 평가는 당쟁정치에 기반을 두고 있는 우리나라 정치의 후진성을 보여주는 단면이기도 하다. 대통령 임기는 한정되어 있어 임기동안 무리한 정치놀이에 국민들은 고통에서 벗어날 수 없었다.
　조선시대 정점을 찍은 당쟁이 오늘날까지 이어져 오고 있다는 것은 참으로 통탄할 일이다. 대한민국이 출범한지 100년도 되지 않은 시기에 정당의 명칭 변경이나 정당의 통폐합이 부끄러울 정도로 많았다. 나름대로 이유가 있겠지만 정치의 철학과 뿌리가 국민으로부터 나온 것이 아니라 대통령 병에 걸린 사람 중심으로 정당이 창당되었기 때문일 것이다.
　현재의 정치인들 중에 입당한 당명을 가지고 정치를 하는 사람은 극소수일 것이다. 해체되었다가 다시 모이는 식의 정당은 줄을 잘 선 정치인들에게만 혜택이 돌아가고 많은 국민들을 정치로부터 멀어지게 하여 정치인을 혐오하는 사회로 만들었다.
 이러한 것은 정치인들만의 문제가 아니다. 임명직도 마찬가지이다. 전임자들이 심사숙고하여 만든 정책이나 행정이 새로 임명된 자에 의해 무자비하게 폐기되고 새로운 정책을 내어 놓아 혼란의 시기를 맞게 한다.
 전임자들의 훌륭한 정책이나 행정을 계승하면서 자신의 리더십을 보여주면 더 효율적인 성과가 산출됨에도 불구하고 독불장군 식으로 밀어붙이기가 마치 일부 정치인들과 같다는 불평불만의 소리가 곳곳에서 들린다.
 스스로 소통을 주장하고 민주적인 절차를 주장했음에도 불구하고 자신이 수장에 올라가면 언제 그랬냐는 듯 자기만 옳다는 듯이 명령을 하달하고, 따라오라는 식으로는 진정한 리더가 되기 어렵다.
 본인도 임기가 끝나면 자신이 입안한 정책이 전임자가 당한 것처럼 폐기될 수도 있고 그들에 의해 희생양이 될 수 있어 반복되는 낭비성 행정이 되곤 한다.
 자신이 최고이고 나보다 잘난 사람 없다는 안하무인의 수장은 현대사회에 필요한 인재가 아니다. 한 사람의 영웅보다 집단 지성이 강조되는 시대에 다수의 공론을 통해 많은 사람들이 수용할 수 있는 정책을 펼칠 때 모두가 참여하여 그 정책이 올바르게 정착될 수 있을 것이다.
 짧은 임기 동안에 자신이 폐기한 정책들이 그동안 전임자들이 쌓은 피와 땀이라는 것을 알아야 한다. 자신의 임기 동안에 무리한 공적을 남기려 하지 말자. 이제는 몇 사람에 의해 조직이 좌지우지되는 세상은 지났다. 보편성과 타당성을 필요로 하는 때에 자신의 치적을 쌓기 위한 정책으로 수많은 사람들이 피해를 봐서는 안 된다.

민주주의를 표방하고 주장했던 자들이 민주적인 절차를 무시하고 나만 옳다는 듯 독단적 정책과 행정으로 다수가 피해보는 행위는 국민뿐만 아니라 자기 자신을 부정하는 것임을 잊지 말아야 할 것이다.

변하는 지덕체

2017.04.14
덕이 요구되는 교육

　어느 사회에서든 필요로 하는 인재양성을 위한 목표가 있다. 필자가 초등학교 때만 해도 동네에 한자를 아시는 분이 그리 많지 않아 지식이 있는 분들이 동네에서 경제력을 떠나 존경받았다. 한 고을에서 대학을 나온 사람도 극히 드물었고 고등학교만 나와도 존경을 받던 시기였다.
　학교에서는 가정환경을 조사할 때 부모님의 학력기재는 필수였는데 거의 초등학교 졸업 내지 무학력자들이 대부분이었다. 그런 시대이니만큼 학식이 있는 사람들은 사회나 지역에서 존경을 받지 않을 수 없었다.
　이러한 문화가 필자의 고등학교시절까지 연속되다가 1980년부터는 점점 파괴되어 학력의 인플레이션이 일어나 어느 대학 출신인가가 중요하게 되었다. 짧은 기간에 수많은 대학들이 생겨났고 경제성장으로 대학을 보낼 수 있는 여건이 되자 지식인보다는 전문성을 가진 인재를 필요로 하게 되었다. 그래서 법대, 의대, 약대가 인기가 있었고 고도의 산업화가 되자 공대출신들이 인기를 얻는 사회로 전환되었다.
　우리나라가 개발도상국에서 중진국으로 진입을 하자 올림픽과 프로체육에 대한 관심이 많아졌다. 올림픽을 비롯하여 세계대회에서 국가의 위상을 세우자 체육에 대한 국가정책도 강화되었다. 대입시험에도 체력장이 도입되었고 체육특기로 대학에 입학하는 특혜도 생기게 되었다.

한명의 프로선수가 영세한 중소기업보다 수입이 많은 그야말로 움직이는 기업이 되는 세상이 되었다. 최근에는 체육의 범위를 넘어서 연예분야로 개방되어 어떤 연예인은 직장인이 평생 벌어야 할 수입을 하나의 광고모델로 얻기도 한다.

이처럼 시대에 따라 사회가 원하는 인적 자원은 변하게 마련이다. 문맹국으로 허덕일 때에는 학력이 필요하였고, 문맹국을 벗어나자 전문직이, 선진국의 문턱에 가까워지자 더 열린사회의 모습을 요구하였다.

그러나 짧은 기간에 많은 변화가 일자 도덕성과 정체성의 혼란을 겪게 되었다. 오직 성공만 하면 된다는 목적아래 무리한 방법이 동원되었다. 그 과정에서 불미스러운 일들이 발생되어 많은 지식인과 전문가들이 영어의 세계로 이격되는 사례가 빈번하게 일어났다.

작금에 와서 보면 사회순환의 과정에서 발생할 수 있는 부작용으로 치부할 수도 있지만 우리는 무조건 크게 성공해야 한다는 강박 관념에 휩싸여 인간성을 잃고 결과에만 치중한 듯하다.

지금까지 지식과 경제에 치중하였다면 이제는 공동체를 돌아볼 줄 아는 마음이 열린사회가 되어야 할 때이다.

지와 체가 중요한 시대가 아니라 사람과 사람의 마음을 공유할 수 있는 덕이 가장 우선시되는 시대 말이다. 덕은 아무리 넘쳐도 과하지 않다. 덕이 있는 곳은 언제나 균등과 평등의 사회가 존재한다. 덕을 바탕으로 지와 체를 쌓아간다면 요즘처럼 혼동의 시대에 덕으로 인해 사회 곳곳의 문제가 저절로 해결되는 바람직한 시대가 올 것으로 확신한다.

출산장려 말로 되겠는지

2017.05.19
국민 마음에 와 닿는 정책을

    지금 50대 이상의 성인들은 5명 내외의 형제자매를 가진 경우가 많다. 어린 시절 한 방에 몇 명의 형제나 자매가 한 이불 덮고 성장하면서 우애도 남달랐다. 맏이의 말이 곧 부모님의 말처럼 위계질서 또한 자연스럽게 형성되었다.
  손위 사람에게 대들거나 말대꾸하여 혼이 나도 부모님들은 형이나 누나한테 대든다고 도리어 혼내기 일쑤였다. 그렇게 손위를 인정해 주었다. 지금은 손위보다 성적이나 능력이 우수한 자식을 더 자식으로 인정해주는 야속한 세상이 되었다.
  1970년부터 한 가정에 '아들 딸 구별 말고 둘만 낳아 잘 키우자.' 는 대국민 계몽운동과 핵가족의 확산으로 두 명 이하의 자녀를 둔 가정이 늘어나게 되었다. 어느 가정은 한 명을 낳기도 하고 아예 자식을 낳지 않는 가정도 있거니와 아예 결혼을 하지 않는 사례도 늘어나고 있다. 미래를 예측하지 못한 비극이었다.
  이는 과도한 사교육과 불안전한 고용문제로 인해 낳고 싶어도 낳지 못하는 사회문제와 부부간의 즐기는 삶을 추구하다보니 출산에 소극적이 되었다. 그리고 우리 부모들은 자식을 낳아도 투자라는 생각조차 하지 않았지만 지금의 부모들은 투자란 말을 자식들에게 너무 가볍게 사용하는 것으로 보아 우리네 부모와 작금의 부모들이 생각하는 자식관도 변해버린 듯 하다.

 인구가 줄어 국가 시스템이 제 기능을 다하지 못하는 시대로 도래하는 것은 아닌지 전문가들은 인구감소에 민감한 반응을 보이고 있다. 또한 각 가정에 하나 더 낳기 운동본부가 생기고 각 지방자치단체에서 출산에 대한 후원을 해도 호응을 얻지 못하고 있는 실정이다. 결국 자식 낳기를 장려하는 그동안의 정책이 출산을 위한 근본적인 해결책이 못 되었다.

 필자는 출산장려를 위해 국가와 기업, 대학이 적극적으로 동참해야 가능하다고 본다. 국가에서는 세 자녀 이상 자녀를 둔 가정에게는 두 자녀를 제외한 모든 자녀에 대해 대학까지 무상교육을 받도록 해주어야 한다. 각 가정에서는 늘어난 자녀에 대한 교육비가 들지 않아야 출산을 한 번쯤 고려해 볼 것이다.

 그 다음으로는 세 자녀 이상을 둔 직장인에게는 정년을 보장해 주는 것이다. 고용불안을 해소하여 자녀 때문에 안정적으로 직장을 다닐 수 있다는 행복감을 심어준다면 출산장려가 점진적으로 확산될 수 있을 것이다.

 다자녀 직장인에 대한 기업의 장려책을 법으로 제도화하고 고용에 적극 동참하는 기업에게는 법인세와 기타 인센티브를 제공한다면 경쟁적으로 제도를 도입할 것이다.

 인구과잉이라고 호들갑스럽게 저출산을 독려한 근시안적 정책을 펴더니 지금은 더 낳자고 대대적인 홍보를 하고 있는 행정을 볼 때 우리는 얼마나 미래를 예측하지 못하고 있는가 안타까움을 금할 수 없다. 국가의 구성 요소 중 국민, 특히 인구는 언제나 유동되는 요소이다. 저출산, 고령화 문제가 사회문제로 대두되고 있는 시점에 국가, 기업 등이 획기적인 정책을 적극적으로 펼쳐야 그나마 국민의 정서를 움직일 수 있다.
 출산했다고 몇 백만 원을 지원한다고 아이들 낳을 거란 단순한 생각을 버려야 한다. 또한 국민의 마음에 와 닿지 않는 계몽은 예산 낭비에 불과할 것이다.

너 보수야, 진보야

2017.06.02
국민들은 관심도 없는데

　해방이후 우리나라가 민주화 과정을 거치는 동안 정치인들은 국민보다는 정권 유지에 이념을 교묘하게 이용해 왔다. 그리하여 이념으로 인해 국민은 갈리고 어느 이념을 가진 집단이 정권을 잡더라도 그 정부를 인정하지 않는 사태까지 발생하여 국민들의 우려를 자아내게 되었다.
　심지어 대통령이라고 명칭하지 않고 OOO씨라고 부를 정도여서 자라나는 청소년에게 교육적으로도 바람직하지 않는 상황까지 초래하고 있다. 이러한 배경은 정치인들이 국민의 정서를 이율배반적으로 이용했기 때문이다. 서로의 장점을 인정하지 않고 단점만 부각시킬 뿐만 아니라 당적을 바꾸면 이념도 바꾸는 우를 보여주었다.
　자신들이 지지한 정당이 정권을 잡았을 때는 마치 점령군처럼 장악하려 했다. 소통보다는 단절의 정치로 국가동력의 발목을 잡고 있다. 그 사이 우리와 치열하게 경쟁하는 국가들은 4차 산업을 선점하기 위해 기업을 독려하고 지원하고 있음에도 우리는 기업 역량을 제대로 발휘할 수 없는 어려운 상황을 연출하고 있다.
　국민이 살아가는데 있어 이념이 그리 중요한가. 흔히 보수·진보, 우파·좌파 등 많은 국민들이 식상할 정도로 이념이 왜곡되어 진보와 좌파를 빨갱이로, 보수와 우파를 꼴통으로 치부하며 서로를 불신하는 지금의 상황을 돌아보자.

 우선 성장과 분배를 예를 들어 보면 보수는 성장을 중심으로 일자리 창출을, 진보는 성장에 따른 분배를 중요시 할 것이다.

 보수가 성장을 기반으로 일자리 창출을 추진했더라면 진보의 주장이 돋보이지 않았을 것이다. 정규직보다 비정규직을 양산했고 회사를 자신들의 소유물처럼 간주하여 진보에게 빌미를 주었다.

 진보의 경우 분배를 주장하기 전에 국가재정의 안정성을 주장했어야 했다. 무상교육, 국민복지 등 산적한 현안에 국가의 재정이 안정되지 않으면 해결할 수 있는 것이 하나도 없다. 기업의 법인세만 증세하라고 하지 말고 우리 스스로 법인세에 준하는 세율을 올려 국가재정을 높이도록 주장했더라면 보수들도 할 말이 없었을 것이다.

 자신의 것은 주기 싫고 남의 것을 빼앗는 느낌은 극좌나 극진보가 된다. 역으로 자신과 자신의 가족만을 위하는 사람은 극우, 극보수가 될 것이다. 상황에 따라 변하는 이념으로 무장하고 국가와 국민을 생각하지 않는다면 이념이 무슨 의미를 갖겠는가. 자신의 영욕을 차지하기 위해 이념을 도구로 이용할 뿐이다.

 많은 국민은 이념에 관심이 없다. 이왕 진보와 보수들이 나라를 위해서 이념을 주장하려면 보수는 일자리 창출과 사회 환원을, 진보는 기업의 법인세 인상에 준하는 국민들의 세금을 인상하여 모두가 행복한 나라를 만들어 보라. 단지 말로만 이념을 주장하는 추태는 망국의 길로 가는 원인만 제공할 뿐 국가와 국민에게 어떠한 희망을 줄 수가 없다.

대학이 바로서야

2017.06.09
대학은 장사하는 곳이 아냐

한국사회에서 성공으로 가는 비결 중의 하나가 대학이다. 어느 대학을 졸업했느냐에 따라 성공가부를 간접적으로 인지하기도 한다. 대부분 사람들도 특정 대학 출신이라면 바라보는 눈과 마음에 차이를 두기도 한다. 그러나 우수한 인재를 유치하여 명문대학으로만 이름을 유지할 뿐 개개인의 인성과 미래를 책임을 져 주지는 않았다.

대부분 비리와 연결된 사람들이 소위 명문대학 출신이었다. 책임지기보다 부인하고 회피함으로 존경받는 지도자가 되지 못하고 일시적인 리더가 되고 말았다. 이는 대학들의 반성과 교수들이 그 책임을 통감해야 한다.

수많은 대학생들이 비싼 등록금을 내고도 시간강사에게 수업을 받고 있는 실정이다. 학문의 연속성과 대학의 질을 높이기 위한 전임비율을 그마져 못 채우고 있는 대부분 대학들이 즐비하다보니 존경받는 대학이 되지 못하고 성공의 한 수단으로 전락하고 말았다.

일부 대학들이 대학에 투자를 미루고 비축해 놓은 자산이 많아 국민으로부터 눈총과 입학비리로 인해 곤혹을 치르는 등 한국 대학의 모순을 적나라하게 보여주었다.

한국을 이끌어가야 할 대학이 비판의 대상이 되어 버린 현실은 대학

당국에서 자초한 일로 스스로 명예를 지고 있다. 진정 인재양성과 국가 미래를 위해 연구와 상아탑의 본질을 망각하지 않았더라면 대학들이 국민의 사랑으로 어떠한 외풍도 막아 낼 수 있었을 것이다.

이제 제 기능을 다 하지 못하는 대학은 인위적으로 퇴출을 시킬 필요가 없다. 일정기준의 전임비율이 되지 않는 대학은 입학생의 비율을 낮추어 스스로 퇴출되도록 유도하면 된다. 즉 전임비율이 부족한 만큼 대학정원을 줄이는 방식이다. 전임비율이 70% 이면 대학정원비율을 30%로 줄이면 각 대학에서 전임채용과 대학의 경쟁력에 더 노력을 할 수밖에 없을 것이다.

전임비율을 채우지 못한 대학은 기업이 인수하여 기술대학이나 전문대학으로 전환시켜 기술 한국인으로 육성시켜야 한다. 각 대학에서 전임비율을 100%로 한다면 고급인력들이 안정적으로 취업을 하게 되어 학문의 질과 대학의 수준이 높아져 산업 전반에서의 연차적인 고용비율이 높아질 것이다.

대학에서 학생들을 안정적으로 지도할 준비가 되어 있지 않은 강사가 그동안 많은 수업을 진행해 왔고 학생들의 상담이나 연속적인 학문탐구에 소홀한 면이 있다고 해도 과언은 아닐 것이다.

그동안 대학이 건물 늘리기에 집중했다면 이제는 교수를 더 채용하여 우수한 인재들을 양성하도록 전환해야 한다. 하드웨어도 중요하지만 소프트웨어가 더 중요시되는 요즘 대학에서 몇 명의 스타교수보다 균형 잡힌 교수채용으로 대학의 미래를 설계해야 한다.

전국적으로 시간강사를 전임으로 채용한다면 아마도 수만명의 교수가 채용되어 고급인력의 안정적인 고용으로 2차, 3차 고용효과는 물론 대학도 연구중심으로 전환될 수 있을 것이다.

이로 인해 시간강사들의 비애를 해결하고 순차적인 고용창출과 미래지향적인 교육 실현이 가능할 것이다. 우리는 백년대계를 위해 훌륭한 교수진을 보유해야 한다. 연구중심의 대학으로 발전시킬 때 급변하는 기술변화에 순응할 수 있을 것이다.
*전임: 전임강사, 조교수, 부교수, 정교수 등만 포함

돌고 도는 적폐대상

2017.06.19
내가 적폐대상인데

부패하고 무능하고 불통이라고 지적하며 적폐를 주장했던 사람들이 역으로 자신들이 적폐대상이 되고 있다. 그러나 그 사실을 모르는 자체가 소위 '정치하는 놈들 다 똑같다'는 말을 증명하게 해 주는 꼴이 됐다.

객관적이고 총명하게 타인의 잘못을 지적하며 정의로운 나라 만들기에 동참했던 이들이 어느 순간부터 그 권력을 유지하는데 몰두하고 있다. 권력을 국민에게 되돌려주려 하지 않는 구태연한 모습은 그동안의 정체된 정치를 답습하는 것 같이 보인다. 현재 지지하는 국민여론이 높다고 안하무인격으로 추진하다보면 추후에 당사자들만 당하고 마는 것이 아니라 국민전체에게 그 피해를 입히게 된다.

국무위원 청문회를 하기 전에 공정한 잣대로 능력 있고 신뢰를 주는 인사를 추천한다면 국민이 실망하고 여론이 악화될 리가 없다. 참으로 안타까운 마음이다. 지금은 국민여론이 하늘을 찌를 듯 높지만 어느 한 순간에 바닥을 치는 것이 여론이다.

민심을 잘 살피고 정녕 무엇이 적폐대상이고 또 무엇을 해야 하는지 멀리 내다보는 안목이 필요할 때다. 지금과 같이 원칙이 없고 친소주의 정치를 펴다가는 언젠가는 불명예로 나락까지 떨어질 수 있음을 알아야 한다. 나라바로세우기에 큰 기대를 걸었던 순박한 국민들은 이번 정부에서마저도 다시 속아야 하는지 한탄을 한다.

　대중적 인기를 얻었던 교수, 교육감, 국회의원 등등이 논문표절, 관련 업무에서의 비리 등 상식이 통하지 않는 혐의가 드러날 때마다 여기 저기서 국민들의 실망과 탄식의 목소리가 들린다. 혹시나 장관이 된다 하여도 부하직원들의 마음에 이미 균열이 가 있어 공명정대, 법 준수 등 청렴수칙을 어떻게 말할 수 있을 지 참으로 민망하고 부끄럽다.

　부도덕하고 법을 위반하였다고 국민들의 손가락질을 받고 있는 당사자가 과거 같은 사안으로 적폐를 이야기하였다고 하니 아이러니하다. 그러고도 깨끗하게 인정하지 않고 내로남불하고 있다. 후에 지난 정부보다 더한 정부가 되지 아니하란 법이 없다. 거대 여당 국회의원 누구도 '아니 된다'는 소신발언을 하는 사람이 없어 이 나라를 걱정하는 동량들이 기댈 곳마저 없어졌다.

　인사검증을 통해 추천된 인사들의 부끄러운 자화상으로 우리사회가 도덕적 품위에 너무 안일했다는 반성을 하게 해 준다. 자기 자신의 성공을 위해서는 자행한 범법행위가 설마 이렇게 노출되리라고는 생각조차 하지 못했을 것이다.

　이번에 도덕관념이 희박했던 과거를 인정해 주면 앞으로도 어느 정부가 들어서도 부도덕과 범법행위를 인정해 줘야 하는 도덕적 과도기에 직면해 있다.

　이제 국민들이 믿고 지지해 준 것들이 사상누각이 되지 않기 위해서는 비록 선거에 도움을 준 인사라 하더라고 아픈 부위를 제거해야 한다. 추천대상을 찾기 어렵다하더라도 국민적 신망이 있는 인사를 임명해야 나라가 바로 세워질 것이다.

　결국 지금까지 상대방을 적폐대상이라고 주장한 사람들이 막상 열고 보니 자신이 적폐대상이며 국민을 조롱한 당사자가 되었다. 어찌 적폐대상이 물레방아처럼 돌고 도는지 모르겠다. 심지어 정치인들의 연기력과 도금술이 너무나 뛰어나 많은 국민들이 속아 넘어가 더 이상 여야의 적폐대상 구분이 불가능하게 됐다.

특목고 폐지 신중해야

2017.06.25
목적이 어긋나면 탈이 나

　인재 양성을 목적으로 국가는 시대별로 일반 고등학교 외 특목고 설치법령을 만들어 인재를 양성해 왔다. 우리나라가 선진국과의 경쟁에서 우위를 차지하기 위해 정부는 과학고등학교와 외국어고등학교를 설립하여 우수 인재를 양성하기 위해 시행했지만 소위 일류 대학가는 지름길이 되어 일부 반대자들에 의해 지탄의 대상이 되어 왔다.
　정부에서 인재양성을 위해 좋은 정책을 내 놓았다. 하지만 감독을 제대로 하지 못하고 일부 악용하는 교육자와 학부모들에 의해 운영의 묘를 살리지 못한 결과 존폐를 논하는 처량한 신세가 되었다.
　외국어고등학교는 세계화를 대비하여 외국어 구사능력을 갖춘 인재가 필요했기에 만들어진 학교다. 그러나 잘못된 운영이 사단을 만들어 버렸다. 대학입학 시 동일계로 진학하는 학생들보다 비동일계로 진학하는 학생들이 많았다. 소위 일류대학에 합격을 많이 시키다보니 많은 학부모들은 외국어고등학교 입학이 곧 출세의 길이라고 잘못 인식한 것으로부터 문제가 불거지기 시작했다.
　만약에 외국어고등학교 학생들이 전공한 학과로 진학을 하도록 하고 다른 계열로 진학할 경우 불리하도록 대입법령을 정했더라면 오늘의 논란거리를 만들지 않았을 것이다. 외국어고등학교 출신이 법대. 경제학과, 의대 등 최고의 인기학과로 지망을 해, 동일계 지원은 당연히 감소하고 외국어고등학교 설립의 취지에도 어긋나게 되었다.

 과학고등학교도 마찬가지이다. 동일계보다 의대나 유사한 과로 진학하여 합격률도 최고의 성적으로 도출되어 지역마다 인재들이 과학고등학교로 진학을 선호하게 되었다. 한국과학의 미래를 책임질 인재들이 순수과학이나 응용과학을 멀리하고 현재의 생활을 보장해주는 학과로만 진학한다면 우리나라 과학은 선진국과의 경쟁에서 밀리게 될 것이다.

 자율형 사립고는 사립학교의 건학이념에 따라 교육과정, 학사운영 등을 자율적으로 실시하는 고등학교다. 설립자가 최고의 학교로 육성하고 지원하는 것은 당연하며 그에 따라 인재들이 좋은 대학에 진학하는 것을 불만으로 볼 수 없다.

 이와 같이 좋은 목적으로 설립된 외국어고등학교. 과학고등학교, 자율형고등학교 등이 비판받는 주된 이유는 지나친 입시 위주 교육과 상위권 학생 독식현상으로 인해 고교서열화에 기인하는 이유이다. 작금에 거론되고 있는 고등학교에서 뚜렷한 입시성적이 없었더라면 폐지에 관해서 이야기 하는 사람은 그리 많지 않을 것이다.

 우수한 인재를 평범한 교육으로 교육시키는 것 자체가 나라의 손실이다. 우수한 인재들이 나라의 미래 먹을거리를 만들고 그에 따른 고용창출이 생기면 모든 국민에게 유익할 것이다.

 그동안 우리는 이러한 문제로 4차 산업의 선두자리를 놓치고 말았다. 우수한 인재양성을 위해 국가가 관리하는 중국의 예를 보더라도 초가산간을 태우는 우를 범하지 말아야 하며, 앞으로 특목고 학생들이 동일계로 진학을 유도토록 대입규정을 개정하고 특목고는 특목고 취지에 맞는 교육을 실시해야 한다.

이렇게 함으로써 학문의 연속성을 통한 국가인재 양성에 기여할 수 있을 것이며, 지금 논란이 되고 있는 특목고 폐지론자들의 우려를 완화시킬 수 있을 것이다.

갑질의 세상이 없어지는 날은 국회와 정치권의 특권이 없어지는 날

017.07.08
국회의원과 정치인들이 반성해야

　프랜차이즈 대표들의 갑질로 온 국민의 공분을 사 대표들이 국민 앞에서 머리를 숙인 사건이 터지고 연이어 군 장성 부부의 갑질이 국민의 울분을 건드렸다. 귀한 자식이 신성한 국방의 의무 대신 하인 취급을 받으며 복무를 했다면 어느 부모가 가만히 있겠는가!
　지금 밝혀진 것은 빙산의 일각일 것이다. 상아탑에서 대학원생들이 지도교수들에게 갖은 수모를 당하며 연구 참여에 따른 인건비조차 받지 못한 실정들이 낱낱이 밝혀졌을 때는 이 나라가 왜 이렇게 망가졌나? 라는 자책이 강했다.
　이러한 경제적인 면과 인권적인 면에 따른 갑질의 경우에는 표면적으로 드러날 시 처벌과 치유가 가능한 경우이다. 하지만 어떤 경우의 갑질은 치유할 수도 없거니와 오히려 이념의 구도로 용서를 해 그 용서가 나라의 기둥을 썩게 만들 수 있다.
　과연 치유할 수 없는 갑질이 무엇이냐고 물어 온다면 필자는 당당하게 국회의원들의 갑질이라고 단호하게 말해 주고 싶다. 그동안 지방선거 시 시의원, 도의원, 시장후보 등등 각 당의 지역위원장의 권한이 절대적이었다. 일부에서는 공정한 경선을 통해 후보를 선정한다지만 묵시적인 지지로, 당협위원장들의 의중에 따라 책임당원들의 절대적 지지로 결정되곤 했다.

 국회의원들의 특권에 대해 한 동안 난리를 쳤던 시민단체와 수많은 사람들이 지금 너무 조용히 숨죽이고 있는 것은 이 나라를 잠재적 위험으로 점점 몰아가는 일이 될 것이다.

 대한민국호가 정상적인 항로를 가기 위해서는 가장 빨리 국회의원들의 특권을 없애야 한다. 이 특권이 존재하는 한 이 나라의 운명은 희망보다 절망으로 전환될 것이라고 필자는 단언한다. 지금의 국회의원들이 갑질을 하는 기업인이나 군 장성, 주요부처의 간부들을 호통치고 있지만 언젠가는 국회의원 본인들이 갑질의 대상으로 혹독한 대가를 받게 될 것이다.

 이제 국회의원 스스로 특권을 한꺼번에 다 내려놓아야 한다. 국민의 눈높이에 맞추지 않으면 성난 국민의 원성은 여의도 전체를 분노의 장으로 만들 수도 있다. 다시 말해 생색내듯이 몇 가지만 내려놓을 때는 걷잡을 수 없는 소용돌이에 빠지게 될 것이다.

 필자도 지역에서 학생운동 출신 당협위원장의 갑질을 직접 경험한 바 있다. 한 정치지망생이 입후보 날짜가 지났는데도 공천을 받아 선거에 나가는 부당함을 보고 민주주의를 외친 것은 허구였고 단지 자신의 영욕을 위해 민주화운동을 악용했구나 하는 분노의 감정을 느낀바 있다. 이 나라 곳곳에 희망을 싹틔우고 공정한 사회를 만들려면 국회의원이나 각 정당에서 경쟁적으로 먼저 특권을 내려놓아야 한다. 선거에 조금이라도 도움이 된다면 각종 매체에 경쟁적으로 나와 방송을 타곤 했던 정치인들이 갑질을 부리고 특권을 내려놓는 일에 뒷짐을 지고 있다면 국민들에게 너무나 부끄러운 행동이 될 것이다.

진정한 나라 바로세우기를 하려면 제대로 해야 한다. 갑질이 횡횡하고 특권이 있는 세상에 무슨 나라가 바로 세워지겠는가! 대통령 다음으로 권력과 특권이 있는 국회의원, 그들은 한 번 국회의원 해도 종신 특권 하나를 가지고 있어 일반 국민과 차별을 두고 있다.
 다음 선거에 공약으로 국회의원 특권을 내려놓겠다는 정당이 다수당이 될 수 있으리라는 것이 필자의 생각이다. 국민들 앞에 떳떳하게 정치하려면 국민과 평등해야 하지 않겠는가!

대통령들의 지지율

2017.08.12
국민만 보고 가야 돼

　세상이 많이 바뀌고 있다. 촛불 민심으로 정권이 창출되어 새로운 세상을 기대하고 있다. 문재인 대통령을 지지하고 선거에 기여한 단체들의 요구도 거세어질 것이고, 정권창출 공로자들의 보이지 않는 무언의 시위도 예상된다.
　최근에는 높은 지지율을 믿고 민의를 수렴하지 않은 과도한 표출로 지탄을 받기도 하고, 사과를 반복하는 사례가 대두되어 촛불 민심이 왜곡되지는 않을까 우려된다.
　국민의 마음을 담아 국정에 총력을 다 할지라도 받쳐주는 일부 인사가 이탈 행동을 한다면 추진력이 약화되어 우리가 기대한 개혁은커녕 자기식구 챙기기로 전락될 수도 있다.
　현재 문재인 대통령의 지지율은 취임이후부터 현재까지 70%를 상회하고 있다. 이는 지금까지 국정운영을 잘 하고 있다는 반증이기도 하지만 잘 되기를 바라는 국민들이 힘을 실어주고 있다는 해석도 가능하다. 따라서 혹여나 무리한 공약 또는 민심에 거슬리는 정책을 추진할 경우에는 예상을 빗나가는 지지율이 나올 수 있다.
　필자는 작금의 대통령 지지율을 전직 대통령의 지지율과 동일시 보면 안 된다고 조언한다. 전직 대통령의 지지율 30%와 문재인 대통령의 지지율 60% 정도가 동일한 선이라고 본다.
 이유는 그동안 대통령 선거에서는 지역색을 반영한 지지도라고 한다면 이번 대통령선거는 촛불민심과 청년민심, 개혁민심 등 다양한 계층의 적극적인 지지로 탄생되었기 때문이다.
 어느 한 정당에서 창출될 수 없을 정도의 지지로 당선되었기 때문에 문재인 대통령이 국정수행을 하는 동안 지지율이 60% 이상 상회해야 한다고 본다. 만약에 그 이하의 지지를 받게 된다면 대통령을 수행하는 모든 공직자와 여당은 낮은 마음으로 국민을 섬기는데 노력을 더 기울여야만 한다.
 자신의 존재감을 나타내기 위해 또는 정권의 실세임을 보여주기 위한 돌출적인 행위는 개혁을 방해하는 행위이다. 국정을 운영하다보면 실수도 나오는 법이다. 이때는 책임을 확실히 물어 실수가 재발되지 않도록 엄격한 필벌이 필요하다.
 또한 야당에서 여당보다 더 좋은 정책을 제안하면 과감하게 수용하는 결단도 필요하다. 상대방이 상정하는 법안은 무조건 반대하고 자신들이 하는 것만이 국민을 위한 것으로 착각하거나 나만 정의롭다는 생각을 버려야 한다.
 아무리 유명한 배우나 학자도 시간이 지나면 잊혀 지기 마련이다. 국민의 마음에 들지 않는 정치인은 언제든지 선거에서 낙선되고 심지어 정권도 교체될 수 있기에, 안정적인 개혁을 위해서는 대통령과 정부의 흔들림 없는 국정철학이 확립되어야 한다.
 모든 공약을 조기에 실현하기 위해 무리하는 것보다 국민들의 공감대가 형성되는 것부터 해결해 나간다면 나머지 공약들도 동력을 얻을 수 있을 것이다.
 앞에서 언급했지만 대통령 만들기에 동참한 단체들도 자숙할 필요가 있다. 근소한 차로 선거에서 이겼다면 큰 부담이 되겠지만 이번 선거는 특정 단체의 지지로 당선된 것이 아니다. 어려운 국민부터 치유할 수 있는 정책을 먼저 실행토록 해야 하며, 국민의 높은 지지를 기반으로 국민의 대통령이 되어 대한민국이 다시 한 번 도약할 수 있도록 해야 한다.
 아무리 좋은 노래도 몇 번을 들으면 싫증이 난다. 국민을 위한다는 정책이 자신들의 도구로 사용한다면 추진력 저하 뿐만 아니라 싫증나는 정부가 될 수도 있음을 알아야 한다.

청년들에게 지역에서 희망을

2017.09.04
생산적인 일자리가 중요

2000년 이후 각 산업체에서 인건비 상승과 기업들의 경쟁력 강화를 위해 자동화시스템이 확산되어 청년들의 일자리가 점점 줄어들기 시작하며 치명적인 실업률을 기록하고 있다. 기업들의 자동화를 막을 수도 없고 기업의 경쟁력을 강화시킬 수 없는 환경에서는 일자리 창출은 구호로만 남게 된다.

필자가 초등학교 때 먹고 살기 힘들어서 정부에서 저수지 축조에 동네사람들을 동원하여 밀가루를 배급해 주는 모습을 보며 성장했다. 그 당시 정부에서 할 수 있는 것은 그것이 최선이었을 것이다. 지금도 그 때와 유사한 일자리 창출을 위해 추경을 세웠으나 삭감되는 등 순탄치 않다.

청년들이 쉽게 일자리를 얻는 것이 서비스업의 아르바이트 자리이다. 단순 노동으로 인해 청년들의 소질계발과는 거리가 멀고, 아르바이트를 하기 위해 학과나 친구들과의 만남도 수월하지 않아 동료성을 잃어버리고 있다. 정부나 지방자치단체에서 실질적으로 강구할 수 있는 일자리는 청년들의 장래와 연관된 사업을 전개될 수 있도록 해야 한다. 그런데 뾰족한 방법이 없다보니 시간만 흘러가고 청년들에게는 희망도 주지 못하고 있다.

필자는 그 한 방법으로 각 지방자치단체에서 각 동 주민자치센터에 공부방을 개설하는 방안을 제시해 주고 싶다. 초중고 학생들의 공부방을 개설하여 대학생이나 청년들에게 일정급여를 지급하여 등록금이나 취업준비 비용이라도 마련할 수 있도록 자리를 만들어 주면 조금 더 생산적인 일자리가 될 것이다.

초중고 학생을 위한 강의실을 개설하고 하루에 학년별로 3시간씩 수업을 한다면 학원비로 고충을 받는 학부모와 학원비가 없어 학원에 가지 못하는 학생, 아르바이트 자리가 없어 고민하는 대학생과 청년들에게 단기간 일지라도 희망과 용기를 줄 수 있다.

수업은 초등학교 학생부터 고3까지 국어, 영어, 수학, 과학, 사회 과목 위주로 한 청년이 1주일에 10시간 정도 강의하도록 한다면 한 주민자치센터에서 약 20명의 청년을 고용할 수 있다.

이러한 시스템으로 대학생과 청년에게 월 보수를 100만원으로 책정한다면, 당사자들은 시간을 효율적으로 활용할 수 있으며 학부모와 학생들은 강의료 없이 수업을 받을 수 있어 학업성취도가 향상되어 일석이조의 효과를 볼 수 있다. 강사진도 학원에 준하는 수준의 실력자들로 선발하여 동네 공부방이라고 가볍게 여기지 않도록 해야 한다.

더불어 한 강의실에 15명에서 20명 정도의 수강생을 모집한다면, 한 동에서 150명 이상의 학생들이 혜택을 볼 수 있으며, 기초학력부진 학생이나 가정형편이 어려운 학생뿐만 아니라 맞벌이 가정에도 도움을 줄 수 있다.

이렇게 하기 위해서는 예산 확보가 급선무이다. 우선 지방자치단체에서 예산을 확보하고 정부와 광역단체에 예산 지원을 받아 지방자치단체의 예산집행에 무리가 가지 않도록 한다면 생산적인 일자리로서 조기에 좋은 제도로 정착될 수 있을 것이다.

인재육성

2017.11.21
인재육성은 사회를 위해 필요

　IT의 변화만큼 시대적 변화의 요구도 교육현장에서 일어나고 있다. 정부에서 학생들의 미래역량을 길러주기 위해 학생들에게 다양한 과목선택권을 부여하는 고교학점제 시행을 앞두고 연수와 대입제도 개선 보완 등 시스템 마련에 노력을 기울이고 있다.
　전문가들이 요구하는 문제는 대학입시제도 개선, 교사의 역량 증진, 학습권을 위한 교실확보, 소외되기 쉬운 농어촌 학교의 문제 개선 등이 일반적이다. 현재 우리나라의 교육문제는 아무리 좋은 방안도 서울의 몇 개의 명문대학의 입시요강에 의해 제도가 왜곡되어 실현이 어려웠다.
　이왕 미래를 살아가야 할 우리 학생들에게 다양하고 창의적인 교육을 하기 위해서는 특수한 인재들의 육성도 병행되어야 한다. 세계 각국에서도 국가의 인재육성은 나라의 미래를 좌우하기 때문에 인재육성에 무엇보다 우선으로 투자하고 있다.
　미국이나 일본, 독일 같은 국가는 기초과학과 타 학문이 우리나라 보다 앞서 해외 우수한 인재들이 유학을 통해 자생적인 인재구축의 토대가 된다. 그러나 우리나라의 경우는 우수한 인재들이 해외로 유학을 가기 때문에 자생적인 인재구축이 미국이나 기타 선진국보다 부족하다.
 최근에 특목고의 존폐를 두고 찬반으로 갈려 수험생들에게 혼란을 주었다. 교육 행정가들이 이와 같은 시각을 가지고 있다니 인재육성의 개념조차 모르고 있는 듯하다. 세계가 놀랄만한 기술은 각 국가에서 양성한 인재들이 만들어 낸 결과물이다. 그만큼 인재육성이 중요한데도 정부나 일부 교육 행정가들의 하향평준화 개념으로 국가의 미래 동력을 상실케 하고 있다.
 학생들이 졸업을 하게 되면 취업과 대학에 진학을 하게 된다. 그럼에도 기업과 대학에서 필요한 인재의 요소를 반영하지 않고 오직 교육 행정가들의 입안으로 교육정책이 실행되는 듯하다.
 만약에 기업이나 대학에서 입안 작성에 처음부터 동참을 했더라면 더 미래지향적인 교육과정으로 운영이 될 것이다. 사회에서 요구하는 인재가 아닌 오직 학생들을 편하고 즐겁게 하는 교육은 기업에서 재교육을 실시하는 이중성을 갖게 된다. 따라서 고교학점제나 인재육성에 대한 시스템보완을 위해서는 반드시 기업과 대학의 관계자들이 동참해야 할 것이다.
 현 정부가 고교학점제를 성공시키기 위해서는 졸업 후 학생들의 미래를 어느 정도 책임지는 정책도 마련해야 한다. 학교에서 웃음꽃이 피고 즐거운 생활을 한 후 졸업과 동시에 갈 곳이 없다면, 그 교육은 죽은 교육이 된다. 지금부터라도 기업과 연계하여 일자리 창출과 고도의 인재육성 프로그램을 병행해야 한다.
 우리나라가 세계 IT산업의 중심에 서게 된 것은 지금까지 교육계의 인재육성이 한몫했다. 이러한 인재육성이 없었더라면 우리나라는 동남아나 남미의 일부 국가처럼 후진국에 머물러 있었을 것이다.
 더욱이 세계 굴지의 기업들은 인재스카우트에 열을 올리고 있다. 중국 또한 우리인재들을 무차별 스카우트하여 한국의 반도체와 디스플레이 같은 최첨단 산업이 위기를 맞게 되었다.

 더 좋은 조건으로 개인의 삶을 찾아가는 것에 애국심을 호소하는 시대는 지났다. 그들이 떠나도 더 우수한 인재들이 남아 있도록 과학고 같은 특목고를 지원하여 인재육성에 게으르지 말아야 한다.

할 말도 못하는 국가

2017.12.09
국민이 나라를 걱정해서야

  필자가 고등학교 시절 선배들이나 부모님 세대들이 만나면 "미국을 믿지 말고 소련에 속지 말라."는 말이 회자되었다. 술자리나 이야기 자리에서 흔히 한 말인데 작금에서야 그 말에 대한 신통력을 알게 되었다.
  열강에 의해 분단되어도 여태 그 책임을 열강에 물을 기운도 없는 나라이지만, 그래도 믿고 있는 국민을 위해서 대변이라도 해 줘야 한다. 미국은 북한의 호전성을 빌미로 우리나라에 각종 압력과 미군주둔에 대한 경비를 과도하게 요구하고 있다.
  근래에 삼성과 LG세탁기에 치명타를 주더니, 삼성전자와 SK하이닉스의 반도체 특허소송을 한다고 법석을 떨고 있다. 자국의 이익을 위해서는 물불을 가리지 않는 미국에 대해서 우리는 어떠한 의견도 내지 못하고 있다. 그렇게 국민을 위한다는 정치권에서조차 목소리를 내지 못하고 있다.
  중국도 미국에 질세라 사드를 핑계 삼아 우리나라 길들이기에 나서고 있다. 중국에 대한 수출의존도와 한류로 인한 문화파괴를 염두에 두었다고 하지만 일부 정치인들의 캥거루 같은 행동으로 나라의 체면은 땅에 떨어지고 말았다.

우리는 IMF를 극복했고 남북이 갈리고 6.25사변이 발발해도 세계 10대 무역국으로 성장한 위대한 민족이다. 그 위대함을 국가대항으로 갈 때 한번 사용도 해보지 못하고 꽁지를 스스로 내리는 꼴만 보여주고 있다.

여러 국가의 지도자와 만나 나라의 이익을 챙길 기회가 있어도 제대로 할 말을 못하고 겨우 사진 찍기나 하고 있는 정치인들이 나라의 요직에 앉아 자리 지킴이를 하니 어찌 국가의 장래가 염려스럽지 않겠는가!

필자의 성장기에는 대가족으로 별별 자식들이 다 있었다. 그러다보니 한 많은 부모들은 자식을 성찰하는 마음으로 콩가루 집안 다 되었다고 한탄하곤 했다. 더욱이 남의 집안을 대 놓고 "저 집 콩가루 집 다 되었어." 하면 그 집안이 망한 걸로 간주했다.

우리나라가 콩가루 나라가 되어 가는 것 같아 분통이 터진다. 위치가 바뀌었으나 어쩜 그리 변화된 모습 없이 이전과 똑같은 행태를 보이는지 기가 차다. 빈틈이 없어도 어떠한 구실을 대고서라도 비비고 들어오는 국제정세에서 편하게 들어오도록 틈을 너무나 많이 보여주었다. 우리가 스스로 자초한 결과이다.

이제 미래지향적으로 가자. 특정 방송이나 언론에서 볼 수 있는 것처럼 과거의 문제에만 매달려 국가경쟁력을 상실케 하지 말고 하나가 되는 민족혼을 발휘해 보자. 우리나라가 콩가루 국가라고 평가받으며 한 민족의 동력을 잃어서는 안 될 것이다.

또한 미국과 중국에 당당하게 대하는 모습을 좀 국민에게 보여주길 하소연해 본다. 아무리 통상압력이 높고 중국의 노련미에 당해도 끈기의 민족, 지혜의 민족이 하나로 뭉치면 어떠한 국란도 극복할 수 있을 것이며 후대에 영광의 국가를 물려줄 것이다.

그리고 국민이 정치인과 나라를 염려하는 세태를 만들지 말자. 국가의 뒤에는 어느 나라 국민보다도 우수하고 단결하는 대한민국 국민이 있다는 자부심으로 국가다운 국가를 만들어 주길 바라는 마음 간절하다.

정권이 바뀌어도 연속성이 있어야

2017.12.21
다람쥐처럼 돌고 돌아

  한국 사회의 문제점으로 대통령이나 단체의 장이 교체되면 그 전에 추진되던 정책을 휴지조각처럼 버리는 사례를 들 수 있다. 우리 속담에 '새 술은 새 부대에 담아라.' 와 이에 상반되는 '구관이 명관이다.' 란 말이 있다. 상황에 따라 적절함 자체가 주관적이기도 하지만 무엇보다 국익과 국민이 최우선이어야 할 것이다. 굳이 모든 새 술을 새 부대에 꼭 담을 필요가 없다는 의미이다.
  새 부대의 짜임이 엉성하고 헌 부대보다 기능이 좋지 못하면 술 자체는 더 부패하거나 음용할 수 없게 된다. 비록 자신들의 정권에 새로운 인물을 임명하여 지휘체계를 공고히 하고 새로운 비전을 펼치고 싶겠지만 기존의 사업에 대해서는 연속성을 유지할 필요가 있다.
  문재인 대통령이 취임하면서 신고리 원전 중단에 따른 시간적, 경제적 손실을 생각해 보건데 피해는 고스란히 국민의 몫으로 돌아간다는 것을 볼 수 있다. 중단에 따른 피해보상을 누구에게도 요구하지 못하고 있는 상황을 볼 때마다 '선무당이 사람 잡는다.' 고 폄하될 수 있다.
  더구나 사실인지는 확인되지 않았지만 일부에서는 아랍에미리트(UAE) 바라카 원전 공사 중단 문제가 불거져 이 문제를 해결하기 위해 대통령 비서실장이 급파되었다고 하여 야당의 공세가 거칠었다. 이러한 사건으로 졸속과 조급증이 국익에 반하는 일이 될 수도 있다는 경험을 얻게 되었다.

청와대 측에서 한 해명이 사실이라면 야당 대표를 방문하여 현실에 대한 협조를 구하고 정치력으로 해결하도록 노력을 해야만 한다. 야당 측에서 제기했던 내용들이 사실과 다르다 할지라도 야당에게 관련 내용을 공유하고 설득하는 등 정치적 노력이 필요하건만 이를 간과하여 야당과 평행선을 긋고 있다.

사실 정권이 바뀌면 전부 개편하여 새롭고 신선하게 정책을 펴고 싶은 것이 사실일 것이다. 그러나 우리나라가 그동안 정책이나 사업의 단절에 의해 얼마나 국익이 손실되고 국가경쟁력이 후퇴했는지 정치인들 스스로 반성의 기회를 가져야 한다.

국내에서 적폐청산을 하듯 외교에서 무례를 강행하면 우리는 얻는 것보다 잃는 게 더 많을 것이다. 미국과 중국이 기침만 해도 친미·친중파들이 서로 달려가 자기들이 문제를 해결하겠다고 나서는 눈꼴사나운 모습을 한 두 번 본 것이 아니다. 이는 되레 약점이 되어 국민과 기업들의 손실만 가중시켰다.

과거 정부의 부패 척결을 반대하는 국민은 거의 없다. 그러나 성장 동력보다 부패청산으로 인한 정체 동력이 더 클때는 대한민국호는 침몰할 수밖에 없다. 과거 정부가 진행한 사업이 국익에 도움이 된다면 더 안전하게 운영될 수 있도록 하는 것이 인수받은 정부의 책무이다. 한 예로 신고리는 국내 문제라서 경제적 파급이 적지만, 아랍에미리트 문제는 외교문제로 비하되면 아랍과 원전분야 협력 관계에 문제가 불거질 수 있으며 원유수입에도 제동이 걸려 막대한 경제적 손실을 감내해야 한다.

앞에서 언급한 '새 술은 새 부대에 담아라.' 와 '구관이 명관이다.' 라는 우리 속담이 서로 상충되는 것처럼 상황에 따라 새로이 개편하기도 하고 또 연속성을 유지해야 할 경우도 있을 것이다. 경험 없는 미숙함이 큰 손실을 초래한다면 부실정부로 낙인 찍혀 국민으로부터 외면 받을 수 있음을 알아야 한다.

지역당협위원회의 대변신 필요성

2018.02.10
주권이 국민에게 없어

　선거철만 되면 공천의 후유증으로 여야가 골치를 앓곤 한다. 제왕적 당협위원장의 권한이 잘못 사용될 때마다 한 지역의 발전이 몇 년씩이나 후퇴하고 정치발전에 악영향을 미치는 것을 경험으로 알고 있다.
　혹자는 공천을 받기 위해서 대통령의 지지가 높을 때 대통령과 함께 찍은 사진으로 자신을 홍보할 뿐만 아니라 친위부대라고 자처할 정도로 사대적인 행태로 압박을 가하기도 한다. 그만큼 '잘 나가는 정당의 공천은 당선'이라는 공식이 성립이 되어 선거철만 되면 아우성이다.
　언제부터인가 공천에서 인물보다 불법자금이 더 효과를 보기도 했다. 특별당비라는 명목 하에 비상식적인 공천이 이뤄진 것이다. 이러한 모순점을 해결하기 위해서는 당협위원장도 지역 당원들이 뽑도록 정치개혁을 해야 한다. 중앙당에서 낙하산으로 내려 보내는 정치의 마피아, 이 정치 마피아가 있는 한 한국 정치는 후진성을 벗어날 수 없을 것이다. 당원이 당협위원장을 선출할 때 능력 있고 참신한 신인 정치인들이 제도권에 진입할 수 있어 깨끗한 정치를 기대할 수 있다.
　필자가 제안하는 당원들이 선출하는 당협위원장은 선거에 출마하지 않는 자로 제한하여 오직 생활정치에 중심을 두고 공정한 제사장의 역할을 하는 것이다. 국회의원이나 시장, 시의원들은 운영위원회에 참여할 수 없도록 하고 오직 순수 당원으로 당협위원회를 운영한다면 파벌과 특정인에 의해 운영되는 파행을 막을 수 있다.

다시 말해 국회의원, 시장, 지방의원들은 유권자를 중심으로 정치를 펴게 되어 지역발전과 개인의 역량을 더 발휘할 수 있다. 국회의원들이 대부분 당협위원장을 맡다보니 사무실 운영비, 사무국 직원급여 등 잡다한 비용 처리에 편법을 쓰게 되어 불명예스러운 일들이 발생하곤 했다.

지역주민들의 현안과 민원을 위해 각 지방자치단체 즉 구청, 시청, 군청에 합동사무실을 마련하여 국회의원, 도의원들이 사용하도록 한다면, 비용을 최소화 할 수 있을 뿐만 아니라 정치인들도 오직 정치에만 전념할 수 있을 것이다.

또한 당원들의 동원이나 워크샵 등 사소한 일에도 관여하지 않아 대부분 선출직 의원들은 의사당이 일상생활터로 자리 잡을 수 있을 것이다. 더욱이 선거에 출마하지 않을 당원이 당협위원장으로 앉게 되면 도의원이나 시의원들도 기존 국회의원들의 속박에서 벗어나 동등한 지위로 의정활동을 전개할 수 있다.

그동안 지방의원들이 왕성한 의정활동보다 편협한 활동으로 눈총을 받곤 했다. 필자도 지방의원들이 지역당협위원장의 애경사에 자신의 친인척 애경사보다 더 챙기는 것을 보고 "상머슴 같다.", "애처롭다." 라고 하는 말을 들은 적도 있다. 그 뿐만 아니라 자신의 지역 행사보다 당협위원장 수행이 먼저라는 생각으로 밀착수행을 경쟁적으로 자처하는 것을 보기도 했다.

이제 민주주의를 외쳐온 정치인들부터 정당법을 개정하여 각 정당 지역당협위원회를 자족형으로 운영될 수 있도록 해야 한다.

자신들의 권한을 가장 먼저 내려놓을 때 국민들이 바라는 생활정치는 조기에 정착될 수 있을 것이며, 그로 인해 지역과 국가의 동반성장이 이루어지게 될 것이다. 이렇게 지역당협위원회의 운영이 개선된다면 중앙당의 권한이 축소되고, 지역당의 권한이 강화되어 진정한 풀뿌리 민주주의가 꽃을 피울 것으로 확신한다.

국내용과 국제용

2018.03.09
직분에 맞는 옷을 입어야

　사람은 성격에 따라 내성적·외향적 사람으로 구분된다. 상황에 따라 내성적인 사람이 더 존경을 받을 때도 있고, 외향적인 사람이 조직을 잘 이끌어 가기도 한다. 또한 조용하고 자신을 드러내지 않으면서도 자신의 임무를 완벽하게 처리하는 사람이 있는 반면에, 업무능력은 좀 부족하지만 조직을 화합하여 커다란 영향을 갖게 하는 사람도 있다.
　집에서는 논리적으로 이야기를 잘 하는 반면에 많은 사람 앞에서는 긴장을 하여 자신의 역량을 다 발휘하지 못해 능력을 보여주지 못하는 사람도 있고, 집에서는 조용히 있으면서 밖에만 나오면 자신의 세상인 듯 세상을 들었다 놓았다 하는 사람도 있다.
　이러한 사실을 보아도 사람의 강단은 자신뿐만 아니라 조직이나 단체의 명암에도 많은 영향을 주곤 한다. 특히 운동선수들의 경우도 연습이나 자체 경기에서는 우수한 성적을 내면서도 실전에 나가면 주눅이 들어 경기력을 보여주지 못하는 선수가 있는 반면에, 실전에 더 강하여 중요한 경기에서 기록을 갱신하는 선수들도 있다.
　우리나라 국가대표들의 경우도 마찬가지이다. 국내경기에는 펄펄 날면서 국제대회에만 나가면 실력을 발휘하지 못하여 국내의 각종 매스컴에서 좋은 평가를 받지 못한 사례도 있었다. 혹자들은 이런 선수들을 국내용선수로 비아냥거리며 평가 절하한다.

 개인이나 운동선수들이 이러한데 국가의 운영을 책임지는 장관들도 마찬가지이다. 자신의 이익을 위해 작은 것만을 챙기는, 소위 국내용으로 전락하여 국가의 대의를 뒷전으로 하는 행태는 어제오늘의 일이 아니다. 국회의원, 광역자치단체장 출마 등 임기 내내 하마평에 오르면서 선거와 연계하는 장관의 임명은 국가와 국민의 피해로 돌아간다.

 이러한 악폐가 수십 년 관행처럼 다람쥐 쳇바퀴 돌 듯 돌아가도 개선될 기미가 보이지 않고 있다. 이제는 대의를 챙기는 진정한 장관이 절실하다. 출마를 염두에 두고 있는 기회의 정치인이 아닌 국가와 국민만 바라보는 관료가 요구되고 있다.

 요즈음 미국의 통상압력으로 장관의 중요성이 더욱 절실해졌다. 미국 행정부와 긴밀한 관계를 유지하는 일본에 비해 우리는 외교를 담당하는 장관의 존재감마저 없어져 버린 듯하다. 대부분 장관들이 국내용으로 대통령의 능력에 기대는 꼴이 되었고, 대통령과 당의 대표만 바라보는 국내용 장관이라는 오명을 떼어 낼 기미가 없다. 우리나라는 수출국가로 대외 경쟁력과 국가 간의 깊은 우호관계가 매우 중요하다. 지금의 행태를 보면 국가 간의 깊은 우호관계는커녕 관심 받지 못하는 처지에 놓여 있다. 중국으로부터 호되게 당했고 이제는 미국이 우리를 호구를 보고 GM사태, 자국들의 국익추구 등 우방국으로서 믿기지 않는 행태를 보여주고 있다. 국민들은 지금 위기에 놓인 한국호를 국제용이 나서서 속시원하게 해결해 줄 수 있기를 기대하고 있다. 대통령도 국제용 장관의 발굴에 더 역점을 둬야 기댈 수 있는 안정감이 생길 것이다.

 국민의 지지를 조금 더 받고 있다고 나라의 태평성대가 오는 것이 아니라 자신의 영욕을 버리고 오직 국가와 국민을 위해 일을 할 때 국가발전이 있을 것이며, 드디어 국내용이라고 조롱당하지 않을 것이다.

정당의 전통성

2018.03.13
뿌리 없는 우리 정당들

어느 단체든지 그들의 유구한 역사와 전통에 자부심을 가지고 역동적인 활동을 전개한다. 대표적인 국제라이온스클럽, 국제로터리클럽은 명맥을 이어온 그 역사와 사회봉사의 이념으로 세계적인 명성을 얻고 있으며 구성원들의 자긍심도 대단하다.

정당의 경우를 보면 영국의 보수는 1832년에 창당되어 오늘날까지 영국 정치의 한 획을 긋고 있다. 미국의 공화당은 1854년에, 1828년부터 사용한 민주당은 미국 양당정치의 본을 보여주고 있다.

그러나 우리나라의 경우는 말로 표현할 수 없을 정도로 민망하기 그지없다. 보수계열의 경우 대한독립촉성국민회, 민족자주연맹, 한국독립당, 대한국민당을 시작으로 하여 자유당, 민주공화당, 신민주공화당, 민주정의당, 민주자유당, 신한국당, 한나라당, 새누리당, 자유한국당 등 외울 수 없을 정도로 분열과 연합의 연속이었다. 민주계열의 경우도 한국민주당, 민주국민당, 민주당, 통일당, 국민의당, 신민당, 통일민주당, 평화민주당, 민주당, 새정치국민회의, 새천년민주당, 열린우리당, 더불어민주당 등 나열하기 힘들 정도로 보수계열과 유사한 경향을 보여주고 있다.

영국과 미국의 정치가 이념이나 정강정치라면 우리나라는 대통령이 당선될 가능성이 높은 후보자 중심으로 정당이 창당되고 연합되는 경우가 많아 뿌리가 없는 정당으로 전락하였다. 사실 자기들이 유리한 쪽으로 서로가 본 뿌리라고 우기고 있지만 정통성과 정체성을 양진영 모두 상실되고 말았다.

우리 정당의 변천사를 보면 10년이면 강산이 변한다는데 5년이면 정당의 이름이 바뀌는 부끄러운 모양새를 보여 주고 있다. 본 당이 분당되어 규모가 커진 당은 새로운 이름의 당으로, 남아 있는 당은 꼬마 당으로 잔존하여 생명 부지를 하다 다시 합당하는 등을 되풀이 하여 왔다.

이는 정당이 이합집산에 따른 반성보다 그들의 정당성을 먼저 주장하고 포장하는 것에 대해 비판보다는 수용을 묵인한 국민들의 책임도 한 몫 한다. 게다가 정치기반을 호남과 영남에 두다보니 당연히 수용할 수밖에 없는 구조였다. 더욱이 이러한 행태를 비판해야 할 매체들은 한술 더 떠 지역 색을 표출하기도 하고 편향된 색깔론으로 대통령 만들기에 앞장 서 당선 후에 정치권으로 진출한 사례도 있다.

사실 정치인들은 정당의 창당이념보다 공천을 받는 것이 우선이고 당선은 차후의 문제였다. 그만큼 공천이 정치생명을 좌우하기 때문에 당연히 보이지 않는 계파를 형성하고 줄서기가 당연시 되었다. 정치를 하는 정치인들에게 계파 형성을 비판하는 것 자체가 어리석은 일이지만 계파정치로 한 정당이 무너지는 경우도 있었다.

미국이나 영국처럼 100년 이상의 정당은 못되더라도 적어도 한 세대인 30년은 유지할 수 있는 정당의 탄생을 기대해 본다. 이는 정당의 분열과 결합으로 국민의 피로와 국론의 분열, 국가동력의 상실로 웅비하는 이 나라의 발목을 잡는 근원이 된다.

다음 선거에 패한 정당은 과연 어떤 당명으로 재탄생될지 두고 볼 일이지만, 최소한의 정통성이라도 유지하면 어떨까.

국민을 범죄자로부터 해방시키자

2018.04.13
국민을 죄인으로 영원히 구속

 산업화와 민주화의 경계에서 우리들의 의식은 급속한 변화를 겪어왔으나 그 속도에 쫓아가기 위해 미처 챙기지 못한 것들이 우리의 발목을 잡고 있는 경우가 주변에 허다하다. 산업화시대에는 오직 먹고 살기 위해 산업현장에서 뼈를 녹이는 역군으로, 민주화시대에서는 국민의 인권과 권익을 위해 수많은 민주인사들이 투쟁하고 고충을 겪어야 했다.
 이러한 굴곡된 삶에서 선진국으로 가기 위한 많은 법률이 만들어졌다. 그 법을 지키지 못한 일부 국민들은 범죄경력의 칸에 기록되었다. 일부는 범죄경력에 기록이 되지는 않았지만 오늘날 잣대로 범죄행위에 준하여 비판의 대상이 되었다.
 사실 현재의 잣대로 산업화와 민주화 시절에 있었던 과오를 측정한다면 온전한 국민은 거의 없을 것이며 많은 국민이 범죄자가 되어버릴 것이다. 특히 산업화에 물들어 있던 국민들은 설마라는 틀 속에 안전에 대한 불감증이 몸에 배어 그 당시 법률 위배에 대한 자각과 중요성을 인지하지 못한 것도 사실이다.
 88올림픽을 계기로 공공질서를 지켜야한다는 여론과 늘어나는 국민소득으로 인해 개인이 추구하는 삶이 법률에 어쩔 수 없이 위반되어

족쇄가 채워진 경우 이제 국민의 중지를 모아 그들을 범죄자로부터 해방을 시켜 줄 필요가 있다.

 우리는 역사를 통해 온고지신의 지혜를 잘 안다. 자신이 만든 법과 잣대에 자신과 측근들이 가장 먼저 옭매어 부메랑으로 돌아온다는 것을 말이다.

 모 기관의 수장을 임명함에 있어 야당들이 사퇴압력을 가하고 있는 것은 해당자가 과거에 말한 모순 때문이다. 남을 평가할 때는 가장 엄격한 잣대로 평가했기 때문에 모두가 범죄자요 부도덕한 자로 낙인찍히게 했다. 본인이 그러한 위치에 있게 되자 잘못을 인정하지 않고 변명을 늘어놓으며 그 시대상을 대변했다.

 그런데 사퇴를 압박한 국회의원들에게도 부메랑이 되어 모두가 함께 죽을 수도 있게 되었다. 정부에서 국회의원 외유와 후원금처리에 대한 유권해석을 중앙선거관리위원회에 질의했다고 한다. 만약에 모 국회의원이 피감사기관이나 후원금 처리가 불법이라고 판결하면 사퇴압박을 가하고 있는 국회의원 중의 유사한 의원들도 그 직을 내려놓고 심지어 사법처리를 받을 수도 있다.

 하나를 얻기 위해 많은 것을 내려놓아야 하는 것이 우리네 인생살이인데 정치인들은 자신의 것 어느 하나 내려놓지 않으려고 하는 데에 문제가 있다. 이번에 국회의원은 물론이고 고위공직자들의 몰지각한 행위를 정리하는 여론이 형성된다면 청와대의 국회의원 외유 조사가 더 탄력을 받을 수 있으며 어쩌면 청와대는 잃는 것보다 얻는 것이 더 많을 수도 있다.

 그러나 이제 정치인들에게만 면죄부를 주지 말고 도로교통법, 단순 상법을 위반한 국민에 대해서 면죄금을 납부하도록 하는 특별법을 제정하여 많은 국민을 범죄자의 낙인으로부터 구제하고 범죄경력조회에서 삭제해 주자. 그 면죄금으로 사회복지와 생산적인 청년일자리창출에 사용한다면 국민들은 범죄자의 낙인으로부터 해방될 뿐만 아니라 더 나은 개인의 행복한 삶의 영위를 통해 국가발전에 기여할 수 있을 것이다.

민주주의를 파괴하는 일부 공천심사위원 반성해야

2018.04.19
공천심사위원이 있으나마나

정치인들의 축제는 선거이다. 이 축제의 장에 들어가기 위해서 반드시 지참해야 하는 것이 공천장이다. 한 장의 공천장이 정치인들의 인생과 정치생명을 좌우한다. 따라서 공천장을 받기 위해 지역당협위원장에게 상머슴이상으로 굽실거려야 하고 어떠한 명령보다도 먼저 따라야 한다.

정치인들이 이해되지 않는 점은 일반 국민으로서 한두 가지가 아닐 것이다. 중앙에 집중되어 있는 권력을 지방으로 이양하라고 한 목소리를 내면서 당의 주인인 당원들은 늘 들러리요, 선거 때만 필요한 도구로 전락시키고 말았다. 더욱이 당의 지지율이 높으면 당원과 시민은 보이지 않고 오만의 극치를 보여줄 때도 있었고, 당협위원장들의 위상은 신적인 존재로 등극하곤 했다.

이러한 적폐가 발생되게 된 것은 무능하고 민주주의를 파괴하는 일부 공천심사위원들에 의해 기인된다. 각 당에 설치된 공천심사위원들이 자신들의 임무에 충실했더라면 민주주의가 후퇴하거나 정체되지 않았을 것이다. 국가와 사회를 상대로 요구는 터무니없이 하면서 공천심사에 대해선 꿀 먹은 벙어리가 되는지 모르겠다.

공천심사 중에 당협위원장들의 의견을 듣거나 중앙당이 깊숙이 개입하여 4년 동안 준비해 온 후보자들의 희망과 꿈을 한 방에 날려버리는 우를 범하기도 한다. 과거나 지금이나 공천 잡음으로 조용한 당이 없다.

옥새를 들고 당을 비우는 사태, 멱살 잡히는 추태, 지지자들이 당사를 찾아가 항의하는 소동 등 과연 민주주의에서 볼 수 있는 광경인지 우리 한 번 반성해 볼 필요가 있다. 더욱이 후보자들에게 피눈물 흘리게 해 놓고 심사비를 받아 웃으면서 귀가하는 모습을 상상하면 과연 한 인간으로서 삶의 철학이 있는지 의문이 간다.

대입 수능이나 각종 시험을 출제할 때도 출제자들이 철저한 통제를 받고 외부와 일체 연락도 되지 않는데 비해 정당 공천심사위원들은 자유로운 휴대폰 사용, 출퇴근 등 후보자들에게 노출이 다 되어 힘줄이 센 쪽의 영향을 받지 않을 수 없다. 특정인을 공천주기 위해 무리수를 두다 후보가 승복하지 않고 무소속으로 출마하여 당선이 되었어도 공천심사위원들은 어떠한 제재를 받은 적도 없을뿐더러 책임지는 사람조차 없이 공천종료와 함께 허수아비처럼 사라지고 만다.

특히 범죄경력이 부끄러울 정도로 많은 후보를 공천한 것을 보면 정말 대단하고 공천심의를 왜 하는지 또는 범죄경력조회를 왜 제출하라 하는지 묻고 싶다.

앞으로는 지방선거의 공천은 각 당의 지역당협위원회에서 실시를 해야 한다. 광역이상의 후보는 각 당의 중앙당에서 하되 지방선거의 시장, 도의원, 시의원 공천은 그 지역의 당원들이 결정해야 소위 위정자들이 필요할 때만 부르짖는 풀뿌리 민주주의가 정착될 수 있다. 공정하지 않거나 능력도 없으면서 공천위원으로 자리 잡고 앉아 일부 권력자의 꼭두각시 역할로 오히려 민주주의를 역행시키는데 기여하지는 않았는지 되돌아 볼 일이다.

모두가 민주 민주하면서 자신들의 몫에는 비민주적이고 반국민적인 행태로 하는지 도저히 이해되지 않는다. 이 글이 꼭두각시 공천심사위원으로 인해 탈락하여 울분을 토하는 이들에게 위안이 되기를 바래본다.

군복무 대체도입

2018.04.24
다양한 나라사랑 기회가 필요

　국가를 구성하는 국민, 영토, 주권은 국가가 존재하는 한 국가 구성의 3요소가 된다. 여기서 불변의 요소는 주권이며 어떠한 변화 속에서도 국가의 권력은 국민으로부터 나온다는 명제는 민주주의가 존립하는 가장 중요한 요소가 될 것이다. 이러한 숭고하고 소중한 주권을 지키기 위해서 우리는 교육, 근로, 납세, 국방의 의무를 충실하게 행하여야 한다.
　그동안 국민적 정서와 의식향상으로 교육, 근로, 납세 등은 어느 정도 사회적 협의가 잘 이뤄지고 있지만 국방의 의무에 있어서는 특정 종교와 운동선수 등 극히 일부에서 불화음을 보이고 있다.
　특정 종교에서는 군복무를 기피하여 사법처분을 받아 사회적 활동에 막대한 지장을 주고 있어 국방의 의무에 대해서 포괄적으로 고려할 필요가 있다. 만약에 특정 종교에 대해서 군복무대체를 해준다 해도 악용될 소지가 있어 사회적 비난을 면치 못할 뿐만 아니라 신성한 국방의 의무가 훼손된다는 우려도 있을 수 있다.
　이러한 점에서 국방부 관계자들도 군복무 대체에 대해 고민을 많이 했을 것이다. 더욱이 사회변화를 수용하고 싶어도 형평성과 4대 의무의 신성에 위배되어 쉽게 방안을 제시할 수 없었을 것이다.

필자는 종교적으로 군복무를 기피하여 사법처리를 감수하는 종교계와 국내외에서 한국을 빛내는 운동선수에 대해 탄력적으로 군복무 대체를 제안하고 싶다. 종교 특성에 따른 군복무를 해외 한글교사로 파견하여 한국 문화 소개와 함께 한국어 보급에 전념하도록 한다면, 국가 간 대외협력이 강화되고 국가 이미지 제고에 기여하여 군복무를 대체할 수 있는 명분을 얻을 수 있을 것이다.
 단 파견되는 비용은 종교재단에서 일체 담당하도록 하고 급여는 현 복무규정에 따라 지급한다면 국민정서도 어느 정도 용인할 수 있을 것이다. 한글보급에 따른 한국 상품이나 한국홍보 등 2차적 효과와 한국에 대한 친화도가 상승되어 일거양득의 효과를 얻을 수 있을 것으로 기대된다.
 그 다음으로는 운동선수이다. 군복무를 기피하기 위해 운동선수들이 불법적으로 수술을 강행하여 사회적 문제가 되었다. 해당 선수들은 선수생활을 접어야 했고, 불법시술로 인해 해당 의사들도 사회적 지탄을 받고 이미지가 실추되기도 했다.
 국내외에서 뛰고 있는 많은 선수들은 높은 연봉과 실력을 인정받고 있지만 군복무로 인해 실력이나 경력이 단절되는 경우가 많다. 올림픽이나 그에 준하는 대회에서 규정에 맞는 성적을 내야만 병역혜택을 받아 선수생활을 이어가는데 그 수는 극소수로 선수와 국가 모두 손실이라 아니할 수 없다.
 국내외에서 뛰고 있는 선수들의 연봉 중 병역복무 기간 동안 자신이 받는 연봉의 반을 한국 스포츠 발전기금으로 출현하여 청소년 체육증진에 기여하는 방안을 제안하고 싶다. 필자를 포함한 많은 군복무자들은 군에서 한 개인이 맡은 복무의 역할은 한정되어 있다는 것을 경험했다.

이러한 점을 고려한다면 범죄자를 양성하지 않는 군복무제도의 확립이 새로운 사회변화에 기여할 수 있다. 종교계와 스포츠계도 국민으로부터 나오는 주권의 소중함과 국가로부터 받은 소명의식을 더 소중히 여길 것으로 확신한다.

기업들의 청년일자리 투자

2018.05.22
생산적인 일자리가 필요

 미세먼지 때문에 비상이 걸렸다. 이러한 상황에서 환경오염을 현저하게 줄일 수 있다는 수소·전기자동차의 등장은 환경뿐만 아니라 청년일자리에 많은 기여를 할 수 있다는 생각을 한다.
 하지만 기능에 비해 비싼 차량가격, 충전소의 부족으로 좋은 기회를 놓치는 것 같아 애석한 마음이다. 필자는 수소·전기자동차의 가격인하와 각 충전소의 확대를 통해 야기되는 경제적 이득을 청년들의 일자리 창출과 연계하면 국가동력에 탄력을 받을 수 있다고 제언한다.
 우선 충전소를 확대하기 위해서는 친환경차법, 국유재산특례제한법을 개정하여 쉽게 충전소를 설치할 수 있도록 해야 한다. 한 충전소에서 휘발유, 수소, 가스, 전기 등 모든 에너지를 충전할 수 있게 하면 더 이상 에너지를 충천하기 위해 헤맬 필요가 없을 것이다. 이러한 충전소 설치가 가능해지면 친환경 에너지 가격의 인하로 세계 친환경자동차의 중심이 우리나라가 될 것이다. 그러나 충전소를 설치하는데 자금이 많이 소요되어 국가예산으로는 불가할 뿐만 아니라 개인 투자자들에게 투자를 권유해도 선 듯 나서지 않아 정부의 적극적인 정책이 필요하다.
 따라서 사업가들에 대한 부정적 이미지를 개선하고 국내기업 간의 협력을 통해 세계 최고의 환경국가 구현을 위해 기업의 동참을 유도해야 한다. 삼성 등 대기업들이 컨소시엄으로 투자를 하면 전국에 충전소를 확대 설치할 수 있을 것이다. 그리고 각 충전소의 직원은 그 지역의 청년들을 중심으로 고용하고 충전소마다 이익이 창출되면 소유권을 청년들에게 이전하거나 국민주로 전환하여 생산적인 청년 일자리를 만들 수 있다.

 또한 협력에 동참한 기업들은 직원들에게 자동차 구입비를 보조해주면서 각 기업의 사업장에 충전소를 설치하고, 자동차 제조업체는 친환경 자동차의 가격을 경쟁력 있는 가격으로 인하하여 10년 이내에 우리나라 자동차의 구성비를 친환경차로 전환시켜야 한다.

 생산적인 청년일자리가 조기에 정착되면 친환경 자동차 산업의 해외수출은 자연히 증가할 것이고, 제2차, 제3차 고용확대로 이어져 정부와 국민이 걱정하는 청년일자리를 어느 정도 해결할 수 있을 것이다. 그 외에도 컨소시엄을 통해 상호 경쟁을 한 기업 간에 협력을 유도하고 중복 투자로 인한 피해를 최소화 하여 국가경쟁력을 극대화할 수 있다.

 친환경자동차의 에너지원에 대해서도 원천기술과 특허를 상호 이용할 수 있도록 기업과 국가차원에서 진행한다면 국내기업끼리 제살 깎아 먹는 일과 매국행위를 차단할 수 있을 것이다.

 위에서 언급한 제안이 실행된다면 전 세계의 자동차시장 선점 및 부가 사업을 통해 국민 먹거리로 우뚝 설 수 있을 것이다. 지금 정치권에서 제안하는 청년일자리는 소비성 일자리라 국가의 예산이 소진되면 청년들은 다시 길거리로 나서야 한다. 이번 기회에 우리 기업은 국민으로부터 신뢰를 회복하고 국민은 기업을 포용하며 국가와 국민의 먹거리를 창조해 보자.

신40대 기수론을 주장한 정치인들
이제 양보의 미덕 보일 때

2018.05.25
본인들이 주장한 사실을 실천해야

　지금은 시대변화의 흐름이 조석에 일어나 적응하기 어려울 정도이다. 특히 정권이 바뀔 때마다 힘의 논리로 변화를 만들어 버리기도 하고 일부 정치인은 스스로 변화를 유도하기도 한다.
　공무원의 연령제한이나 지방선거의 출마제한, 사법고시, 지방선거공천 등 모두 인위적인 힘에 의해 변화를 보이게 했다. 정치인들의 짧은 소견으로 변화의 바람을 일으켰지만 부작용 또한 만만치가 않다.
　반면에 국회의원은 출마제한도 없고 연령제한도 없으니 그들만의 세상이 되고 말았다. 그중 개혁을 주장하며 자신들의 정치적 욕망을 위해 신40대 기수론을 주장했던 정치인들이 아직도 아름다운 퇴진을 하지 않아 물이 고이면 썩는다는 지혜를 입증해주고 있다.
　고 김대중 대통령과 김영삼 대통령이 대통령선거와 정치적 입지를 강화하기 위해 40대 기수론을 이끌었다. 그 당시 40대 기수론을 주장하고 선명정당을 주장해 온 그들도 모두 자연인으로 돌아가서야 정치에서 손을 떼었다. 그 후 신진 정치세력들도 신40대 기수론을 휘날리며 현대 정치사의 한 획을 그었다. 그로 인해 60대 이상 정치인들은 퇴물

취급을 받았으며, 이제 그들의 나이도 60이 넘었다.
 신40대 기수론을 주장한 정치세력들은 어느덧 중진의 세력으로 자리잡았다. 정치적 적폐대상이었던 그 자리를 그들이 차지하고 있다. 자신들이 주장한 40대 기수론을 증명하기 위해서는 스스로 정계를 은퇴해야 한다. 그런데 어느 정치인도 은퇴를 한 사람이 없다.
 이제 신40대 기수론을 주장한 정치인들은 아름다운 퇴진을 해야 한다. 자신들이 40대 시절 주장했던 정치적 소명의식을 젊은 정치인들이 더 발전적이고 공명정대한 정치구현을 실현하도록 자리를 비켜줘야 한다.
 기업에서는 40대 중반만 되어도 명예퇴직자 명단에 올라간다고 한다. 해외유학과 최고의 전문성을 가지고도 명예퇴직이 되는 현실에서 정치인들은 과거의 전력 하나로 세계 속의 한국을 이끌어가기에는 역부족이다.
 정년단축, 명예퇴직 등으로 고통 받고 있는 국민들은 오직 열심히 일한 죄밖에 없다. 그런데 그들은 연령 제한 없이 그 자리가 영구히 그들의 자리인줄 착각하고 있다. 자신들의 야욕을 위해 사회 전반의 흐름을 왜곡해서는 안 된다. 재차 강조하지만 자신의 야욕을 위해 신40대 기수론을 주창한 정치인들은 그들의 자리를 스스로 40대 젊은 세대에게 양보해야 한다. 그래야 자신들이 주장한 젊은 정치인 육성에 국민들이 동의할 것이며, 그들의 퇴진이 바로 한국 정치개혁의 마중물이 된다는 사실을 인지하면 좋겠다.
 선명을 외친 자 중엔 국민보다 자신이 먼저인 정치꾼, 시민운동을 가장한 정치꾼, 선거에 출마해서는 안 될 정치꾼 등을 양산하여 오직 자신들의 선거에 도움만 주면 그만이라는 사고로 국민들로부터 외면당하는 한국정치의 민낯을 보여주고 있다.

국민의 지지를 좀 받았다고 기세등등한 신40대 기수론 주창자들도 일반 정치꾼에 불과하다는 평가를 받기 전에 스스로 용단을 내려 멋있는 척이라도 하기를 기대해 본다.

경제는 군중심리로 안 돼

2018.06.08
기업과 노동자들이 상생할 수 있게

　다수의 의견이 존중되는 민주주의 사회에서 때로는 군중의 힘을 통제할 수 없을 때가 있다. 이미 우리는 통치자들이 교묘한 방법으로 국민의 인권과 권리를 박탈할 때에 그 군중들의 힘을 체득했을 것이다. 박근혜 정부의 국정농단에 대한 항의로 일어선 촛불은 국민들의 성난 몸부림으로 정권교체와 나라바로세우기로 직결되었다. 그로 인해 자유한국당은 쪽박을, 더불어민주당은 대박을 치고 온 나라가 파란물결로 휘날리게 되었다.
　성난 국민은 자신들의 권리를 묵인할 정도로 무지하지 않다. 앞으로 더 많은 권리와 권익을 위해 투쟁할 것이다. 어쩌면 국가의 재정이 어떻게 되든 세금은 적게, 혜택은 많이 주는 정당에게 표를 줄 것이고 그 당을 지지할 것이다.
　오세훈 서울시장이 무상급식으로 인해 시장직을 사퇴했다. 오시장의 시정철학을 지금 기억하는 서울시민은 거의 없을 것이다. 그만큼 정치인에게는 공약타임도 중요하다. 무상에 대한 알레르기가 있었던 모 정당은 지금 후회를 하고 있을지 모른다. 국가방위에 역점을 두었다고는 하지만 그렇다고 국방의 위상이 드높아진 것도 없어 보이고, 상대 당이 공약한 무상복지로 인해 파탄을 맞은 지방자치단체도 없어 보이기 때문이다.

 그러나 군중심리로 이뤄지지 않는 것이 경제이다. 문제인 정부가 시간당 최저임금을 10,000원까지 올리겠다고 공약을 하여 대부분의 노동자들이 순간적인 청사진을 기대했다. 하지만 최근에 한 연구기관의 경고음이 커지자 노동자들의 불만과 국회의 최저임금법 개정안으로 전체 노동계가 경악하고 나섰다.

 국민은 민주주의보다 먹고사는 것에 더 목메어 있다. 자신의 정당한 노동의 대가가 과소평가 된다면 가만히 있을 국민은 없다. 지금도 고용불안으로 국민의 원성이 하늘을 찌르는데 이번 최저임금법이 통과되어 실질적 임금이 높아져 4대 보험료 인상과 연계될 수 있어 향후 그 여파가 어디까지 다다를지 걱정이다.

 사실 물가가 안정된 상황에서 임금이 상승해야 그 효과가 있다. 요즘 필자가 거주하는 지역의 한 식당에서 음식 값을 인상하였다. 주변 식당들도 일부 음식 값을 인상하려는 계획을 세우고 있어 시장은 정부가 추진하는 방향의 정반대로 굴러가고 있다. 또한 통계청 자료에 의하면 2018년 4월 15세~19세 취업자는 18만9000명으로 2017년 4월 26만5000명보다 7만6000명(28.6%)이 감소했다는 보도에 이런 현상이 경제침체 국면인지 최저임금에 의한 일자리 감소인지 구분이 가지 않는다.

 이러한 국가적 경제침체와 고용의 위기 속에서 허구한 날 정치권에서는 탁상토론이나 경제 살리기 협의나 하고 있으니 얼마나 답답한지 모르겠다. 준비된 정부였다면 지금은 계획을 세우는 것이 아니라 실행에 옮기는 단계이어야 한다.

 결국 정치와 달리 경제는 군중심리와 협의로 되는 것이 아니라 기업에 의한 고용 중심으로 굴러가게 해야 한다. 또한 기업과 노동자들이

상생의 길로 갈 수 있는 장을 만들어 주는 것이 정부와 국회의 역할이다. 실질적 실업률을 낮추기 위한 정책으로 노동자들을 악용하고 있는 것이 아닌지 되돌아보고 이제부터라도 모두 손잡고 경제난국을 타계해야 한다.

청년은 미래의 꿈나무

2018.06.15
정치권에서 젊은이들을 고사시켜서야

　민주화 운동을 운운하는 정치인, 도덕성이 있다고 자부하는 정치인, 국가의 안위를 걱정하는 정치인들의 공천과정을 보면서 한국의 정치문화는 아직 멀었다는 생각이 든다. 민주화는 무엇을 위해 했으며, 도덕성과 국가안위는 누구를 위해 내세웠는지 도무지 이해가 되지 않고 허구와 위선이라는 생각밖에 들지 않는다.
　어려서부터 지금의 청년들은 '미래의 꿈나무, 우리의 희망' 이라는 말을 수없이 들으며 자랐다. 그 꿈을 실현시키기 위해 정치권에 발을 디딘 젊은 정치인들의 고사과정을 보면서 "우리가 알고 있었던 정치인들의 수준이 이 정도였나." 하고 한탄하는 소리를 주변에서 수시로 듣는다.
　과거지사 뒤로하고 2018년 6.13지방선거에 출마한 후보자들의 연령별 자료를 중앙선거관리위원회에서 공지했다. 그 자료를 필자가 분석하여 보니 그 결과는 더욱 놀라웠다. 30세 미만과 40세 미만 청년들이 출마한 선거는 시의원이나 광역의원 정도이며 극소수만이 단체장이나 국회의원에 공천을 받은 것으로 나타났다.
　이번에 공지된 지방의원의 경향을 보면 총 5,334명 중 30세 미만이 74명, 30세 이상~40세 미만이 303명으로 그 수가 극히 미미하여 아쉬움이 컸다. 30세 미만 지방의원의 공천수를 보면 충청남도 0명, 대구광역시 1명, 전라남도, 전남북도, 강원도가 2명씩으로 최악의 경향을 보고 주고 있다. 비율로 보면 30세 미만이 전체 중의 1.39%, 30세 이상~39세 이하가 5.68%를 차지해 공천자들의 인식에 심각한 문제가 있음을 적시해 주고 있다.

2017년 기준으로 보면 19세~29세까지 14.39%, 30세~39세까지 14.23%를 차지해 전체 인구의 28.62%를 차지하고 있다. 그런데 청년공천자의 비율이 7.07%에 불과하여 불균형이 심하며 심지어 정규분포에서도 엄청 벗어나 있다.

그 이유는 무엇일까? 지방의원 또는 시의원으로서 분별력이 없어서, 경험이 없어서, 능력이 부족해서 등등 여러 가지 이유도 있겠지만, 가장 중요한 것은 공천자들의 왜곡된 사고가 근원인 것 같다.

이러한 불균형 공천이 더불어민주당, 자유한국당을 포함한 대부분 정당에서 이뤄지고 있어 그 충격은 청년들에게 절망을 주기에 충분하다. 그나마 당지지율이 낮아 공천 신청자가 없어 청년을 공천하였기에 청년의 숫자가 늘어난 것이지, 그러한 공천자를 제외하면 청년의 비율은 초라하다 못해 울분을 참지 못할 지경이다.

그나저나 선거투표연령을 낮추자는 사람들은 무슨 면목으로 이런 주장을 하는가. 전체 인구의 약 30%를 차지하는 청년을 배제하고 자신들에게 유리한 선거구도를 위해 선거이용으로 선거투표연령을 낮추자는 말은 이미 꼼수로 설득력을 상실해 버렸다.

자신들 이익의 이용도구로 사용할 때는 청년, 청년하면서 정작 청년들의 희망과 미래의 문을 잠궈버리는 행위는 평생 위선자와 민주주의를 후퇴시킨 인사로 남을 것이다.

대통령이 계파 청산에 앞장서야

2018.07.04
자신의 가신부터 공천을 포기

정치인들이 자신의 영욕을 위해서 사용하는 글귀 중에서 가장 듣기 싫은 소리가 대통령을 보호하기 위해서란 말이라고 필자는 꼽는다. 어느 정부에서든 대통령 지근에서 자신의 위상을 드러내 보이고 싶고, 공천에서도 우선순위에 포함되기 위해 서슴없이 친박, 친노, 친문 등 다양한 모임이 형성되고 그 계파에 속하기 위해 연줄을 댄다.

이들 모두 대통령을 지키고 성공적 정부를 위해서라고 이구동성으로 자신들의 명분과 목적을 말하고 있다. 사실 권력의 중심이 대통령인데 대통령을 보호한다는 것은 권력의 구심력과 원심력을 동시에 얻기 위한 수단으로 밖에 보이지 않는다.

역대 대통령 중에 마음 편하게 국정을 한 대통령이 없으니 참으로 불행한 노릇이다. 국민을 보호하지 않고 오직 대통령에 매달려 대통령을 보호하겠다는 세력들의 암투와 권력투쟁으로 나라가 조용한 적이 없다.

국회의원은 국회에서, 정당인은 정당에서 자신들의 맡은 역할만 하면 조직이 조직답게 운영되는데 직책이상의 권력을 갖다보니 조직은 비대해져 명분과 대의적 의의를 상실하게 되었다. 이는 대통령의 묵시적 옥상옥이 형성되어 각 기구나 기관들이 기능을 상실케 된 근원이 되기도 했다.

만약에 대통령이 자신을 보호하는 가신그룹에 속한 정치인들에 대한 공천을 당에 하지 말아 달라는 요청을 한다면 과연 정치인들이 가신그룹에 몇 명이나 남아있을지 의문이 간다. 그토록 대통령을 사모하고 평생 섬기겠다고 자부한 정치인들마저 대통령의 임기가 종료되는 시점에서 정계 은퇴한 것을 보지 못했다. 대통령이 잘못되어 국민의 지탄을 받아도 책임을 통감하는 정치인도 보지 못했다.

그동안 정치인이 권력보다 국민과 국가를 보호하는데 앞장섰더라면 오늘날 우리 정치가 이렇게까지 암울하지는 않았을 것이다. 일부 정치인들의 몰지각한 행위와 도를 넘는 작태가 오히려 대통령에게 누가 되었다. 더욱이 자신도 보호하지 못하는 정치인들이 대통령을 보호한다는 명분을 믿어 줄 국민도 없을 뿐더러 대통령의 후광으로 자신을 지키는 행위에 불과하다고 생각한다.

이제 대통령이 나서서 계파를 청산해 줘야 한다. 정치인들에게 친문이란 단어조차 사용하지 못하도록 경각심을 각인시켜줘야 한다. 대통령의 권력과 힘을 믿고 국민을 보호하는데 소홀한 정치인들은 언젠가 대통령의 권력누수가 생길 때 가장 먼저 구차한 이유로 대통령 곁을 떠나간다는 사실을 인지하기 바란다.

더욱이 대통령 친위세력들의 정치생명을 구제해 주다 망한 정부가 한 둘이 아니다. 최근 모 당에서도 계파에 유리한 공천조건을 만들어 무리한 공천으로 망해버린 예에서 볼 수 있듯이, 정당과 국회가 대통령의 그늘에서 벗어나게 해 줘야 민의가 왜곡되지 않는 정치구현을 실현할 수 있다.

어느 조직이든 계파는 존재하나 과도한 계파 형성은 없는 것보다 못하다. 계파끼리의 권력다툼은 붕괴의 원인이 되므로 대통령이 솔선수범을 보여주면 앞으로 백년대계의 정치문화가 확립될 것이다.

나와 우리의 주적은 누구?

2018.07.31
피해 주면 주적이 돼

　우리가 사용하는 단어 중에 생명과 관련된 적(敵)의 의미를 이제는 포괄적으로 사용하게 되었다. 한자로 원수 적, 대적할 적으로 의미하며, 한글로 풀어보면 싸움의 상대자, 상대편, 나쁜 영향을 미치는 요소 등으로 사전에서는 기술하고 있다.
　이렇게 험하고 무서운 단어를 그동안 너무 쉽게 사용해 왔다. 부모에게 불효하거나 말썽을 부리는 자식에게 "철천지원수 같은 자식", "꼴도 보기 싫은 자식", "뭘 먹고 낳았는지 몰라." 등 자식에게 해서는 안 될 말들을 스스럼없이 사용했다.
　경기에서 반드시 이겨야 하는 국가를 숙적, 승진이나 입학 등에서도 경쟁자를 나의 적이라 할 정도로 광의로 사용하곤 했다.
　사실 그동안 적은 군사적으로 위협을 주는 국가를 대상으로 하여 주적이라고 더 강조해 왔다. 정보화시대에서는 군사적 위협뿐만 아니라, 정보와 경제까지 막대한 영향을 주기 때문에 주적의 개념도 국한되지 않고 그 의미도 포괄적이다.
　국방백서에서의 주적개념으로 정치권에서 한바탕 소란이 있었다. 진보진영은 광의적으로, 보수진영은 협의적으로 함축하려는 의도로 국론이 분열되기도 했다. 6.25사변이후 우리의 군사적 주적은 북한이었다. 전쟁의 후유증과 몇 번의 위기로 당연했는지는 모른다.

작금에 와서는 핵보유국가가 늘어나면서 주적의 개념은 더 포괄적으로, 순간적으로 변동될 수밖에 없게 되었다.

경제적 주적도 마찬가지이다. 미국과 중국의 무역전쟁으로 인해 피해는 모든 국가가 당하고 있다. 미중간의 무역전쟁 이전에도 중국의 무역보복으로 국내의 기업이 파산하고 그로인한 근로자들의 실직으로 가족이 해체되는 전쟁 그 이상의 아픔을 겪어야 했으며, 화폐절하 평가로 세계의 경제적 주적으로 지목받는 국가도 있다.

이보다도 더 무서운 적은 해킹과 바이러스로 인한 정보피해이다. 최근에 개인정보 유출 및 해킹, 암호화폐의 해킹, 국가기관의 해킹 등에 대해서 전문가와 국가는 속수무책이었다. 사후대책을 세워 놓았지만 지능적으로 발전해 가는 해킹과 바이러스차단은 한계가 있어 보인다.

한 국가의 멸망을 군사적으로 개입하는 것보다 정보전으로 경제, 교통, 통신 등 국가기반시설을 무용지물로 만들어 버리면 그 국가를 재건하기란 그리 쉽지 않을 것이다.

강력한 힘을 보유한 정보전이 국가의 모든 기록까지 복구할 수 없도록 한다면 국민은 있어도 국가는 없게 되어 버린다. 이와 같이 국민과 국가를 위협하는 적은 군사적 대응뿐만 아니라 경제, 정보, 산업, 무역 등 총괄적이다.

오직 군사적 위협만 주적으로 단정 짓는 정당이나 인사들은 국가의 운영에 참여할 자격조차 없게 되어버렸다. 급진적 정보의 발전과 보이지 않는 살상무기로 인해 국가와 정치인들은 주적의 개념을 새로 정립하고 이에 대응하는 전문가 육성과 기반을 조속히 완성해야 한다.

지금은 영원한 적도 동지도 없다. 하지만 국가안보 차원에서 모든 국가가 일시적 적이 될 수도 있다는 것을 인지해야 한다. 허세와 어쭙잖은 주변국가의 칭찬으로 인해 광의적 국가의 주적을 놓치는 우를 범해서는 아니 될 것이다.

국제적 님비에 침묵

2018.08.03
미래를 보지 못하는 안목

 열악한 주거난을 해결하기 위해 정부는 1990년대부터 신도시 건설을 추진했다. 전국적으로 많은 사람들이 아파트부금, 청약저축 등에 가입하여 아파트당첨은 곧 로또가 되었고, 한 가정의 축복이 되었다. 1990년대는 경제발전이 최우선으로 환경이 파괴되어 환경단체들의 활동이 어느 시기보다 활발했고 주목을 받았던 시대였다.
 오랜 기간 동안 조상이 물려 준 땅을 지키며 화목한 가정을 이루고 살았던 원주민들은 정부정책에 의해 고향을 떠나야 했다. 그곳에는 어떠한 연고도 없는 타지인들이 속속 자리를 차지하게 됨으로서 당첨의 축복 속에 심각한 갈등도 내재되어 있었다.
 우선 소각장을 예로 들면 신도시가 건설될 때 소각장을 미리 선정한 지역은 민원이 적었지만, 건설 후 소각장 건립을 추진한 신도시는 주민들의 반대로 몇 년 동안 공사가 지연되고 주민간의 갈등이 고조되었다.
 이로 인해 전국적으로 혐오시설을 반대하는 지역이기주의인 님비현상이 용광로처럼 뜨거웠다. 하지만 반대를 주장한 측의 소원대로 공사가 중지된 곳은 거의 없었다. 결과적으로 시간지연으로 공사비는 상승했고 갈등을 초래하는 상처만 남기고 말았다.

당시 일부 정치인과 학자들은 광역화를 주장하며 새로운 제안을 내어 놓았다. 그러나 자신들이 거주하는 지역은 배제된 이율배반적인 것이어서 누구도 수용할 수 없는 빈 깡통이었다. 조금 더 효율적인 방안을 제시한 학자들마저 매도당해 현실과 멀어져 있었다.
 문재인 정부가 들어서면서 탈원전을 표방하여 전국적인 이슈가 되고 있다. 원전공사중단, 폐기, 가동중단, 가동 등 짧은 시간에 원전으로 인한 갈등이 고조되어 원전 관련 학자와 반대하는 측과의 갈등은 여전히 불씨가 되고 있다.
 그러한 가운데에도 사우디아라비아 원전수주, 영국 원전수주 가능 등 원전수출로 국익 창출에 많은 기대를 걸고 있다. 세계에서 가장 안전하다고 하는 한국형 원전은 그동안 학자들과 관련자들의 피눈물 나는 연구의 결과이다. 일부 국가에서는 원전건설을 계속 추진하고 있는데 반해 우리는 폐기 쪽으로 가닥을 잡고 있는 듯하다.
 완전한 폐기는 아니라고 하지만 원전감소로 인한 투자와 기술의 뒤처짐과 전문가 부족으로 추후 발생되는 안전에 염려가 된다. 따라서 누가 선무당인지는 나중에 밝혀지겠지만, 당장 전기료인상과 전력부족이 발생되면 국민적 비판과 저항에 직면하게 될 터인데 지금까지 찬성자와 반대자들 중 그 누구도 책임을 지지 않고 있다.
 위에서 언급한 신도시 아파트 당첨자 중에 환경보존을 주장한 사람들도 있을 텐데 자신이 당첨된 지역에서 환경보존을 위해 공사 전 아파트 개발 반대 운동을 전개하였는지 묻고 싶은 심정이다.
 원전 반대측의 방사능 누출로 인한 국민의 생명위협과 환경파괴론 그리고 찬성자들의 원전안전과 저비용 고효율의 주장이 팽팽하여 누구의 주장이 옳은지 선뜻 선택하기 쉽지 않은 상황에서도 원전을 반대하는 사람들은 해외 원전수출에는 침묵을 하고 있다. "내 지역, 내 나라가 중요하면 원전을 수입하려는 국가의 국민들도 중요하지 않는가?"
라고 반문한다면 뭐라 답할지 묻고 싶다.

 이처럼 국민의 안전을 위해 원전을 반대하면서 원전수주국의 안전에 무관심하거나 방관하는 것이 과연 옳은 한국인 상인가. 필자가 한 예로 원전을 들었지만 한국에서의 혐오산업들이 해외로 이전하면서 그 나라의 환경오염을 유발시킨 것에 대해 환경과학을 전공한 필자는 반성과 책임을 느낀다.

 원전으로 인한 국민의 갈등이 전문가에 의해 명백히 밝혀 불안을 해소하는 것이 국제적 님비를 해결할 수 있는 길이고 국부의 손실을 막는 길이다.

우리 모두 국민 효자가 되려면

2018.08.09
긴 병마에 효자 없다는데

생로병사의 윤회에서 벗어날 수 있는 사람은 그 누구도 없다. 인간은 오로지 공간의 범주는 조정할 수 있어도 아직까지 시간의 범주에는 접근하지 못한다. 단지 신약과 최첨단 기술을 개발하여 잠시의 시간은 연장할 수 있어도 생로병사의 기로에서 해방될 수는 없다.

진나라의 진시황은 불로초를 구하여 불사하려고 했지만 그도 한 인간에 불과했다. 오래 산다하여 무조건 좋아라 할 수 있을까. 먹고 살기 힘든 상황에서 늙고 병든 부모가 계실 경우에는 그 고충을 감내하기가 여간 어려운 게 아니다. 오죽했으면 '긴 병에 효자 없다.' 라는 말이 생겼을까?

반면에 신라 경덕왕 때 아버지가 앓아누우시자 자신의 허벅지 살을 베어 밥상을 차려 올린 향덕의 효행, 어머니의 병이 몹시 심해지자 손가락을 단지해 5년을 더 사시게 한 최사립의 효자이야기 등 자식으로서 부모를 섬기는 천륜의 교본도 있었다.

긴 병으로 인해 가족의 고통과 생활에 많은 영향을 주는 것은 예전이나 지금이나 마찬가지인 것 같다. 경제적으로 여유가 있거나 지위가 높은 이들은 이러한 상황이 되어도 큰 문제가 없지만 그러하지 못한 국민들은 하루하루 연명하기가 힘들다.

그 와중에 다른 국가에 비해 우리나라의 복지제도가 잘 되어 있어 불행 중의 다행이다. 연금이나 개인건강보험에 가입되어 있으면 국민 누구나 혜택을 볼 수 있는 국가에서 살고 있으니 감사할 따름이다.

그런데 한국복지의 시스템에 적신호가 조금씩 감지되고 있다고 한다. 고용불안, 인구감소, 복지확대 등으로 인해 4대 보험 인상이 불가피해 보인다. 보험료를 조금 더 내서 혜택을 많이 보면 싫어할 사람이 없지만 현실의 경제적 여건이 그리 좋지 않아 영세자영업자나 여유가 없는 국민으로서는 큰 부담이 된다.

요양원에 부모가 장기 입원해 있는 가족의 이야기를 들어보면 경제적으로 많은 압박을 받는다고 한다. 그 많은 요양비를 자식들이 납부하느라 돈이 없는 가족들은 형제간의 우애까지 금이 갈 지경이라고 한다.

예전에는 장남에게 재산을 물려주다보니 고혈압이나 중풍 등 중병에 걸려 몇 년씩 병수발을 해도 부모 모시는 것을 당연한 것으로 생각하였다. 지금은 유산도 법률에 따라 배분하여 부모 모시는 것도 서로 미루고 집안의 애경사가 있어도 예전과 같은 화기애애한 모습을 보기가 힘들어졌다.

각박해진 사회로 인해 부모님을 요양원이나 요양병원에 모시는 것만 해도 큰 효행으로 생각들 하게 되었다. 병들고 경제적으로 여유가 없는 부모들은 자식들이 애지중지하는 반려견 보다도 못한 세상이 되었다.

작금의 현실이 이러하니 우리들의 미래를 위해서 우리 스스로 대안을 찾아야 할 것 같다. 4대 보험과 달리 요양원이나 요양병원, 장례식까지 해결할 수 있도록 지금부터 준비하면 어떨까 제안해 본다.

4대 보험에 가입된 자와 30살이 넘은 국민에게 매달 1만원씩 또는 제품에 일정비율로 효도세를 법령으로 제정하여 특별 관리하도록 하는 것이다. 효도세 관리는 보건복지부에서 총괄 관리하되, 지방자치단체의 복지과에서 위임받아 지역을 관리하도록 하면 새로운 조직형성도 필요 없고 병치레와 장례까지 자식들에게 부담을 주지 않아 부담 없이 노후를 정리할 수 있을 것이다.

 또한 효도세로 각 지방자치단체에 복지타운을 조성하고 효도자금이 누수 되지 않도록 장치를 한다면 한국복지시스템의 불안과 세대 간의 갈등해소는 물론이고 대한민국 전 국민이 효자로 세계 최고의 복지국가가 되리라 확신한다.

난 극빈자인가 중산층인가

2018.08.10
선비정신도 못 피해가

지구상에서 땅을 중시하는 국민을 꼽으라면 당연히 우리나라 국민이 으뜸일 것이다. 예부터 땅 부자는 땅을 대물림하여 가문의 영광과 부귀, 명예도 유지해 왔다.

지금도 계승정신이 투철하여 땅과 집만큼은 자손 대대로 이어져 가고 있고 "밥은 어느 곳에서 먹더라도 잠은 집에서 자라."라고 할 정도로 후손들에게 몸가짐과 집안단속을 철저히 해 왔다.

그러나 부의 부익부 빈익빈으로 인해 없는 사람들이 집 한 채 갖기가 참으로 어려운 세상이다. 직장인들이 월급을 모아 스스로 집을 장만하려면 계산상 거의 불가능할 정도이고 대출이나 부모님의 도움을 받아야만 겨우겨우 마련할 수 있다.

이런 고민을 하던 차에 한 지인으로부터 각 나라에서 생각하는 중산층의 기준에 대한 자료를 받아보게 되었다. 이를 통해 우리의 가치관과 서구의 가치관에 큰 차이가 있다는 것을 알게 되었다.

우리나라 직장인을 대상으로 조사한 결과 한국의 중산층 기준은 '부채 없는 아파트 30평 이상 소유, 월급여 500만원 이상, 자동차는 2,000CC급 중형차 이상 소유, 예금액 잔고 1억원 이상 보유, 해외여행 1년에 한 차례 이상 다녀야' 등으로 응답했다고 한다.

반면에 프랑스의 경우(퐁피두 대통령이 Quality de vie '삶의 질'에서 정한 프랑스 중산층의 기준)는 '외국어를 하나 정도는 할 수 있어야 하고, 직접 즐기는 스포츠가 있고, 다룰 줄 아는 악기가 있으며, 남들과는 다른 맛을 낼 수 있는 요리 능력을 갖추고, 공분에 의연히 참여하며, 약자를 도우며 봉사활동을 꾸준히 해야 한다.' 등이 중산층의 기준이다.

영국 옥스퍼드대학교에서 제시한 중산층은 '페어플레이를 할 것, 자신의 주장과 신념을 가질 것, 독선적으로 행동하지 말 것, 약자를 두둔하고 강자에 대응할 것, 불의·불평·불법에 의연히 대처할 것' 등이 그 기준이다.

공립학교에서 가르치는 미국의 중산층 기준은 "자신의 주장에 떳떳하고, 사회적인 약자를 도와야 하며, 부정과 불법에 저항하고, 테이블 위에 정기적으로 받아보는 비평지가 놓여있어야 한다." 라고 한다.

필자는 그동안 동양은 정신적인 세계를 중요시하고 서양은 물질적인 것에 더 치중하는 것으로 인지해 왔다. 그런데 위 내용을 읽어보고 나서는 동양의 오만이었다는 것을 깨달았다.

예부터 정신세계를 추구해 오던 동양은 여기에서 벗어나 오직 돈과 물질적 소유에 매달리고 있지만, 서양은 물질의 중요성보다 정신적 또는 사회성에 역점을 두는 것 같았다. 그중에서 우리들의 물질적 소유 중심의 가치관이 더 강화되고 있는 것은 하나의 변화과정이라고 하기엔 너무 비참해 보였다.

근래 사회적 약자들과 동행하자고 하지만 사실은 대다수가 자신의 안위가 우선이라는 것이 내재되어 있는 듯하다. 다시 말해 우리는 나를 중심으로 한 이웃이었고, 서구는 이웃 속에 나의 존재를 찾는 그런 느낌이다.

필자를 포함한 많은 국민들을 우리나라 중산층 기준에 대입해 보면 과연 중산층이 얼마나 될까 궁금해진다. 필자는 영국이나 미국의 기준으로는 중산층에 조금 더 가까워질 수 있다 치더라도 한국 기준의 중산층이 되려면 다시 태어나도 불가능함을 느낀다. 한민족의 근본인 선비정신을 어디에서 찾을 수 있으려나 한탄하며 동시에 서구의 중산층 기준이 부러움으로 다가온다.

근거 없는 낙관주의 교육으로는 미래가 없어

2018.08.12
편한 공부가 어디 있소

일부 대학에서는 신입생들의 수학과 물리의 실력이 저하되어 보충수업까지 해야 한다고들 한다. 나라와 개인의 미래를 위해 교육이 존재한다. 오직 대학 졸업장 취득만이 목적이 아니다.

근래 일부 학자와 시민들이 주장하는 교육은 과연 누구를 위한, 무엇을 위한 교육일까. 하향평준화해서 무엇을 얻을 것인지 또 누굴 위해 그리 하는지 미래를 생각하는 교육자들이 고민하고 있다.

대학은 그 나라의 현재와 미래를 책임지는 인재양성소이다. 초중고는 물론이고 대학에서의 교육의 질 관리를 통하여 우리 아이들이 미래를 살아갈 역량을 연마할 수 있도록 하는 것은 모두가 바라는 교육의 목표이다. 누구나 내 자식이 더 좋은 대학, 더 좋은 학과를 졸업해서 한 인간으로서 자립할 수 있고, 미래가 보장되기를 절실하게 바라고 있음을 부정할 수 없다. 그러기 위해서는 서로간의 경쟁은 어느 정도는 불가피할 뿐만 아니라 그 과정에서 학문과 교육의 질은 향상된다.

일부에서는 암기식 교육을 탈피해야 한다고 주장한다. 그러나 암기를 통해 이해가 가능할 수 있으며 그것을 기반으로 깊이가 있는 교육이 유도될 수 있다. 개념조차도 인지하지 못한 상태에서 창의성 교육을 일방적으로 주장하는 것은 검증되지 않은 낙관주의적 교육관을 가지고 있는 사람들의 주장이라고밖에 볼 수 없다.

중국이 우리 80년대 교육의 영향을 받아 우수한 인재를 해외로 유학 가도록 독려하여 세계적 기술을 보유하게 된 것은 널리 알려진 이야기다. 또한 중국이 공산주의 체제이면서도 개방을 통해 인재를 양성한다는 점은 체제붕괴를 염려한 일부 국가와는 상반된 입장이다

지금 편하게 쉬면서 미래를 논할 처지가 아니다. 대학마다 불이 켜져 있어야 하고 학생들은 미래를 위해 더 분발해야 한다. 개인별 진로탐색을 명분으로 학교의 야간자습을 폐지하고 자율적 도서관을 운영하고 있다. 소수학생만 자율독서실에서 공부를 하고 많은 학생들은 학원과 길거리를 배회하고 있다고 한다.

요즘 대입제도 개편안 마련을 위한 공론화로 국민 모두가 대입전문가 인양 열기가 뜨겁다. 우리의 미래를 위해서 정부는 각 대학의 학생선발권을 대학에 위임해 줘야 한다. 일률적으로 통제하고 대학특성을 무시한 선발은 후진성을 벗어나기 어렵다.

인재를 양성하지 못하는 대학은 자연히 도태될 것이고 성공한 대학은 세계굴지의 대학과 더 경쟁할 수 있을 것이다. 현실에 안주시키고 미래를 방치하는 교육은 국가의 발전을 가로막아 장차 먼 훗날 교육의 방관자로 비판을 받아도 변명의 여지가 없을 것이다.

대학도 졸업장만 주면 책무를 다 했다는 생각을 버려야 한다. 학생들의 실력향상을 위해 교육기자재도 충분히 갖추고 수준 높은 교육이 가능한 교수 유치 등 교육에 투자를 해야 한다. 그동안 태평세월로 학생들의 하향된 교육의 질에 대해서 한번쯤은 반성해야 한다.

4차 산업이 미래의 먹거리라고 주장하는 사람들에게 과연 수능에서 기하와 과학Ⅱ 과목을 빼고 인공지능 등 최고의 기술 집약을 위한 인재육성이 가능한지 반문하고 싶다. 중국의 경우는 STEM(과학

Science, 기술Technology, 공학Engineering, 수학Mathematics의 약자)을 강화하는 반면에 우리는 거꾸로 가고 있다.

또한 치열한 세계 경쟁 속에서 우리만 편하게 놀 것 다 놀면서 언제 그들과 경쟁할 수 있을지 우리의 자화상을 재고해 볼 필요가 있다.

지금처럼 하향평준화, 학생편의주의 교육을 계속한다면 진보교육이 아니라 국가의 미래를 막는 교육이며, 몰락하는 한국호의 주범으로 지탄받게 될 것이다. 소위 진보교육자라고 하는 분들에게 진정한 진보교육이 무엇인지 묻고 싶고, 지금과 같은 교육을 받고 졸업을 한 학생들의 취업과 미래를 책임질 수 있는지 반문하고 싶다.

부동산과 임대료 하락에 국민연금이 나서야

2018.09.07
돈이 돈을 벌어 국민에게 혜택을

출구 없는 부동산 상승은 온 국민의 허탈감을 증대시키고 있다. 드디어 평당 분양가가 일억원인 오피스텔이 분양되었다니, 이게 나라인가 의심을 안 가질 국민은 없다. 그곳에 사는 사람은 도대체 누구일까 하는 의구심도 갖게 된다.

서울의 집값이 가파르게 치솟고 있다. 날마다 대책을 내놓아도 여전히 상승세가 멈추지 않는 것을 보니 뾰족한 해결책이 안되나 보다. 날마다 나오는 대책을 비웃듯이 부동산으로 돈을 번 사람들은 정부를 비웃고, 무능한 정부 부처의 공무원들은 자리에 연연하고 있다.

흔히 사회에 기여하는 기금으로는 장학재단이 대표적인데 대부분 운영을 은행에 적금형태로 적립하여 이자로 장학금을 지급하고 있다. 이자율이 낮을 때는 그만큼 장학금 혜택이 줄어든다. 이처럼 기금을 안정적으로 운영하는 반면에 수익이 적다는 단점도 내재하고 있다.

국민연금도 마찬가지로 이자나 주식에 투자하고 있는데 이자율이나 주식이 폭락할 경우는 본전은커녕 막대한 손해를 입게 된다. 사실 막대한 자금의 국민연금을 잘 운영할 방법이 없는 것은 아니다. 국민연금의 운영규정이 어떻게 되어 있는지 잘 모르지만 공격적인 운영도 필요한 시점이라고 본다.

600조가 넘는 자금을 단순한 이자와 주식으로 운영하기보다는 아파트분양 사업과 임대사업으로 진출하는 것이다. 국민연금공단에서 정부와 조율하여 그린벨트 내 임대아파트 건설과 상가지역의 오피스텔이나 주상복합건물을 건축하여 임대료 인하작업에 적극 나서야 한다. 대부분 상가들의 임대료가 은행이자 보다 몇 배 이상의 수익을 얻어 임차인들은 아무리 수익을 올려도 임대료 인상을 맞추기 어렵다.
　이에 국민연금은 기존 상가보다 현저하게 낮은 조건으로 임대사업에 투자한다면 소상인들의 임대료부담을 줄일 수 있고 주변 상가의 임대료 인하 효과를 가져올 수 있다. 또한 국민연금의 분양가와 임대료가 국가의 표준으로 정착되어 부동산의 공적 가치에 기여할 수 있을 것이다.
　또한 공사단가를 공개하여 전국 건축비 인하 효과를 유도한다면 현재 과도한 건축비의 거품도 제거할 수 있다. 그리고 전국에 산재해 있는 국민연금공단 지사, 국민건강보험공단 지사 등이 대부분 임대로 사무실을 운영하고 있기 때문에 고정비가 상당히 들어가는 걸로 알고 있다.
　이에 국민연금공단에서 각 시군에 국민연금공단 사옥(사무실 전용 빌딩 20층 이상)을 신축한다면 임대료 지출 또한 막을 수 있다. 그리고 아파트, 주상복합건물, 국민연금공단 건물 등에 수많은 일자리도 창출할 수 있을 것으로 기대된다.
　환원하면 수도권 그린벨트 중 임대아파트 부지가 있는 곳, 국민연금공단 지사가 있는 곳, 중심상가 내 노후된 건물 중심으로 주상복합상가 또는 오피스텔 등을 조성한다면 막대한 수입을 창출하고 주식 등으로 손해를 볼 일이 줄어들 것이다.
　국민연금의 100조 정도만 상가와 아파트 조성에 투입을 해도 건설,

전기, 전자, 기타 산업들도 낙수효과를 얻어 불황에 놓인 경기활성화에도 기여할 수 있다.

 단순히 한 번 사업으로 끝나는 것이 아니라 수익금을 재차 임대사업으로 투자를 유도하여 고갈되어 가는 국민연금 확보에도 부응할 수 있다. 이제 국민의 국민연금이 가입자에게만 혜택을 주는 것이 아니라 국가와 모든 국민에게 혜택을 주는 공단으로 거듭나야 한다.

이젠 진보와 보수가 아니라 정치꾼과 국민과의 전쟁

2018.09.17
정치꾼을 몰아내는 것이 우리가 살 길

　지긋지긋한 이념분쟁으로 우리나라가 두 조각으로 분단되고, 그 이후에도 두 조각으로 쪼개져 국가다운 국력을 발휘하지 못했다. 이념의 무장은 쉬워도 해제는 오랜 시간이 걸린다. 2000년 전까지는 선거 때마다 지역분쟁을 유도했고 2000년 이후부터는 이념분쟁으로 선거가 이뤄져 자신들의 정체성까지 모호하게 만들었다.
　자칭 보수라고 칭하는 분들은 국가안위를 위해 자신들의 모든 것을 바친다 했었건만 국민이 얻은 것은 무엇인지, 반면에 진보라고 칭하는 사람들도 국민들에게 무엇을 해 주었는지 명확히 답을 할 수가 없을 것이다.
　지금 상가나 시장통에 가 봐라. 텅텅 비어 있는 식당, 거리 등 무너져 가는 우리네 경제와 그로인한 국민들의 피폐함을 진보와 보수 정권이 해결해 줄 수 있는지 아니면 이 어려운 국면을 힘없는 국민들이 다 책임지고 해결해야 하는지 스스로 반성해 볼 즈음이 되었다. 무작정 '진보고 보수다' 라는 식이 얼마나 부질없는 짓인지 뒤돌아보고 성숙해질 단계이다 그래도 진보와 보수에 줄을 잘 선 사람은 그나마 시의원이나 작은 자리에나마 취업을 하여 노후를 걱정 없이 해 놓았지만 대부분 국민들은 그냥 지지로 끝나 남은 것은 자신들의 노후걱정뿐이다.

외국 정치인들의 연봉을 비교해 보면, 연봉이 10만 달러 이하 국회의원인 나라는 스페인, 덴마크, 노르웨이. 스웨덴. 핀란드, 벨기에, 프랑스, 영국 등이며, 10만 달러 이상인 국가는 호주, 케나다, 오스트리아 등이고, 10만 5천 달러 이상이 이탈리아, 한국, 미국, 일본 순이라고 한다. 필자는 이 내용을 보고 놀라지 않을 수 없었다.

우리가 그들을 지지해 주고 응원해 줄 때, 그들은 연봉인상과 수많은 특권을 챙겼다. 이것이 우리들이 지지한 사람들이 한 일들이다. 과연 옳은 일인지 그릇된 일인지 이제는 좀 살펴봐야 하지 않겠나.

내가 지지해서 당선되었다고 마냥 기뻐하고 더 반가워 한 척한 결과가 이렇게 돌아온 것이 아닌지 비판적 시각으로 돌아봐야 한다. 냉철히 따지지 않고 무조건 지지한 결과 우리는 우리의 몫을 정치인들에게 양보해야 했다. 이념의 의미도 모르는 채 영원히 진보와 보수로 나뉘어 갈등을 연장하고 있다.

국가의 동력으로서 역할을 하기 위해서는 진보와 보수의 이념을 해제하고 정치꾼과 국민의 대면으로 가야 한다. 그래야 국민은 하나라는 이념으로 다시 세계중심의 한국을 연착륙시킬 수 있다.

그동안 진보와 보수의 탈을 쓴 정치꾼에게 우리 스스로 울타리가 되어 주었었다. 우리가 뒤에서 이념에 속아 보호를 해 주었기에 그들은 기고만장하여 오늘의 작태를 만들었다. 이제는 우리 모두 울타리를 허물고 서로 하나 되는 화합의 장을 만들 때 자신의 잇속만 챙기는 정치꾼들이 숨을 공간이 없어질 것이다.

지금까지 우리는 무지해도 너무 무지했다. 고향이 같아서, 말투가 같다고 무조건 지지해 준 결과가 이렇게 우리 위에서 군림할 줄이야!

인구는 줄어드는데 국회의원 증원 추태

2018.10.02
줄여도 시원치 않은 마당에

정부와 지방자치단체에서는 인구 감소문제를 해결하기 위해 많은 묘책을 세워 출산을 장려하고 있지만 지금까지는 공염불에 불과하다. 이렇게 국민의 마음을 읽지 못하는 정치인들이 있는 한 어느 정책이라 할지라도 국민들은 감동을 하지 않을 것이다.

지금 초등학교 학생 수가 급감하여 교육계에도 비상이 걸린 상태이다. 대학들도 학생 유치를 위해 교수들까지 나서고 있는 시점에서 정치권에서는 울화통 터지는 소리만 터져 나오고 있다. 현재 우리나라의 국회의원 수가 300명인데 이것도 적은 모양인지 증원하자고 한다.

2012년경에 필자는 우리나라 국회의원 1인당 국민의 수가 약 16만명, 일본 약 20만명, 미국이 약 70만명이 된다는 자료를 보고 우리나라 국회의원수가 다른 나라에 비해 많구나 하며 놀랐던 기억이 난다. 몇 년이 지났고 각 나라별 특수성을 고려한다 해도 우리나라의 국회의원의수가 지금도 많다는 것이 다수의 생각이다.

각 정당이 손익계산을 하여 최종안을 내겠지만 현재 국민으로부터 가장 지탄을 받고 있는 국회가 민생보다 자신들의 안위만 생각하는 모습에 분노를 감출 수가 없다. 정녕 국회의원 수가 적어서 국회 의정활동이 미비하고 부족했던가. 어느 국가 국회의원은 자전거로 출근을 하며 세비도 우리나라 국회의원보다 현저히 적은데도 불구하고 소명의식을 가지고 민생을 챙긴다고 한다.

 작금의 국회의원 특권을 들여다봐도 많은 국민들이 울분을 토하고 국회를 없애고 싶은 심정을 가지고 있을 것이다. 이러한 상황에서 국회의원 증원을 은근히 흘리고 있는 추태는 제2의 촛불이 국회로 입성할 날도 그리 멀지 않았다는 것을 암시해 주고 있다.

 그동안 자신들의 입맛에 맞게 특권을 만들어 국회의, 국회에 의한, 국회를 위한 정치를 해 왔다고 해도 과언은 아니다. 특별활동비에 피감사기관의 향응, 수많은 비서와 보좌관 등등 일일이 형용할 수 없는 특혜를 받으면서도 무엇이 부족하여 국회의원 증원을 거론하는가.

 사실 진보라고 칭하는 정치인들부터 반성을 해야 한다. 자당의 확장을 위해 몇 가지 경우의 수를 가지고 증원에 찬성을 한다면 그 명분은 하루아침에 잃게 된다. 진보라면 국회의원수를 줄이는 법안을 먼저 제출했어야 했다. 과다한 국회의원수로 인해 등골이 빠지는 것은 국민들이다.

 국민으로부터 신뢰를 받지 못하는 국회가 존재할 필요가 있는가. 현재도 번개 미팅처럼 예산안 심의 이외는 별로 한 일도 없는 국회로 인식되고 있다. 허구한 날 지역행사에 참여하여 시의원인지 국회의원인지 잘 구분도 되지 않는 경우도 있고, 자위적 공천권을 행사하여 국민들의 눈살을 찌푸리게 함을 국회의원들 스스로 자각할 때이다.

 그동안 국가와 국민을 위해 더 열심히 의정활동을 했는지 아니면 국회의원 공천을 받기 위해 사적 인맥형성에 더 몰두했는지 되돌아보고 소임을 다 한 국회의원까지 매도당하지 않게 해야 한다.

 사실은 국회의원 증원보다 지역균형을 위해 국회의원 분산을 제시했어야 했다. 대도시 특히 서울을 포함한 수도권에 인구가 집중되어 국회의원수도 집중되어 있다. 지역의 균등한 발전을 위해 인구수에 의한 국회의원수를 정하는 것을 폐지하고 인구와 지방자치단체 면적을 포함한 포괄적 선거구를 만들어 낙후된 지방경제와 정치를 부활시켜야 한다.

 늦었지만 국회는 국회의원 증원에 소중한 시간과 국력을 낭비하지 말고, 본연의 의정활동에 최선을 다해 나라의 앞날에 기여하는 것만이 국회 및 국회의원의 존재이유일 것이다.

연비와 가성비

2018.10.20
인재다운 인재를 선택해야

  화석에너지의 고갈과 환경오염으로 인한 기후변화 등 인간생활과 매우 밀접한 에너지의 무분별한 사용이 지구의 생존을 위협하고 있다. 따라서 세계 각국은 친환경에너지와 미래 자원을 위해 사활을 걸고 있다.
  디젤에서 휘발유와 천연가스로 경쟁하다 이제는 전기·수소에너지로 국가의 운명을 두고 있다. 이제 전기·수소자동차의 개발로 세상을 놀랍게 했던 기사는 골동품이 되었고, 현재는 한 번 충전으로 400km이상 주행해야 명함을 내밀 정도가 됐다.
  이렇게 각 나라에서 친환경에너지에 국운을 걸고 몰두하는 이유는 환경오염에 대한 문제해결과 미래의 먹거리를 창출하기 위해서이다. 우리나라에서도 수많은 연구자들이 세계 최고 신기술, 최고의 신물질 등 다양한 성과를 내고 있으며, 전기·수소자동차의 상용화에도 선두에 서고 있다.
  자동차뿐만 아니라 휴대폰의 경우도 마찬가지이다. 한 번 충전하여 오래 사용할수록 이용자들은 편리함을 갖게 되고 연비의 효율성이 대두되고 있다. 특히 중국의 휴대폰 회사들은 낮은 인건비를 무기로 가격대비 효율성이 높은 휴대폰을 출시하여 소위 가성비가 좋다는 유행

어를 만들어 내기도 했다. 같은 조건으로 더 좋은 결과를 산출해내는 것은 기업과 국가의 가성비를 향상시킨다.

자동차와 휴대폰 등 실생활에서도 연비와 가성비를 꼼꼼히 살피는 문화에서 우리는 유독 사람의 연비에 대해서는 매우 관대하다. 1990년부터 2000년 사이 시민단체들은 공무원들의 능률에 대해 상당히 비판적인 견해를 표출했다.

조직에서 능력이 부족하거나 필요 없는 공무원을 퇴출시켜야 한다며 정부와 지방자치단체에 압력을 가했다. 그로 인해 작은 정부, 작은 지방자치단체를 표방하는 사례도 있었다. 그리고 각 기업체도 구조조정을 한다며 대규모 실직사태와 비정규직을 양산하여 암울한 노동시장을 만들어 내기도 했다.

최근 국회의원에 의해 밝혀진 한 공사의 정규직 전환에서 친인척이 상당수 포함되어 있다는 뉴스에 대해 많은 젊은이들이 분노를 금치 못하고 있다. 노동시장이 얼음장처럼 얼어붙어서 취업이 어려울 때라 더하다. 도덕성 우월감으로 집권한 정부에서 이러한 일이 벌어지니 더욱 분노를 할 법하다.

한술 더 떠서 자료 제출에 고위직 친인척의 자료를 누락시켰다는 사실은 그만큼 우리 사회에서 도덕성 제어장치가 상실된 것을 확인시켜 주었다.

이 정도 되면 그 공사의 노조에서는 대규모 성토와 책임자에게 책임을 물어야 한다는 목소리를 내야 함에도 조용해도 너무 조용한 걸 보면 참 이상한 현상이다. 시민단체들도 공무원퇴출에 대해 너무 관대한 걸 보면 뭐가 한참 잘못 되었다는 사실이 감지된다.

앞에서 언급한 바와 같이 가성비와 연비가 좋은 인적자원이 정당한 방법의 취업이라면 어느 국민도 질타하지 않는다. 개인의 노력 없이 끄나풀로 비정규직으로 취업한 후 은근슬쩍 정규직으로 전환 또는 고용세습을 비판하는 것이다.

 그동안 정부는 일자리창출에만 급급해 일자리 종류와 관계없이 그 수만 많아지면 된다는 생각으로 도덕성의 해이를 부추긴 듯하다. 조금 늦더라도 국가의 동력이 될 수 있도록 정당한 방법으로 선발해야 우리 사회에서 바라는 가성비 좋은 사회인을 배출할 수 있을 것이다.

진정 서민을 위한 대출인가

2018.11.18
대출안전보험으로 서민이 집을 갖게 하자

　요즈음 의식주를 걱정하는 가정이 늘어나는 추세다. 그중에서 주는 가장 중요한 생활터전이기에 우리 집 갖는 것 자체가 집안의 행복이고 주요 관심사가 되어 왔다. 평생을 이집 저집 이사 다니며 안식처를 찾아 온 사람들은 이제 내 집 장만은 더욱 요원하여 절망에 놓여 있다.
　집에 대한 기대가 가족이 편히 쉴 수 있는 공간에서 투기의 장으로 변했기 때문이다. 온 가족이 생활하기에 불편이 없어도 너나 할 것 없이 모두가 수익을 얻기 위해 더 비싼 곳으로 옮겨가고, 빚을 내어 또 다른 집을 사 다주택을 소유하는 등 집 장만이 고도의 투기장으로 변해 국민 모두를 망연자실케 했다.
　정부와 관계자들은 걷잡을 수 없는 지경이 돼서야 부동산정책을 내 놓았지만 투기꾼들은 벌써 짐을 싸서 떠난 후이고 상투를 잡은 시민들은 시름에 빠지게 되었다. 그 결과 부동산의 침체로 많은 서민과 건설업자들은 부도를 맞을 지경에 처해 있다.
　우리 사회에서 "돈 놓고 돈 먹기", "돈이 돈을 번다." 라는 이야기는 어제 오늘의 이야기가 아니다. 그동안 부동산으로 얻은 이익금은 상상을 초월하고 너나 할 것 없이 집에 투기하여 집값이 너무 올라 국가의 전반적인 대책이 있지 않고는 정상적인 방법으로 집 갖기는 요원하다.

정부의 서민을 위한 주택정책도 무지에 가깝다. 없는 국민을 위해서 정부가 할 수 있는 것은 대출의 형평성이다. 돈이 많은 사람들은 당연히 신용등급도 높고 여유가 있지만 그러하지 않은 국민은 신용도가 낮아 대출받기도 어렵다. 주택을 담보로 해도 급여와 신용도에 의해 대출금이 확 줄어들어 내 집 갖기는 더욱 더 어렵게 되었다. 집 장만이 있는 사람들의 투기성으로 전락하여 진정 집이 필요한 서민들은 이루기 힘든 꿈이 되어 버렸다.

미래를 보지 못한 부동산 정책은 온 국민과 국가경제에 먹구름을 가져 온다. 많은 대출금 상환으로 소비할 돈 자체가 없어지고 결국 소비의 순환은 멈추어 버린다. 이에 경제는 바닥을 기게 되어 결국 손해는 영세한 국민들의 고통만 가중된다.

필자는 서민을 위한 국가의 부동산 정책을 절실히 요구한다. 평당 몇 천만원 하는 아파트와 건물이 분양되고 있다는 사실에 거품이 얼마나 있는지 원가 공개가 우선되어야 한다고 본다. 부동산업자와 건설업자들의 배만 부르게 하는 정책으로는 투기를 잡을 수가 없다. 뭐가 그리 무서워 원가공개를 못하는가.

또 그동안 서민을 위한 대출에 정부는 무엇을 하고 있었는지 묻지 않을 수 없다. 은행에 대출한도만 정해 주었지 서민이 무엇을 필요로 하고 원하는지를 인지하지 못했다. 아무리 아파트가 저렴해도 서민에게는 언제나 그림의 떡이었다.

이제 정부는 아파트 분양가에 대비한 역대출을 시행해야 한다. 예를 들어 아파트 분양가가 1,000만원 이하일 경우 분양가에 가깝게 대출을 유도하고 분양가가 높을수록 대출의 한도를 줄여야 한다. 만약 원가대비 분양가가 130% 이상일 경우는 대출자체를 금지하도록 하는 것이다. 분양가가 고가일수록 많은 대출로 인해 투기꾼들의 투기장이 되어버린 부동산 시장을 이제는 실수요 중심으로 전환을 해야 한다. 또한 분양가에 가깝게 대출할 경우 안전장치를 위해 대출안전보험을 신설한다면 은행권도 적극적으로 동참할 것이다.

 그동안 대출로 서러움을 받아 온 서민들이 마음 놓고 자기 집을 장만할 수 있도록 하는 것이 국가의 진정한 부동산정책이고 주택정책이다. 재개발과 재건축도 마찬가지이다. 원가공개를 기준으로 하여 일정비율이 넘으면 대출자체를 중지한다면 미친 부동산 투기를 짧은 시간에 잡을 수 있을 뿐만 아니라 서민들에게 내집마련의 꿈과 희망을 줄 것이고 행복을 노래할 수 있을 것이다.

아파트 건설 원가 절대적으로 필요

2018.11.25
공신력 있는 원가 계산해야

　필자가 아파트 분양과 분양가에 대한 소견을 이미 이전에 제시한 바가 있다. 업체별 공사 원가가 천차만별하여 왜곡된 부동산 가격을 잡고 천정부지로 치솟은 주거비로 인한 생활의 궁핍을 벗어나게 할 수 있는 방안을 제시하기 위해서다.
　이번 기회에 아파트공사 원가를 국가에서 직접 시행했으면 한다. 한국토지주택공사에서 시행하고 있는 아파트 단지를 대상으로 하여 공정한 원가를 산출한다면 앞으로 아파트 건설에서 투기와 불법이 사라질 수 있을 것이다.
　아파트 공사에서 시공에 참여할 회사들의 규모와 건축면허별 차등을 없애고 공사를 시행한다면 회사별 공사비의 원가가 정확하게 밝혀져 새로운 주택정책을 마련할 수 있을 것이다. 대규모 공사에서 건축면허별로 자격이 제한되어 입찰한 대형회사들은 다시 하청으로 공사가 진행되곤 한다.
　그만큼 원가의 절감이 가능하고 거품으로 인한 부동산의 왜곡을 조기에 잡을 수 있다. 특히 토지가 정리되지 않은 상태에서 사업을 실시하여 토목부터 마무리까지 총망라한 원가를 확립해야 한다.
　일반 업체에서 토지정리부터 완공까지의 원가와 주택주택공사에서도 일반업체와 같이 토지정리를 한 다음 완공까지의 원가비교도 반드시 구축해야 한다. 그동안 저가에 토지를 매입하여 고가로 분양한 경우는 자연히 분양가 상승을 가져왔다. 토지의 높은 분양가가 고스란히 국민에게 전가되었기 때문이다.

어느 지방자치단체에서 건축비를 분석한 결과 몇 배의 차이가 있어 원가공개를 하겠다는 뉴스를 접한 적이 있다. 그만큼 우리는 건축비의 거품을 피부로 느끼지 못하고 완공된 건물에서 사진 찍기 바빴다. 정치인들은 이러한 오류를 지적하지 못하고 많은 예산을 낭비했으니 무능하기 짝이 없다.

위에서 언급한 바와 같이 시공능력과 원가분석을 통해 가장 우수한 업체를 선정하여 인센티브를 준다면 중소건설업체들도 새로운 사업영역을 확대하고 건축시장에서의 거품도 상당히 상쇄될 수 있을 것이다.

더욱이 안전성에도 탁월한 결과가 있을 것으로 기대된다. 국가에서 시범적으로 원가산출을 내는 만큼 자신들의 회사의 명운을 걸고 최고의 기술력을 발휘할 수 있기 때문이다.

사실 집은 우리 삶의 보금자리이다. 이 보금자리가 투기의 장으로 변질된 이상 아파트와 단독주택 같은 생활공간은 투기로부터 이격시켜야 경제가 활성화된다. 일부 공인중개사가 '부동산 중개인이 판매자가 원하는 금액보다 비싸게 판매하고 그 차액을 갖는 계약' 인 인정계약으로 한 순간에 많은 이득을 얻는 경우도 있는데, 이렇게 함으로써 부동산 가격의 거품을 양산하고 그로인해 거래가 하락하여 공인중개사뿐만 아니라 전 국민에게 피해를 준다는 사실을 알아야 한다.

자신의 이득을 위해 다른 공인중계사들의 생계를 어렵게 하고, 국민들의 주택 마련에 악영향을 준다면 안 될 것이다. 옛말에 미꾸라지 몇 마리가 연못을 흐린다고, 우리나라의 부동산 경기가 몇 명의 업자들에 의해 흔들린다면 이것은 바람직한 국가가 아니다. 이번 기회에 원가공개로 아파트 가격을 안정시키고, 부동산거래의 활성화로 경제가 살아날 수 있도록 최적의 조건을 만들어 보자.

사회의 붕괴

2018.11.28
작은 것을 설마하다 다 놓쳐

둑이든 건물이든 간에 작은 틈이 생기면 침식이 가속되어 형용할 수 없는 피해가 발생된다. 아무리 견고하게 건설한 댐이라도 균열이 생긴 후에는 댐을 보수해도 불안감을 해소할 수 없다. 그만큼 작은 것들이 전체를 무너뜨릴 정도로 가공할만한 힘이 있다.

배움은 많아도 정신적으로나 사회적으로 성숙하지 않은 사람들이 행정이나 정치를 하면 전체를 붕괴시킬만한 빌미를 제공하여 불안전한 환경을 만들곤 한다. 그들이 추구하는 세상은 우리들이 바라는 세상과 차이가 있는데도 그들은 자만과 과거지향주의 사고에 빠져 헤어나오지 못하는 모습을 보여주고 있다.

군대에서도 강한 훈련을 피하고 현실에 적응한다는 소리가 곳곳에서 들리고 있다. 구보나 훈련을 하다 사고가 나면 지휘자가 책임을 추궁당하여 안전제일주의로 몸을 사리고 있다고 한다.

강한 군대를 표방하고 있지만 훈련 없는 군대는 전시상황에서 전투력을 상실한 군대가 된다. 고도의 전략과 전투를 최우선으로 하는 군대에서도 군율과 군기가 사라지고 있는 것은 국가의 안위에도 심각성을 보여주고 있다.

최근에는 경기도 모 시에서 발생한 노사문제로 경찰이 비판을 받았다. 사측에서 위급함을 경찰에 알렸지만 경찰은 밖에서 지켜만 볼 뿐 무방비 상태에서 회사 간부가 폭행을 당하는 사건이었다. 사회적 비난을 받자 뒤늦게 수사를 하는 등 엉망진창이다. 회사 측에서 그동안 노조에 어떠한 압력을 가했는지는 모르지만 폭행은 있을 수가 없다.

 더욱이 대법원장의 차량에 화염병을 투척하는 현장에서도 무방비였고 사후 범행자를 체포하는데 그쳤다. 그 일로 주무 장관이 대법원장에게 사과를 하는 등 사전조치가 엉망이다. 노조의 무소불위를 여당 대표가 강한 어조로 비난한 것도 얼마나 한심한 일들을 벌어지고 있는지를 극명하게 보여주고 있다.

 이러한 현상에서 우리가 살고 있는 곳이 국가인지 무정부인지 구분이 가지 않는다. 사고가 발생되면 책임을 묻는 것은 당연하지만 훈련과 공권력이 절대로 투입할 상황에서는 책임소재를 묻지 말아야 한다.

 그동안 크고 작은 사건에 책임소재를 물어 책임을 전가하는 문화 팽배로 인해 그 누구도 정의를 실현하는데 앞장서지 않게 되었다.

 국민의 생명을 보호하고 지켜야 하는 군대와 경찰, 건전한 국민을 양성하는 교육기관, 한 인간으로서 태동하는 가정의 붕괴는 국가의 붕괴로 이어진다. 더 늦기 전에 사회가 강건하게 구축될 수 있도록 다시 돌아가야 한다.

 책임소재가 만사가 아니다. 국가를 수호하고 국민을 보호하는데 상황에 관계없이 결과에 대한 책임만 따져 묻는다면 나라가 존립할 수 있겠는지 정치권에서는 반성과 대책을 세워야 할 것이다.

 군율과 공권력에 대항하는 사항에 대해서는 최고의 법으로 집행해야 한다. 그래야만 공권력 확립과 강한 군대를 양성할 수 있어 국민들이 안심하고 정부를 믿을 수 있을 것이다.

법을 만들려면 잘 만들어야

2018.12.20
시간강사의 비애

　약자를 위한 법 개정은 대다수 국민들이나 관련 있는 종사자들을 법으로 보호해 주기 위한 것이다. 2018년 11월 29일 국회 본회의에 통과된 시간강사법은 주 9시간 이상 수업하는 강사는 법적으로 교원 지위를 얻고 1년 이상 임용 계약과 재임용 심사를 받을 권리를 3년까지 보장하도록 했다. 특히 방학 때면 생계를 걱정해야 했던 시간강사들이 방학 때에도 임금을 받을 수 있고, 퇴직금, 직장건강보험 가입도 의무로 되어 있어 큰 기대를 했었다.
　시간강사법은 누가 봐도 약자를 보호하기 위한 것으로 보이지만 법 개정 이후 상황은 이상하게 흘러가고 있다. 대학에서는 대량해고라는 무기를 들고 나왔다. 재정적으로 안정되어 있는 유명 대학에서의 이러한 행태는 신진 학자들의 생계를 위협하고 오히려 시간강사를 죽이는 법으로 전락하고 말았다.
　시간강사는 대부분 박사학위 소지자 또는 이에 준하는 자격을 가진 최고의 엘리트들이다. 초중고와 대학교 학사는 물론 대학원 석사, 박사 과정까지 약 25년 내외 동안 한 우물을 파며 학문에만 전념한 학자들이 자리를 잡지 못하고 생계를 걱정해야 할 판이다. 그동안 시간강사의 급여를 보면 경악을 금치 못한다. 한 달 내내 강의를 해도 월 200만원을 넘지 못하는 상황에서 보다 좋은 여건을 만들어주기 위해 법 개정을 했으나, 시간강사들을 위한 조항을 누락시킨 졸속법안이 되고 말았다.

필자도 시간강사를 하면서 비애를 많이 느꼈다. 서울과 지방을 오가며 강사료의 반 이상이 교통비로 소진되고 식사비까지 사용하다보면 남는 것은 자식들 용돈 주는 푼돈에 불과했다. 대부분 시간강사의 부모들은 자식들이 공부하겠다는 일념에 자신들을 헌신하였고, 박사학위를 받으면 대학교수나 연구원이 될 것으로 기대를 하였을 것이다. 그러나 실상은 박사학위를 취득해도 갈 곳이 없는 자식을 보며 남몰래 눈물을 흘렸을 것이다.

필자도 "언제 대학교수 될 수 있어?" 하는 모친의 말씀에 쥐구멍이라도 들어가고 싶은 심정이었다. 필자뿐만 아니라 대부분 시간강사들은 필자와 유사한 상황일 것이다. 시간강사들의 열악한 급여체계는 대학별로도 천차만별이다. 일반 국민들이 대학 시간강사들의 급여를 안다면 아마도 교육당국과 해당 대학을 신랄하게 비판하며 이들의 외침에 동참하게 될 것이다.

2010년 5월경 한 시간강사가 교수의 꿈이 멀어지자 자살하는 비극이 일어났다. 그 사건이 일어나고도 정부와 정치권에서는 시간강사 처우에 대한 법 개정을 근 10년이나 미루다 지난 2018년 11월 29일에 개정했다. 자신들의 특혜와 급여인상에 대해서는 번갯불처럼 처리하면서 수 만 명의 생계가 걸려있는 시간강사법을 이제서야 개정해도 더 악법으로 전락되어 시간강사들이 길거리에 나앉게 되었다.

필자가 법 개정에 참여하였다면 현재 내용에 최근 4년간(대학이 4년제 기준) 시간강사 초빙수 10% 이상을 줄이지 못하도록 했을 것이다. 감소시키는 비율도 연 5% 이하로 하는 골자의 법 개정을 추진했을 것이다. 그리고 대학 측에서 강사를 교수로 채용할 경우에는 강사의 수에서 감해주는 내용까지 포함하도록 했을 텐데 오랜 기간에 걸쳐 법 개정을 하면서도 약자를 보호해 주지 못하는 법이 되었다.

 앞으로 약자를 위한 법 개정을 할 때는 미래를 예측하고 이들을 보호할 수 있는 장치를 잘 만들어야 한다. 그래야만 진정 국민을 위한 법이 될 수 있다. 또한 대학측은 자신들이 양성한 제자와 인재들을 벼랑으로 내모는 비양심적인 행태를 더 이상 보여서는 안 된다. 앞으로 유사한 법을 개정할 때는 미래지향적으로 개정해야 하며 졸속보다는 많은 이들이 수용할 수 있도록 해야 할 것이다.

중앙선거관리위원회는 적폐 선거법 척결에 앞장서야

2018.12.22
불평등한 정치놀음은 중단해야

　시의원, 도의원, 국회의원 등은 모두 국민이 선출한 민의의 대표이다. 그런데 대표의 급이 달라 권력의 반경도 하늘과 땅 차이이다. 이러한 현상에 대해 중앙선거관리위원회에서는 속수무책으로 너무 조용하다. 법에 근거한 선거법이라고 하지만 불평등한 법을 올바르게 개정하고 모두가 수용해야 하는데 그러하지 못한 것에 문제가 있다.
　현행법에 의해 의원들은 의정활동을 빌미로 삼아 임기 내내 선거운동을 할 수 있다. 의정보고서를 비롯하여 명함 돌리기 등 일반 정치인들에게 금지되어 있는 사항들을 그들은 당연하듯이 선거운동을 전개하고 있다. 이에 비해 일반 후보자나 출마자들은 각종 선거법에 묶여 최악의 조건에서 선거를 해야 한다. 명함을 잘못 돌리면 선거법에 저촉되어 제재를 받기도 한다. 일부 법을 수정하여 선거운동을 할 수 있게 한다지만 지금의 일반출마자와 의원과의 선거운동 차별은 국민의 기본권을 침해했다고까지 보여진다.
　위에서 잠시 언급했지만 같은 의원끼리도 급에 따라 비애를 느낀다. 국회의원은 수시 후원금을 모아 선거자금으로 사용할 수 있으나 정치지망생과 도의원, 시의원은 막막하다. 국회의원 선거에 출마할 후보자들의 경우에도 기존의원에 비해 선거자금모금이 열악하여 선거다운 선거를 하기 어렵다. 왜냐하면 선거 기간에만 후원금을 모을 수 있어 선거전부터 현역의원 후보와 비교가 되지 않기 때문이다. 이렇게 선거법이 공정하지 않는데도 관계자들은 급여 잘 받고 생활 잘 하고 있으니 같은 공조자가 아닌가 의심이 갈 정도이다.

같은 의원으로서 이와 같은 차별을 받고 있는 실정임에도 정치권 누구도 공정한 선거법을 만들려는 노력을 하지 않는다.

필자는 국회의원처럼 시의원, 도의원도 정치후원금을 받게 하거나 아니면 국회의원도 정치후원을 받지 못하도록 해야 한다고 본다. 일부에서 국가와 국민을 위해 정치자금이 필요하다고 하지만 지금까지 받아온 후원금을 사용하였어도 국민으로부터 신뢰를 받지 못하고 있으니 국회의원의 항변은 어불성설에 불과하다. 사실 정치후원금은 다음 선거를 위한 자금이었지 정말 정책개발과 정치발전에 사용했더라면 국민으로부터 국회가 지탄받는 집단으로 몰매를 맞지는 않았을 것이다.

중앙선거관리위원회에서 이러한 부분에 대해 인식하는 위원이 있기를 강력히 희망한다. 이에 대한 법 개정이 이루어진다면 그동안 소수를 위한 선거법이 모든 국민을 위한 선거법이 될 수 있을 것이다. 이로 인한 훨씬 수준 높은 정치발전을 기대할 수 있을 것이다.

국회의원이 되기 전에 본인들도 이 법의 오류와 부당함을 주장했었다. 당선이 된 이후에도 이 법을 존치시키는 것은 오직 대의보다 자신이 우선임을 증명해 주고 있다. 따라서 이 법도 적폐대상의 선거법이므로 조속히 척결되어야 한다.

국회의원들은 스스로 선거법이라도 국민들에게 시급히 환원시켜 줘야한다. 중앙선거관리위원회에서 여러 가지 여건에 의해 적극적인 개정이 힘들 것으로 보여 필자는 사필귀정으로 국회의원 스스로 국민중심의 선거법을 조속히 개정하여 더 유능한 인재가 정치권으로 진입할 수 있도록 해야 한다고 주장한다.

도시재생과 근대문화 보존의 지속성

2019.02.09
너도나도 도시재생에 달려 가

  낙후된 지역의 재생을 위한 도시재생사업이 한창이다. 지역마다 특색이 있는 사업도 있을 것이고 거의 대동소이한 조건이 있을 수 있다. 한 도시를 놓고 보면 그 지역의 특색을 보여줄 수 있지만 전국을 놓고 보면 특색 있는 도시재생사업은 그리 많지 않은 것으로 보인다.
  최근에 모 국회의원이 목포 재생사업을 위한 근대문화 보존을 위해 앞장섰다가 이해충돌이라는 악재를 만나 순수성이 훼손되기도 했다. 이전에도 일부 지방자치단체에서는 도시재생사업에 앞서 전통시장의 보존과 활성화에 많은 투자를 한 것으로 알고 있다.
  지나온 과거를 보존하고 유지하는 사업은 후에 문화적 가치를 지닌 명소를 만들기도 한다. 필자도 고향에 내려가 학창시절에 들렸던 시장통이 생각나서 일부러 들러보았지만 어느덧 시장을 현대식으로 개조하여 옛 모습을 찾아볼 수 없었다.
  또한 지방자치단체장들이 문화관광도시를 만들기 위해 엄청난 예산을 들여 건설해 놓았지만 유지비와 관리, 지속성의 부족으로 낭패를 당하고 있는 곳도 있다. 뜨겁게 달아오른 도시재생사업으로 얻을 수 있는 것이 무엇인지 한번쯤 고민해 봐야 한다.
  인기위주로 역성장을 유발하여 소유자나 도시전체에 악영향을 주는 것은 아닌지, 사람들이 많이 찾아오고 가치가 있는 사업인지 면밀한 분석이 필요하다. 막연하게 너나할 것 없이 나라 전체가 도시재생사업으로 오히려 동력이 역방향으로 갈까 염려가 된다.

 한 예로 지금 목포가 사회적 이슈가 되어 방문객이 늘었다고 한다. 언제까지 현재의 방문객을 유지할지 아니면 그 지속성이 언제 종료될지도 모른다. 그만큼 우리의 관심은 금방 달궈졌다가 차갑게 식는 행태를 띤다.

 여러 지역에서 그 지역의 홍보를 위해 유명한 문인들이나 예술인들을 기리는 대외적인 홍보물을 건립하기도 했다. 일부는 현상 유지 되는 곳도 있으나 만성적자에 울상을 짓는 곳도 있다고 하니 냄비근성을 보여 주는 사례라 볼 수 있다.

 급속도로 발전한 생활환경으로 근대적인 문화유산들이 허물어지는 것을 볼 때마다 누구나 가슴아파하며 잘 보존하여 후대들에게 교육의 장으로 활용하면 얼마나 좋을까라고 생각하지 않을 국민은 없다.

 졸속으로 추진되어 지속이 어렵고 경제성이 떨어져 지역민 간의 골만 깊어가는 것이 아닌지 거듭 고민해봐야 한다. 문화적 가치가 있어 지속성이 있는 것으로 판단된다면 모두가 찬성하기는 어려워도 많은 이들이 경제성을 운운하며 반대하지는 않을 것이다.

 또한 문화재 보존지역을 추진하려면 국가나 지방자치단체에서 개인이 손해를 보는 일이 없도록 재산적 보상을 제대로 해 줘야 한다. 이왕 시작한 도시재생사업이라면 지속성과 사업성도 기대 이상의 효과가 도출될 수 있도록 사사로운 개인의 욕심을 버리고 대승적인 차원에서 이루어져야 할 것이다.

 국가나 지방자치단체에서 추진하는 사업이 그동안 인기 중심의 표몰이었다면, 이제부터는 지역주민들에게 정주의식을 고취시키고 가치가 있는 사업인지 모두가 기획과 감독관이 되어보자. 그리고 도시재생사업과 문화유산보존의 지속성으로 인해 재건축의 이윤을 넘어 선다면 누구도 경제성을 운운하는 이는 없을 것이다.

촛불은 어느 정당의 소유물이 아니야

2019.02.13
시민혁명은 시민의 몫

바둑에서 대마가 위태로울 때 묘수 하나로 승리를 가져가는 경우가 있다. 악수의 연속이어도 상대방의 실수나 자신의 한 방의 묘수로 환희와 영광을 모두 가져간다. 선거 때도 각 당에서는 한 방의 묘수를 찾으려다가 수가 없으면 무리한 방법을 동원하여 선거에서는 승리하였지만 법원의 판결을 받는 등 불미스러운 일들이 발생한다.

상대방도 수긍할 수 있는 묘수라면 다행이지만 법을 어기면서까지 무리수를 두다보면 판을 뒤엎어야할 지경까지 온다는 것을 알면서도 정치판에서는 한 방이 그만큼 중요하다.

제19대 대통령선거에서 더불어민주당이 촛불이라는 묘수를 잘 두었다. 자유한국당, 국민의당, 바른정당, 정의당 등에서 모두 후보를 내어 무리없이 더불어민주당 문재인 후보가 당선되었다.

묘수도 위기를 극복하는데 사용해야 빛이 나는 법인데 허구한 날 묘수인양 사용하면 상대방에게 수를 읽히게 된다. 더불어민주당에서는 촛불정부라고 독점적으로 촛불을 사용하여 국민의 마음속에서 조금씩 멀어지는 듯하다. 일명 촛불정부는 적폐대상을 척결하도록 주문하는 듯 자신들은 적폐대상이 아님을 간접적으로 암시하는 것 같다.

사실 촛불로 탄생된 대통령의 당선지지율을 보면 다소 민망하다. 문재인 후보가 41.1%, 홍준표 후보 24.0%, 안철수 후보 21.4%로 모두 과반수를 넘지 못했다. 제17대 대통령 선거결과에서 이명박 후보가 48.67%, 제18대 대통령선거에서 박근혜 후보가 51.55%를 얻은 것보다도 적은 41.1%가 의미하는 것은 촛불은 어느 정당의 소유물이 아니라는 것이다.

 작금의 촛불은 민심을 보여주고 있다. 그동안 잘못된 관행을 바로잡고 제자리에서 벗어나 있는 기득권을 환원시키라는 국민의 함성이다. 이 함성의 소리를 무시하고 자신들이 제시한 공약도 철회하며 촛불을 자신들에게만 유리하게 해석하고 안하무인으로 횡보했다.

 이제는 더불어민주당이 수를 다 읽혀 대통령지지율보다도 더 낮은 지지율을 보여주고 있다. 결과적으로 촛불정당이라고 할 수 없게 되었고 촛불을 사용할 때마다 민망하게 되었다.

 문재인 대통령이 취임이후 더불어민주당과 대통령의 지지율이 연속적으로 하락된 원인은 정책이 국민의 마음에 와 닿지 않기 때문일 것이다. 감동의 정치를 기대했던 많은 국민들은 갈수록 획기적인 정책보다는 더 이상 경제가 뒷걸음치지 않도록 하는데 최선을 다 하는 정부의 모습을 바라고 있다.

 갈수록 낮아지는 출산율과 취업률, 소상공인들의 외침은 촛불을 들고 광화문으로 나왔던 국민들의 바람이 아니었다. 정말 신바람 나는 나라, 헬조선을 극복하고 하나 되는 대한민국을 만들 것이라는 이상과 기대였다.

 그러나 보여주는 것은 기대 이하여서 자유한국당의 지지율과 10% 내외로 좁혀지기까지 했다. 제19대 대통령선거 즈음에는 자유한국당이 조선시대에 비유하면 멸문지화였다. 현정부의 실정과 국민의 눈높이를 맞추지 못하는 과정에서 반대급부로 자유한국당이 턱밑까지 쫓아오고 있는 것은 자유한국당이 잘해서가 아니라 정부와 여당의 무능력을 대변해 주는 것으로 해석된다.
 북미회담과 남북한의 문제가 바라는대로 순항을 해도 국민의 호구지책이 해결되지 않으면 높은 지지를 얻기 어려울 것이다. 그 촛불이 어느 정당으로 갈지는 두고 볼 일이며, 촛불의 염원이 더 이상 훼손되지 않기를 바랄뿐이다.

백성 이기는 왕조는 없어

2019.04.28
국가의 기반은 국민이다

　자연계에서 영원한 승자는 없다. 동·식물도 물론이거니와 인간도 자연의 섭리와 사회의 흐름에 따라 또는 생존법칙에 의거해 승자와 패자는 항상 혼존한다.
　역사 드라마에서 노출되는 백성들은 허름한 옷차림에 먹을 것을 걱정해야 하는 누추한 모습으로 연출되곤 한다. 그러나 누추한 백성의 마음을 두려워하는 임금의 모습도 연출되어 나라의 기반이 백성이라는 것을 보여 주고 있다.
　백성이 외면하는 왕은 존립할 수 없다는 경험에서 언제든 왕좌에서 물러날 수도 있다는 것은 하나의 겁박일 수도 있을 것이다. 그만큼 민심은 왕권의 기반이자 기본으로 어느 왕조든 최종의 선택을 할 때 민심을 거론하곤 했다. 지난 역사에서 볼 수 있듯이 위정자조차도 민심을 거론했으니 화난 민심을 막을 수 있는 절대 왕권은 없다는 의미일 것이다.
　정치권이 국민을 외면하고 국민을 이기려 한다면 언제든 붕괴될 수 있다는 것을 최근 정치권에서 경험을 했음에도 불구하고 아직도 순간만 모면하면서 국민을 우습게 보고 선거에서만 악용하려고 하고 있다. 각종 현안에 대해 국민의 뜻을 따르겠다고 해 놓고도 여론을 묵살하고 자신들이 정해 놓은 방향으로 줄기차게 달려만 가고 있다.

그러나 국민들이 보기엔 소수의 위정자들을 위한 무리한 돌출행위로 평가하여 민심과 점점 멀어지게 하고 있다. 어찌 국민을 이기는 정권이 있겠는가. 이 정부는 소위 골수라는 지지층을 등에 업고 국민의 여론을 묵살하고 스스로 무덤을 파고 있는 듯하다. 또한 기관에서는 교묘한 방법으로 여론을 조성하고 그 결과를 대대적으로 홍보하여 마치 당연한 결과인 것처럼 묘사하는 등 정치권은 아직도 정신을 못 차리고 있다.

그 사이에 중국은 일대일로 정책으로 세계를 자신들의 휘하에 두려는 야심찬 계획을 진행하여 미국도 흔들리는 지경이다. 반면에 우리 국회는 육탄전과 온갖 욕설이 난무한 모습을 보여 국민 없는 국가로 연출해주고 있다. 만약 국회가 민생법안으로 싸운다면 국민들도 나서서 동참하고 응원할 것이다.

누구의 잘못인지는 차후에 따지더라도 국가의 운명이 달린 수많은 법안들은 처리되지 않은 채 수북이 쌓여 있다. 오직 정권유지와 탈환에 빠져있어 국가의 미래를 내다볼 수가 없다. 심지어 기업들이 미래의 청사진을 발표하고 국민의 먹거리를 마련하기 위해 고군분투를 하고 있는데도 정치는 실종되고 규제만 난무하는 등 기업보다도 못한 어처구니 없는 일들이 반복되고 있다.

정치는 여야의 대화로 국민을 위한 극대화된 정책을 도출해야 한다. 오직 한 쪽만 유리한 법안이나 정책이 수반된다면 당연히 반발이 생기기 마련이다. 이 반발로 인해 식물국회와 동물국회가 된다면 국민들의 마음은 점점 정치권을 떠나 정치인 어느 누구도 존경받지 못하게 된다. 여야가 서로 고소고발이 난무한 지금 대통령을 비롯한 여야는 국민을 이기는 정권은 없다는 명제를 각인하고 역사에서 지탄받는 당과 정치인이 되어서는 아니 될 것이다.

공기업의 적자 원인 허위 땐 손해배상 해야

2019.05.01
정권에 꼭두각시로는 발전 없어

　실물경제와 수출까지 후퇴하고 원화 하락으로 뒤숭숭한 차에 공기업들의 실적하락이 논란이 된 바 있다. 공기업의 방향성은 어제 오늘의 문제가 아니다. 정권의 입맛에 따라 정체성이 전환되는 공기업들의 입장도 이해되지만 고유의 사업까지 눈치를 봐야하는지에 대해서는 고려해 봐야한다.
　공기업 대표들은 부채의식을 갖고 있어 정권의 눈치를 보지 않을 수 없다. 능력이 부족해도 측근이라는 이유하나로 낙하산의 대표적인 자리가 공기업 임원일 것이다. 대표부터 감사, 이사까지 줄줄이 낙하산으로 내려온 이상 자신들의 소신대로 사업을 전개할 수 있을지 각성이 필요하다.
　우리나라에는 수많은 공기업들이 있다. 보수도 웬만한 대기업보다 높아 신의 직장이라고 일컫고 있어 누구나 가고 싶어 하는 직장이다. 그러한 조건이라면 실적만큼이라도 임금에 비례하여 높아야 한다. 그런데 적자가 나고 있다고 하니 참 이상하다. 신의 직장이라면 당연히 실적이 흑자가 되어야함에도 불구하고 적자가 난다는 것은 재고해 봐야 할 문제이다.
　그동안 적자가 나거나 문제가 발생되면 퇴임하는 것으로 책임을 다

했다. 이제는 퇴임으로는 부족하다. 공기업의 대표는 고유의 업무에 집중해야 설립목적에 부합된다. 정권의 목적에 동원되는 허수아비로 전락되면 국가적 손실이다. 더욱이 정권의 무리한 요구가 있을 시에는 당당하게 거부를 할 수 있는 용기도 있어야 한다. 자리에 연연하다보면 자신과 직원들의 사명감까지 훼손되어 사업목적자체가 좌초될 수 있다.

한 예로 한국수력원자력의 경우 영업이익이 대폭 감소되었다고 한다. 탈원전이라는 정부의 정책에 의해 천연가스와 석탄 같은 단가가 비싼 원료를 사용하다보니 당연한 결과가 아닌가 싶다. 이러한 실적으로 인해 한국전력은 전기료 인상을 만지작거리는 것 같다.

초기에 탈원전으로 인해 전기료 인상 같은 것은 없을 거라고 단언했었다. 불과 2년 만에 실적이 하락하고 경영에 빨간불이 켜진 것에 대한 책임소재를 어디서 찾아야 하는지 당사자들은 극명하게 알고 있을 것이나 정권의 눈치를 보기에 정확한 진단을 보류하는 것 같다.

공기업도 일종의 공공기관이다. 반드시 사회적·경제적 책무를 다해야 한다. 실적이 없는 공기업은 자연히 도태되어야 한다. 신의 직장으로서 명분도 없이 국민의 혈세로 맥을 이어갈 필요가 없다. 단순히 정부 산하기관으로서 존립은 더욱 더 필요하지 않다.

이제라도 공기업의 대표와 관계자들은 무리한 정책방향을 부채의식으로 갚아서는 안된다. 미래지향적인 사업은 정책의 노선과 상이하더라도 명확한 답을 내놓아야 한다. 이러한 것이 개선되지 않을 때에는 정책의 오류 또는 실패로 인한 피해는 국민의 몫으로 고스란히 돌아간다.

이에 필자는 손실의 원인을 회피하거나 기망한 경우에는 퇴임후에도 그 책임을 물어야 한다고 제언한다. 책임경영이 이루지지 않는 공기업의 대표와 임원은 국민들이 원하지 않는다. 더 늦기 전에 경영손실의 명확한 원인을 제대로 분석하고 책임경영을 기울일 때에야 비로소 공기업의 위상은 존립할 수 있을 것이다.

국민 중심의 선거법 개정 필요

2019.05.05
선거때마다 국민은 들러리

　국회의원 선거나 각종 선거에서 경종을 울리는 제어장치가 너무나 부족하다. 수단과 방법을 가리지 않고 당선만 되면 그만이라는 후보자들의 그릇된 인식이 상식화된 느낌이다.
　선거 중 가장 크다고 하는 대통령선거에서 투표자의 과반을 넘게 당선되어도 유권자 수에 비교하면 거의 30% 내외의 대통령이 되어 어느 특정 지지자들의 대통령으로 인식하거나 폄하하는 사례도 있었다. 그러다보니 일부에서는 대통령으로 인정하지 않으려는 어처구니없는 정서도 생겨나고 국가의 원수에 대한 예의도 실종하게 만들었다.
　국회의원 선거나 지방자치단체장 선거도 마찬가지이다. 유권자에 비해 낮은 지지율로 인해 측근 중심의 정치와 행정을 펴다보니 스스로 적폐대상이 되어 지탄의 대상이 된지 오래이다. 특히 인사권도 원칙에 벗어나 대상자들이 인정하지 않아 불만의 소리도 나오곤 했다.
　이러한 선출직에 대한 국민들의 저항은 그저 다음 선거 때 보자는 식이다. 주민소환제라는 것이 있지만 지금까지 주민소환제로 직을 상실한 이가 거의 없는 것으로 나타나 무용지물의 수단이라고 여겨진다. 결국 국민들이 정치인에 대한 불신을 대처할 수 있는 방법은 없이 삼삼오오 모여 비판과 정보매체를 통한 불만을 표출하는 것이 대부분이다. 간혹 비리에 연루되어 법적 조치를 받았을 때 대리만족하는 정도이다.

 민주주의 꽃은 대중성이다. 이 대중성을 유지시켜주는 것이 과반이라는 다수주의인데 이것을 선거에 도입해 보면 지금보다 더 적극적인 정치인들에 대한 대응과 정치인들의 국민 섬김에 도움이 될 수 있을 것이다.

 일부 지역에서는 지역색이 강하여 선거운동을 하지 않아도 당선되는 웃지 못할 선거구도 있고 복수로 출마해도 특정 정당이 모두 당선되는 사례도 있다. 그리고 선거 때마다 투표율의 높고 낮음에 따라 어느 정당이 유리한지를 분석하는 촌극도 벌어지고 있다.

 이제는 선거법을 국민 중심으로 바꿔야 한다. 그동안 정치인 중심의 선거법이라면 국민 중심의 선거법으로 개정하여 국민에 의한 선거가 되도록 해야 한다. 선거법을 보더라도 정치인들에 대한 지원과 보존에 치우쳐 있고 불법선거에 대한 징계도 솜방망이 처벌이 대부분이어서 국민들은 어디에 호소할 곳도 없다.

 우선 국민중심의 선거가 되려면 투표율이 50% 미만일 때 선거자체를 무효로 하는 것이다(재·보궐선거는 30%로 함). 투표율이 현저하게 낮아지면 정치인들 스스로 선거가 무효화되지 않기 위해 자신들이 누리는 특권도 내려놓을 것이다.

 그 다음은 과도한 선거비용을 대폭 줄여 평소에 유권자들과 호흡할 수 있게 해야 한다. 여과되지 않는 선거홍보로 인해 국민과 시민들은 선거철만 되면 피로감이 배가 된다. 전철역이나 행사장에서의 무차별 명함돌리기와 관심도 없는 유세차 등에 대한 정리가 절실하다. 선거비용을 현재보다 50% 줄여도 선거를 충분히 할 수 있다.

 선거에 필요 없는 유세차, 홍보물 인쇄와 현수막 비용 등은 시장에서 거래되는 것보다 현저히 높은 금액으로 선거비용처리가 되는 것으로 알고 있다. 위 내용 두 가지만 실현되어도 국민 중심의 선거와 정치인을 응징할 수 있는 최소한의 방안이 마련될 수 있을 것으로 보인다. 또한 선거비용으로 어려움을 겪는 젊은 정치인들의 장벽도 허물 수 있을 것이다.

국회의사당 세종시로 언제 가나

2019.05.21
행정도시를 주장한 국회의원들이 가야 정상

　행정도시의 사전적 의미는 중앙행정기관과 그 소속 기관이 위치하여 행정기능을 담당하는 자족적인 복합도시로 규정하고 있다. 말 많았던 행정도시는 박정희 정부 때 처음 거론되었다. 제16대 대통령 선거 때 노무현 대통령이 충청권 수도 이전 공약을 발표하여 뜨거운 감자가 되었다. 대통령에 당선된 직후 신행정수도특별조치법안을 입법 예고하였고, 신행정수도특별조치법안이 국회 본회의에서 여야 합의로 가결되었다.
　그러나 이명박 정부가 출범한 후 세종특별자치시 건설을 재검토하겠다고 하여 야당과 친박계의 반발로 재추진되어 2012년 세종특별자치시가 출범하게 되었다. 당시 인구는 약 11만명, 2015년 20만명, 2019년 현재 32만명의 중소도시로 성장했다.
　이러한 우여곡절 끝에 세종특별자치시 건설이 되었지만 공무원들의 이주는 기대보다 못했다. 출퇴근과 주말부부의 형태로 유지되어 각종 현안 보고나 기타 사항을 국회에 보고할 때는 서울에 묵으면서 많은 세금을 낭비하고 있다.
　진정한 행정도시 세종특별자치시가 되려면 국회의사당도 세종특별자치시로 이전해야 한다. 노무현 대통령과 박근혜 대통령을 지지했던 국회의원들부터 그분들의 순수한 통치를 수용하는 차원에서 국회의사당의 세종특별자치시로 이전을 반대해서는 안된다. 행정부와 입법부가 한 도시에 위치하면 경제적 이점과 정부현안 그리고 긴급상황까지 신속하게 처리할 수 있어 일석이조의 효과를 얻을 수 있다.

더욱이 그들이 원했던 행정도시의 완성을 위해서라도 시급히 국회의사당을 세종특별시로 이전하여 지금과 같은 여야의 혈투를 종식시켜 주었으면 한다. 한강의 작은 섬에서 일어나는 각종 불화음도 줄여 국민들에게 희망을 주는 국회가 되어야 한다.

국회의사당이 세종특별자치시로 이전을 하게 되면 서울 중심의 정치에서 지역의 균등한 발전을 기대할 수 있고 많은 국회의원들의 지역구 관리에도 더 효율성을 가질 수 있다.

달랑 행정부만 이전시키려고 그렇게 나라를 혼란에 빠뜨린 정치적 행태가 아님을 국회부터 보여줘야 한다. 수많은 공무원들이 국회에 보고하기 위해 시간과 출장비 낭비 등 2차적인 낭비의 해소와 행정도시의 주목적 중의 하나인 자족도시가 되도록 해야 한다.

국회의사당 이전으로 발생하는 효과는 기대 이상이 될 것이다. 소위 탈 서울로 인해 서울인구의 감소에 따른 부동산 안정, 서울인구 집중분산, 수도권해지, 지방분권강화, 지방 균등발전, 교통체증, 미세먼지 감소 등 헤아릴 수 없이 많다.

특히 인근 대덕연구단지 등 지방에 더 많은 연구소들이 입주하여 한국의 미래 산업을 유도할 수 있도록 국회가 앞장선다면 4차 산업 육성 강화와 지방경제에도 긍정적인 효과를 파급시킬 수 있다.

방송문화도 큰 변화를 가져다 줄 것이다. 서울중심의 문화콘텐츠가 지방중심의 콘텐츠로 전이되어 다양한 문화와 콘텐츠강화로 새로운 한류문화에도 기여할 수 있어 국회의사당의 이전은 여러모로 효율적이다. 또한 국회와 연관된 많은 기관들도 세종특별자치시로 이전하여 진정한 행정수도의 기능을 기대해 볼 수 있다. 비록 세종특별자치시가 수도라는 명사를 사용하지 못하더라도 실질적인 행정도시가 되도록 많은 국회의원과 정치인들이 국가적 관점에서 앞장서야 한다.

구독재와 신독재

2019.05.26
소통이 막히면 누구나 독재 돼

정치군인으로 인해 한동안 왜곡되어 왔던 우리나라 정치에서 민주와 경제란 두 단어는 상대방을 공격하는데 유용하게 사용되어 왔다. 대부분 가정에서도 자식들이 사회에 진출하기 전에 각 가정에서 강한 통제로 인해 자식들이 부모에게 "엄마, 아빠는 완전 독재야."라는 말을 익숙하게 사용해 왔다.

지금에 사용되는 독재는 다수결에 의한 소통부재, 한쪽만 이익 보는 정치행태, 자신들의 노선에 어긋난 인자들의 제거, 자신들이 마음대로 하는 행태 등에 사용하는 것이 아닌가 싶다. 특정 세력들이 전용으로 사용했던 독재라는 단어가 양 진영에서 사용되리라고는 생각조차 못했다.

김대중 대통령과 노무현 대통령의 포용정치는 암울했던 한국정치사를 전환시킨 계기가 되었다. 비록 자식과 주변에 의해 아름다운 행보를 이어가지 못했지만, 그래도 국민들의 마음속에는 국민과 더 가까이 다가 온 대통령으로 각인되기엔 부족함이 없었고 드디어 독재란 음지에서 벗어난 듯 했다.

이어 박근혜 정부와 이명박 정부의 이탈된 행위와 민주진영으로 불리우는 대통령들의 자식들이 구속되고 국회의원들도 구속되는 것들은 모두 부정한 청탁에 의한 그들의 탐욕 때문이었다. 이러한 것들은 민주주의 파괴보단 탐욕에 의한 부정부패의 극치로 국민의 지탄을 받게 되었다.

그러나 신성한 선거에서 허위사실유포, 돈 공천, 측근공천 등은 민주주의를 파괴하는 주범이라고 사료된다. 필자가 이러한 논리를 제기하는 것은 어느 진영이든 자신들의 부정한 행위는 대의를 위한 것이고 상대방이 한 것은 민주주의를 파괴하는 것으로 몰아가서는 안된다는 것이다.

최근에 모 아나운서의 문재인 대통령과 인터뷰에서의 질의 자질이 국민청원에 올라올 정도로 우리들의 민주사고는 바닥을 치고 말았다. 국민이 알고 싶은 질문을 대표하여 질의하는 것은 대담자의 역할이고 대통령은 지혜롭게 대답하여 국민을 안심시켜주면 그만이다.

어떠한 질의에 대답을 하지 못할 정도의 지도자라면 대통령의 자질 부족일 터이고, 질의가 민감하여 보는 이로 하여금 불편하게 비쳤다고 해도 비난을 하는 것은 민주주의를 외치는 진영에서의 지나친 행보이다. 나아가 대담한 아나운서에 대한 신상 털기는 올바른 처사가 아니다.

다행히 대통령은 대담을 잘 정리했지만, 양진영에서 아나운서를 두고 비판과 격려를 하고 있는 모습에서 우리는 무엇을 하든 양쪽으로 갈라지는 국민성을 확인한 결과가 되고 말았다.

한 기자의 대담 문제를 두고 비판의 목소리가 나오는 것은 자신들도 모르게 한쪽으로 너무 치우친 독재의 물을 마시고 있다는 것을 알아야 한다. 권력을 독점하는 독재는 사람을 죽이고 억압하는 것만이 아니다. 자신들의 노선에 어긋나면 인정하지 않는 자체도 신독재의 길로 가는 것이다.

그동안 진보에서 사용해 왔던 공격용 '독재'가 이번 국회 사건과 한 아나운서의 대통령 대담에서 역으로 공격을 받는 쪽이 되었다. 그렇다고 많은 국민들이 일각에서 주장하는 독재에 얼마나 동의할지는 각자의 몫이지만 독재란 단어가 더 이상 난무하지 않기를 바라는 마음이다. 또한 권력자들의 일탈현상을 민주주의 파괴로 몰아가는 울타리 정치행태를 탈피하지 않으면 민주를 수단으로 사용하는 수구세력이 되어 신독재의 소리를 듣게 될 것이다.

자극이 필요한 한국사회

2019.07.02
너무 안일한 생각만 했어

발등에 불이 떨어져야 대책을 세우고 야단법석을 떠는 것이 우리나라가 아닌가 싶다. 되돌아보면 일본침략, 6.25사변, 오일쇼크, IMF 등 각종 대형사건이 터지고 나면 가장 먼저 나라 구하기에 앞장선 것이 국민이였다.

그동안 정치인들은 상대방을 적폐대상으로 궁지로 몰거나 노조들이 기업에 자신들의 요구를 수용하도록 하는 데는 어느 정도 성과를 얻었다. 하지만 국제적인 경제전쟁에서는 어떠한 수를 내 놓지 못하고 있다. 이번 일본의 경제압박으로 기업과 노동자와 정치인들의 역할이 있다는 사실을 재확인하였다.

아무리 요구를 하고 싶어도 요구할 기업대상이 없으면 모두에게 희망이 없다. 정치인과 각종 노조가 자신들의 요구와 더불어 기업의 신기술과 미래를 위해 투쟁을 하거나 대안을 제시했었더라면 진정한 상생의 문화가 더 일찍 정착되었을 것이다.

미국, 중국, 일본이 한국을 압박해도 어느 정치인, 어느 노조가 발 벗고 나선 것을 거의 보지 못했다. 앞으로 노조운동은 임금인상과 같은 생존권도 좋지만 현장에서의 기술독립을 요구하며 경제전쟁에서도 극복할 수 있는 여건조성에도 앞장을 서야 한다.

정치인들도 정치논리로 경제에 압박을 가하면 얼마나 치명적인 결과를 유발하는지 이번 계기를 통해 성찰의 기회를 가져야 한다. 그동안 비판의 대상이 되었던 경제인들이 국민의 먹거리를 책임지고 있으며, 사태를 해결하기 위해 사활을 걸고 동분서주하고 있다는 것도 인지해야 한다.

 우리는 왜 자생적이며 계획된 정책에 의해 미래를 대비하지 못하고 정권만 교체되면 무수한 계획들이 수포로 돌아가는지 모르겠다. 대통령의 임기는 불과 5년이지만 경제인들은 거의 종신적이라 미래를 예측하고 생존하기 위해 정치인보다 몇 배 이상의 고충을 안고 간다. 그동안 정권에서 수립된 계획들만 수행이 완료되었어도 지금과 같은 어려운 환경은 아니었을 것이다.

 이번 일본의 보복으로 위기를 극복하는 단합된 모습을 보여주고 있어 다행이지만 해결이 완만하게 된다면 다시 안일한 일상이 되풀이되지 않을까 염려가 된다.

 정치인이 선거에 떨어지면 자신과 측근 몇 명이 책임지면 그만이다. 하지만 기업이 망하면 적게는 수십 명에서 많게는 수만 명이 실직을 하여 길거리로 나앉아야 할 판이다. 그동안 경제인들의 성숙하지 못한 행동으로 인한 부정적인 면도 있지만 어찌되었던 국가를 지탱하는 가장 큰 축이 경제라는 것을 각인해야 한다.

 근래 양파의 과잉생산으로 인해 양파 1kg이 200원으로 하루 인건비 10만원을 채우기 어려워 양파농가에서 피눈물을 흘리고 있다. 그러나 이들의 애환을 해결해 주는 정치인이 없고 정부의 안일한 대응을 보더라도 국민들의 삶의 자생은 본인뿐이라는 것을 재확인시켜주고 있다.

 조금 희망적인 것은 우리는 하면 된다는 것이다. 한국이 선박의 엔진을 자체개발하여 세계 선박용 시장에서 1위를 지키고 있다는 사실이 그렇고 정주영 회장의 뚝심으로 일본의 회유를 물리치고 현대자동차 자체 엔진개발에 성공한 일화와 삼성의 이건희 회장의 반도체 사업육성은 미래를 바라보고 사업을 추진한 결과로 사실 우리 민족은 위기상황에 직면하면 못하는 게 없다.

 앞으로는 정권이 교체되어도 국민의 생존과 직결되어 있는 경제계를 정치논리로 흔들어서는 안된다. 오히려 국민의 먹거리 창출을 위해 개발과 연구에 더 지원해야 한다. 노조도 기업에서 단순한 노동의 신분만이 아니라 소재의 개발과 미래를 대비하는 운동의 전환도 요구해야 한다. 자국의 이익을 위해 물불을 가리지 않는 국제사회에서 단순히 국내용으로 역할을 보이지 말고 국가를 위한 최소한의 방패는 되어주어야 한다.

 주변국가의 한국 흔들기는 이제 시작일 뿐이다. 자극을 받으면 더욱 분발하는 우리 민족의 저력을 그들이 아직 체감하지 못한 것 같다. 이번 일본의 경제적 제재가 노사간의 진정한 상생, 미래예측이 가능한 정치와 경제의 관계 등을 개선하기를 바란다. 더욱이 궁지에 몰린 우리 처지에 대해 서로 책임을 전가하지 말고 단결된 자세로 미래를 위해 더 웅비해 보자.

국가미래전략청 신설하면 어떨까

2019.07.03
미래를 위해 철저한 준비필요

정권이 교체되어도 미래의 동력을 상실하지 않는 완전한 독립기구인 국가미래전략청(미래청) 신설을 제안해 본다. 정부뿐만 아니라 지방자치단체, 선거로 선출되는 기관 등 대부분 기관에서 수장이 교체되면 그동안 좋은 사업도 중단되거나 축소되어 낭비 중의 낭비가 되었다.
　한국의 과학기술정보는 과학기술정보통신부와 산업통상자원부, 중소기업벤처부 등에서 분산적으로 관장하고 있다. 이러한 부서는 대통령이 바뀔 때마다 소속이나 분야가 서로 이관되거나 축소되어 효율성을 잃어버리곤 했다.
　한국과 같이 자원이 빈약한 국가는 기술과 과학만이 살 길이다. 중간재를 수입하여 제조하는 국가로서는 그 한계를 절실히 느꼈다. 부품의 일부라도 수입이 제한되면 산업전체에 파급효과가 있어 이러한 흐름에 동요되지 않는 기술 확보가 무엇보다도 중요하다.
　필자가 국가미래전략청을 신설함을 주장하는 것은 정치와 외부의 어떤 압력이나 영향을 받지 않는 독립기구로 만들자는 것이다. 정권이 교체되어도 전혀 영향이 없는 기구로서 한국의 미래전략을 책임지는 부서 하나 정도는 있어야 하기 때문이다. 또한 일본 수출제한으로 정부에서는 1조원을 투입하겠다고 발표했다. 산업별로 분산해 보면 어느 코에 붙일지 답답하다. 이러한 안목을 가진 정치인들이 정치를 하니 과학기술의 육성을 기대하는 우리네가 미련한 것 같다.

　국민의 지탄을 받는 사건이 발생하면 서로 자신의 부서소관이 아니라고 주장하는 추태는 자신들의 주 임무에 소명의식이 없다는 것을 단편적으로 보여주고 있다. 또한 전문성을 육성해야함에도 불구하고 한 부서에 오래 근무하면 비리와 연루될 가능성이 있다하여 순환보직으로 업무를 보게 하는 것도 정책의 일관성을 부실하게 만들었다.

　어느 국가든 5G를 기반으로 하여 AI 등 최첨단산업에 국가의 운명을 걸고 있다. 이러한 시점에서 흔들림 없는 정책수행을 하는 기관의 설치는 국민들도 대환영할 것이며 기업도 적극 동참하여 모처럼 국민들에게 희망을 줄 수 있을 것이다.

　그동안 분산된 정부부처에서 중복되는 사업과 집행자의 소견에 의해 진행되어야 할 사업도 사장된 경우가 있어 연구자와 기업에게 정부의 불신을 야기했을 런지도 모른다. 이러한 것을 해소하기 위해 한 부처에서 일괄적으로 진행한다면 효과는 배가 될 것이며 부처별 중복되어 온 사업으로 인한 낭비도 상당히 절감할 수 있다.

　미래청의 신설로 인해 신체적 또는 종교적 신념으로 군에 입대를 하지 못하거나 거부한 입대대상자들에게 군특례로 연구과제의 보조원으로 활용할 수 있게 한다면 한국에서 군미필자가 생겨나지 않을 것이다.

　그리고 각 대학과 연계하여 대학원 중심의 연구역점학교로 전환시킨다면 기초과학의 재건뿐만 아니라 대학의 사명감도 고취시킬 수 있다. 이와 같이 미래청의 활용은 형용할 수 없을 정도로 희망을 줄 수 있다. 더욱이 최근에 문제가 되고 있는 반도체뿐만 아니라 모든 산업에서 국책사업으로 수행해야 할 사업과 각 기업에서 요구하는 사업을 총괄하여 연구하되 실패에 대해서는 문제 삼지 말아야 한다.

 중국에서의 한국 IT기술자들을 영입하기 위해 급여를 몇 배 이상 지급하는 걸로 유혹하고 있어 종국에는 우수한 인력들이 중국이나 유사한 국가로 유출되어 기술자 없는 IT강국이 될 처지이다. 우수한 기술인력으로 양성하기 위해서는 미래청에서 수행하는 사업의 성과에 대해서 참여자들에게 인센티브가 현실성 있게 지급되어야 한다. 또한 정부에서 지원한 기금에 대해서는 일정의 지분으로 받는다면 기업이나 정부도 부실에 대해서 부담을 덜 수 있고 사업이 성공하면 정부도 상당한 이익을 볼 수 있다.

 자신의 여가와 가정생활을 포기하면서까지 연구에 매진한 결과만큼은 연구자들에게 환원시켜줄 때 중국과 같은 국가에서의 인력 빼가기에 유혹되지 않을 것이며, 소위 의대 등 인기학과보다 기술 분야 학과가 더 인기를 얻게 될 수 있다.

 뿐만 아니라 소비성 일자리창출도 지양되어 생산적인 일자리 창출과 고학력자들의 활용도 기대될 만큼 정부에서는 국가미래전략청 신설을 신중히 검토해 보면 좋겠다는 생각이다. 또한 과학인재육성을 위해 KAIST, GIST, DGIST, UNIST, 포스텍공대 등에 준하는 대학에 고교과정을 신설하여 박사과정까지 과학인재 연계교육을 강화하여 미래의 산업자원을 육성해야 할 것이다.

책임질 수 없는 사람들이 큰소리

2019.07.20
책임지는 말만 해야

　소위 "쥐뿔도 없으면서 큰소리만 친다."라는 말이 있다. 명색이 끝에 남자이거나 장을 맡으면 더욱더 그렇다.
　학창시절 소위 짱이라는 아이에게 함부로 대하지 못한 경험이 있을 것이다. 선생님이 조용히 하라고 해도 시끄럽지만 짱이라는 아이가 "야, 조용히 안 해"라고만 해도 쥐 죽은 듯이 조용해지는 교실은 싸늘하다 못해 살벌하기도 했다. 짱에게 쩔쩔맨 것은 그 짱에게 균등한 힘이 아니라 일방적인 힘이 있어 타협 자체가 없기 때문이다.
　국회는 다르다. 어느 당 홀로 법안이나 예산을 통과시킬 수 없다. 의석수가 과반이 넘어도 일방적인 처리로 국회는 소용돌이에 빠지게 되어 타협자체가 상실된다. 그동안 척결 대상이라고 비판을 해 왔던 당에게 어쩔 수 없는 협조와 타협으로 양보도 해야 한다. 이러한 양상에서 큰소리로 얻을 수 있는 것은 분쟁뿐이다.
　그동안 진보세력들이 경제계들을 비판의 대상으로 삼았을 때도 막무가내로 큰소리쳤다. 세무와 회계를 무기삼아 큰소리 칠 때마다 경제계 인사들은 "더러워도 소나기는 피하자" 식으로 숨을 죽였을 것이다.
　일본이 경제전쟁을 도발해오자 다급해진 청와대와 정부는 친경제정책의 전환이 아닌 위기전환 차원에서 협조를 요청하고 있는 듯하다.

불과 한 달 사이이다. 단지 자신들이 마음대로 모든 것을 할 수 있을 거라 생각했지만 대외적인 여건들이 소용돌이치자 해결은 오직 경제계와 국민뿐이었다. 그들을 둘러싸고 있는 세력들은 실질적 해결보다는 좀 큰소리를 내면서 긴박감을 보여주었지만 묘수를 찾을 수가 없어 보였다.

 마침 박용만 대한상공회의소회장이 어려운 상황을 극복할 수 있도록 협조하겠다는 말에 청와대 한 관계자는 존경한다는 말을 했다고 한다. 그간 행한 행위를 보면 좀 간지럽게 보이지만 어쨌든 이러한 노선의 변화는 긍정적이다.

 그러나 공당의 모 대표는 아베 버르장머리를 고쳐놔야 한다고 큰소리를 쳤다. 현안을 책임지는 위치에 있지 않은 상황에서의 직구는 허언에 불과하고 해결안이 될 수 없다. 청와대의 모 인사는 한일 군사정보협정 재검토를 넌지시 암시했다. 이것도 일본과의 해결방안이라고는 하수중의 하수가 아닌가 사료된다.

 더 아쉬운 것은 청와대 모 인사가 정부에서 발표할 내용보다 먼저 페이스북에 공개하고 일제강제징용 대법원판결을 반대하는 사람은 친일파, 죽창가를 올려 극일하겠다는 의지표명을 하고 있다. 그러나 뜻은 좋지만 이로 인해 얻을 수 있는 것은 별로 없어 보이고 정부의 입장만 곤란하게 해 줄 뿐이다.

 사실 큰소리 칠 때는 명분이나 실리가 있어야 한다. 위에서 언급한 바와 같이 감정적 큰소리는 실리를 챙기지 못하고 더 많은 것을 잃을 수가 있다. 누군들 울분을 토할 줄 몰라 안하는 것이 아니다. 울분도 그들보다 더하면 더했지 덜하지 않다. 다만 명분을 주고 실리를 챙겨야 하는 우리네 상황이 애처롭고 다급할 따름이다.

 한국 주위에는 미국이라는 짱과 중국, 일본도 새끼 짱 노릇을 하고 싶어 하는 것 같다. 어떠한 어려움에 직면해도 큰소리로 대응하여 명분과 실리를 다 놓치지 말자. 우리가 일방적인 힘을 가질 때까지는 차분한 마음으로 우리의 승부근성인 '너죽고 나죽자' 식으로 함께 해 보자.

청와대에 대통령은 안보이고 비서진만 보일까

2019.07.20
참모가 날뛰면 혼란만 가중

대통령은 한 국가의 원수이자 책임자이다. 국가의 운명을 결정하는 중요한 자리이기에 대통령의 말 한마디와 행동이 국가의 품격을 나타낸다.
 북한문제, 사드문제, 미국의 통상압력, 일본의 경제전쟁 등 수많은 사건들이 발생해도 청와대에서의 명쾌한 대응이나 방안이 국민의 마음에 감동을 주지 못했다. 하고 싶은 말 참고 와신상담이라고 하기에는 부담스럽다.
 대신 청와대 비서진들이 나서서 대통령의 그림자를 지우는 느낌을 자주 받아 더욱 더 조심스럽다. 청와대하면 대통령이 각인되어야 하는데 특정 비서진이 떠오르니 문제가 있어 보인다.
 비서진과 참모진은 귀머거리 삼년, 장님 삼년, 벙어리 삼년은 못한다 할지라도 평소 언행에 신중해야 하는데 그리하지 못해 야당에게 구설수가 되는 빌미를 주는 듯하다. 청와대는 대변인이라는 제도가 있음에도 불구하고 불쑥불쑥 내 뱉는 글이나 말이 감동이나 공감보다 반감이나 걱정을 갖게 하는지 모르겠다. 가벼운 행동은 득보다 실이 크다. 말은 많이 할수록 손해이다.
 전쟁이 나면 장수를 바꾸는 법이 없다고 한 정치인이 말했다. 그러나 임진왜란 때 원균 대신 이순신 장군을 재임명하여 승리로 이끈 사례에서 볼 때 장군감이 아니면 교체가 상책이다. 이순신 장군을 대신해서 참모들이 활개를 쳤다면 전쟁에서 승리하지 못했을 것이다.
 이순신 장군의 애국충정에 감동받아 모든 장수들은 한 몸, 한 뜻이 되어 일사분란하게 명을 받고 작전을 전개하여 국란을 극복했다. 만약에 참모들이 비정규군처럼 행동했더라면 전쟁에서 승리하지 못했을 것이다.
 청와대 비서진과 참모진은 정규군이다. 비정규군처럼 행동하는 모습을 보여주면 적에게 작전이 다 노출되어 전쟁도 해보지 못하고 패배하고 만다. 일본이 작심하고 한국을 죽이기 위해 치밀한 작전을 세웠다. "지피지기면 백전백승을 한다."는데 우리는 그들의 수를 어디까지 알고 있는지 알 수가 없다. 더욱이 일본이 쥔 무기와 우리가 쥔 무기가 다르다. 무기의 성능이 비슷하면 한 번 해볼 만하다. 그러나 전문가들의 견해로는 우리의 무기가 열세인 듯하다.
 그리고 청와대는 보다 더 넓게 좀 봐야한다. 오직 청와대와 정부, 민주당만이 이 난국을 해결하려하지 말아야 한다. 야당과 국회차원에서도 해결할 수 있도록 도움도 요청해야 한다. 일본은 의회주의로 정부보다는 국회가 더 인맥이 있을 것이다. 겨우 위원회를 만들어 대처하는 모습은 보여주지 말아야 한다.
 고려시대의 서희 같은 인물을 찾아봐야 한다. 자극적인 표현으로 패거리 결속은 가능하겠지만 평범한 필자도 동의하지 못하는 방법으로 일본을 이기겠다는 오기는 지양해야 한다.
 명쾌하게도 이순신 장군이 12척으로 일본을 이겼다. 지금 이순신 장군에 비유하는 장수가 있는지, 아니면 서희와 같은 외교가가 있는지도 문제이다. 야당에서는 국방부 장관과 외교부 장관을 해임하지 못해 안

달이다. 더욱이 국방과 외교를 책임지고 있는 장관들의 자리도 좌불안석이다.

 이제라도 청와대에 대통령이 각인되게 해야 한다. 대통령을 믿고 있는 국민들을 생각해야 한다. 대통령 앞에 비서진이나 참모진들이 아른거려서는 명이 서겠는지 자성을 해야 한다. 조급한 일본보다 시간적 여유가 있는 우리가 일본과의 경제전쟁에서 승리한다. 시간과의 싸움이지 일본과의 싸움이 아니다. 승리는 벌써 우리 쪽으로 오고 있다. 조금만 더 참고 기다리자.

국내기업끼리 상생으로 가야

2019.07.22
우리가 우리를 인정해야

　기업의 경쟁은 우수한 제품, 신기술 개발 등 단점보다 장점이 더 많다. 이러한 것을 기반으로 세계시장에서 한국 상품의 우수성이 검증되고 한국경제에 기여했다. 반면에 과도한 경쟁과 출혈은 국내기업의 고사를 가져올 수도 있다.
　그 동안 국내기업 간의 과도한 경쟁과 적대 경영으로 상대 기업의 부품이나 소재를 아예 거절했거나 무시한 것은 아닌지 한번 자성해 봐야 한다. 또한 중소기업들의 기술을 너무 얕보고 무조건 일본소재를 선호했는지 자각의 시간이 필요하다.
　아무리 좋은 소재를 개발하고 상품화해도 국내기업들이 사용해 주지 않으면 중소기업은 자금압박으로 고사하고 만다. 소위 경영의 갑질로 중소기업들의 특허를 탈취하거나 그 특허를 유용하게 사용하기 위해 그 기업을 도산시키지 않았나도 한번쯤 되새겨야 한다.
　일본 경제전쟁 이전에도 일부 중소기업들이 대기업으로부터 특허가 탈취당하여 소송전을 벌인 경우도 있었다. 이러한 것들이 자국의 기술개발을 도퇴시킨 계기가 되었을 뿐만 아니라 기초과학의 뿌리까지 흔들어 버렸다.
　반도체에 사용하는 초고순도 불화수소의 예를 들면 2011년에 특허청에 특허 1건이 등록되었다는 보도가 나왔다. 보도에 의하면 일본제품과 같은 수준의 초고순도 불화수소로 막대한 투자금이 필요하고 게다가 한국기업에 납품을 할 수 없는 상황이 되자 사장되고 말았다.

불화수소는 용해하는데 광범위하게 사용되고 있는 소재이다. 안전성도 고려되어 님비현상의 대표적인 소재 중의 하나이다. 특히 대기업에서는 굳이 한국제품을 실험하기 위해 시간과 투자를 할 필요 없이 일본제품을 그냥 쓰면 편하고 좋다는 관념이 한국소재개발의 후진성을 만들어 버린 게 아닌지 따져보고 더 늦기 전에 상생해야 한다.

불소만 이런 경우는 아닐 것이다. 다른 소재나 부품에서도 대기업들의 일본선호사상이나 해외에 의존하였으리라 사료된다.

지금 정부에서는 연구개발에 투자하여 대체소재를 자족화하기 위해 동분서주하고 있다. 단지 연구개발에만 지원하지 말고 소재를 생산해 낼 수 있는 시설까지 지원해 줘야 완전한 소재의 자족이 될 것이다. 대기업이 중소기업과 상생 상생했지만 중소기업에서도 수용할 수 있는 상생이었는지, 보여주기 식의 상생이었는지 대기업부터 사고의 전환이 필요하다.

지금도 늦지 않았다. 정부에서는 대체가 가능한 소재들의 특허상황을 검증하여 가능한 특허를 실용화하고, 생산화 될 수 있도록 신속히 분석하여 지원이 되도록 해야 한다. 기존의 기업들에게 지원도 중요하지만 사장된 특허들의 활용도 접목해 볼 필요가 있다.

그동안 정부에서는 기업에 지원만 해 주었는데 이번부터는 법을 개정하여 투자로 전환해야 한다. 생산시설을 위해서 막대한 자금이 소요될 때는 중소기업에서 감당할 수 없는 경우도 있다. 결국 투자를 받아 후에 기업을 빼앗기는 악순환을 막기 위해 정부가 일정 지분을 확보하여 중소기업의 숨통을 트게 해야 한다.

이번 일본의 교훈은 '그래도 믿을 수 있는 것은 우리 민족이고 우리 기업이라는 것'을 온 국민이 함께 인지하였으면 좋겠다.

지금처럼 뛰는 것이 장관이다

2019.08.05
복지부동한 공무원 척결

홀로 살아갈 수 없는 것이 인간이다. 길 가다 목마르면 물 한 사발 얻어 마셔야 하고 허기지면 사먹든 얻어먹든 간에 배를 채워야 한다. 한 개체가 생명을 유지하는데도 주위의 도움 없이는 생존이 불가능하듯 우리는 함께 어울려야 한다.

원래 삶이 이러하건데, 하물며 인간의 욕망을 채우기 위해서는 얼마나 많은 부채를 져야하는지 당사자들이 더 잘 알고 있다.

선거에 나가기 위해서는 참모와 측근과 선거꾼까지 한 표라도 더 얻기 위해 부채 중에 가장 큰 부채를 남긴다. 당선된 후에는 이 부채를 갚기 위해서는 무리한 임명과 사업권이 요구되어 불미스러운 사건으로 국민들의 지탄을 받기도 한다.

그런데 정작 그들은 지탄을 두려워하거나 무서워하지 않는다. 시간이 지나면 모두 망각한다는 단순진리를 잘 악용하고 있다.

만약에 부채를 갚지 않을 경우 돌아오는 후환도 두렵긴 매한가지다. 선거기간에 완전히 공명정대한 룰로 선거를 치루는 경우가 없기 때문이다. 일부에서는 협박 아닌 협박을 할 것이고 기타 방법으로 갖은 압박을 가할 것이다.

장관임명에도 이러한 부채의식이 있어 보인다. 같은 포럼 출신, 평소에 관계를 유지하며 도움을 준 사람 등등으로 인해 인물도 되지 않는 사람을 장관이나 기타 준하는 자리에 임명을 하다 보니 업무가 효율적으로 이루어지지 않고 잦은 교체를 해야 했다.

더욱이 차기 선거를 위해 임명되는 경우는 더 가관이었다. 정말 장관이 맞는지 의심이 갈 정도로 한가로운 자리로 보였다. 그렇게 비방하던 경제정부시절 장관들은 잠을 설치며 국가재건에 소신을 다한 것과는 다른 모습들이었다.

진정 일하는 장관인지, 자리만 지키며 기업이나 관할부서를 옥죄는 자리인지 구분이 가지 않다가 일본의 경제 전쟁이 발발하자 긴급대책을 세우며 동분서주하는 모습이 전개되었다. 필자는 평소에도 뛰어다녀야 하는 자리가 장관 자리라고 생각해왔었다.

행사장이나 행사에 가서 축사나 하고 사진이나 찍는 안일무사의 자리가 아니라 일반 공무원보다 더 일찍 출근하고 더 늦게 퇴근하면서 국가의 미래를 설계하는 그런 자리가 진정한 장관의 자리인데 태평해도 너무 태평했다.

자신의 짧은 판단으로 미래의 산업이 사장되지 않았는지, 아니면 측근들의 노후대책에 우선이 아니었는지 이번 기회에 냉정하게 성찰하고 부채의식을 없애버려야 한다. 더욱이 장관은 대통령 이상으로 미래설계를 해 주어야 한다. 국민의 안위와 국가의 미래를 책임지지 못한다면 얼마나 우스꽝스런 자리가 되겠는지 스스로 사양의 덕목도 가져야 한다.

일본이 밉지만 앉아서 결재만 하는 장관이 아닌, 현장에서 국민의 아픔을 해결하기 위해 열심히 일하는 장관들의 모습을 보게 해준 것에 대한 고마움도 있다. 장관이 일하는 만큼 수많은 부서의 공무원들도 뛰게 되어 있다. 무사안일하고 복지부동인 공무원 척결을 위해서라도 더 뛰는 장관의 모습과 지금처럼 기업인들과 대책을 세우며 젊은 층들의 일자리 창출까지 유도하다면 존경의 자리가 될 것이다.

독도방어 훈련 남북이 공동으로 추진하면

2019.08.08
우리 영토 보존 함께 해야

　북한과 미국 정상이 만나 평화무드를 조성하고 있다. 적대시하던 시대를 청산하고 새로운 동북아정세를 정립하려하고 있다. 자국의 존립은 자국이 가지는 국방력과 경제력만이 지킬 수 있다는 명제를 북한과 미국은 어느 국가보다 잘 인지하고 있다.
　극과 극을 달리던 회담이 점차 일부 수용하는 경향으로 흘러가는 듯하다. 북한이 단거리미사일 실험을 해도 미국은 대수롭지 않게 평가하여 북한과의 대화를 이어가려고 부단히 노력하는 흔적이 곳곳에서 보인다.
　트럼프 대통령은 SNS에서 김정은 위원장과의 우호관계를 지키고 싶다는 의미를 글로 표현했고, 김정은 위원장도 미국을 자극하지 않으려고 하는 것 같다. 이와 같은 상황은 대화의 기대를 높여주고 있다. 지금은 우리가 소외되는 서운함도 있지만 추후에 미국 이상의 역할을 하리라 사료된다.
　사실 북한이 한국에 국지전으로 공격을 한다고 할 때 우리가 맞대응한다면 우리민족이 또 다른 고통과 아픔을 겪을 수 있다. 따라서 우리 국민의 안전을 위해 더 적극적으로 북한과의 관계를 돈독하게 해야 한다. 김정은 위원장이 북한의 통치수단으로 미국과 남한을 비난하는 방법이외는 별로 없어 일부 국민들은 이러한 전략을 파악하고 있을 것이다.
 불행하게도 남북한과 미국과의 미묘한 관계가 있자 중국과 러시아, 일본이 한국을 가볍게 보고 있다. 이에 외교의 외톨이라고 비아냥거리는 정치인도 있고 무능하다는 노골적 평가도 내놓고 있다. 더 웃지 못할 일은 중국과 러시아 기가 독도 상공을 침범했을 때 일본 자위대 기가 출격을 했다고 일본국민들이 난리가 났었던 사건이 있었다. 나중에 일본 기가 출격한 사실이 없는 허위로 밝혀져 일본의 민낯을 보여주었다.
 상황이 이렇게 된 바에 독도방어훈련을 북한과 합동으로 실시하는 방법도 구상해 볼 필요가 있다. 일본이 한국에 대해서 만만하게 보지만 북한에 대해서는 아직까지 태도를 밝히지 않고 있어 독도가 확실히 대한민국 영토임을 보여줄 필요도 있다.
 미국과 북한의 반응은 어떠할지 모르지만 미국 측에서도 독도방어훈련의 가부에 따라 한국에 두는 비중을 어느 정도 예측할 수 있을 것이다. 정말 남북한의 평화통일을 원하는지 고착된 국가로 남아있기를 바라는지 한번 의중을 알아볼 필요가 있다.
 사상 처음으로 남북한이 한반도 수호의 방어훈련을 기반으로 유사시 한반도가 유린당할 경우 상호 협력한다는 협약까지 맺는다면 다른 말 필요도 없이 긴장완화에 도움이 될 것이다. 특히 북중어로협약에 의해 중국의 동해안 조업으로 어종이 씨가 말라 종국에는 해양자원의 고갈까지 예측되어 어종보호차원에서 남북한어로협약도 고려해 볼 필요가 있다. 오직 전쟁과 평화의 평행선에서 밀당만 하지 말고 가능한 것부터 협약을 맺어 통일을 대비해야 한다.
 그러기 위해서는 남한과 북한의 상황 개선과 전환이 무엇보다도 중요하고, 그에 따른 국민들의 정서도 변화를 가져야 한다. 처음에는 어려워도 위기가 있을 때는 역발상이 더 효과를 볼 수 있는 사례를 동족끼리 만들어 보면 상호간의 신뢰를 더 돈독하게 할 수 있을 것이다.

필자의 이런 제안에 일부에서 터무니없다고 하겠지만 가장 좋은 것은 외세의 도움 없이 우리 자력으로 정면 돌파를 시도하여 더 큰 것을 얻을 수 있다는 것을 보여주자는 것이다. 특히 남북한합동훈련으로 독도에 대해서 종지부를 찍고 미국과 중국, 러시아에 당당하게 독립국가의 자존을 보여줄 때 더 이상 어느 누구도 한국을 만만하게 보지 못할 것이다.

김대중 대통령의 수용과 덕치의 정치 배워야

2019.08.18
이념을 떠나 국민을 위해 서로 수용해야

 아무리 좋은 정책이나 제안도 상대방에 의해 좌절될 수 있다. 정치에서는 정쟁으로, 개인적으로는 평소에 미운 사람, 자신보다 능력 있고 대립 관계인 사람 등으로 인해 국가와 국민에게 손실이 발생되는 사례가 허다하다.
 짧은 과거로 돌아가 보면 경부고속도로, 산림녹화, 건강보험, 초고속통신산업, 문화개방, 한미 FTA 등이 반대로 인해 좌절되었더라면 한국은 지금 어떤 모습일지 아찔하다.
 단지 자신들의 진영이 아니라면 국가와 국민을 위한 정책들이 손실되어도 상관없다는 폐쇄성과 편협한 사고는 일방적 정치와 무관하지 않았다. 정책 하나로 선거의 당락이 좌우되는 긴박감에 국민들에게 유익한 정책도 예산부족, 선심성, 특혜, 시기상조 등등 구차한 변명으로 반대하기에 급급했다. 상생의 정치로 반대의 문제점을 보완해 가면서 수용의 정치가 되도록 협조했더라면 우리나라의 정치와 경제는 훨씬 앞으로 나아가 있었을 것이다.
 어차피 실행될 것을 반대로 인해 국익이나 국가전략에 차질이 생긴다면 고스란히 손해가 국민에게 돌아간다. 문화개방만 해도 그렇다. 일본과의 문화개방으로 한국은 일본의 문화식민지가 된다고 반대가 극심

했다. 과연 지금 우리는 일본의 문화식민지가 되어 있는가. 지도자의 혜안을 자신들의 짧은 안목으로 판단하여 반대하는 것은 국력을 낭비하고 품격을 떨어뜨린다.

 정치 구단으로 일컬었던 김대중 대통령이나 김종필 전 국무총리는 상대방과의 대화에서 단어하나에도 품위가 있었다. 누가 들어도 험담 같지 않고, 욕 같지 않은 단어선택으로도 상대방을 다시 생각케한 철학이 있었다.

 국민을 자극하여 자신의 편을 만들거나 내편 네편으로 경계선을 긋도록 유도하지 않았다. 단지 선거유세 때 같은 고향사람 선택해 달라고 누구나 말할 수 있는 것들 이외에는 없었던 것 같다.

 지금의 정치인들과는 차원이 달랐다. 정치꾼이 아닌 정치가요, 사람의 마음을 읽어주는 문인이었다. 종국적으로 한 분은 대통령으로 다른 한 분은 국무총리로 만족했지만 이 두 분의 공통점은 수용의 정치를 기반으로 한 것 같다. 상대방을 서로 인정해주면서 수용할 수 있는 부분은 과감히 수용하고 반대파에게는 설득의 정치를 구현하려고 했다. 현실의 정치가 막가파라면 그 분들의 정치는 덕치를 중요시했다.

 특히 김대중 대통령은 생사의 고비에서도 용서의 정치를 실현했다. 보복의 정치는 또 다른 보복의 정치로 반복된다는 것을 알고 정치에서 모든 것을 화해하고 용서하려고 했다. 외교에서도 굴복의 외교가 아니라 인내의 외교를 전개했다. 미국이 무시하고 일본이 미워도 겉으로 웃으며, 속으로 우는 대통령이 아니었는지 생각해 본다. 당신 하나만 굴욕당하면 국민과 나라의 미래가 밝고 국익과 국가전략을 펼 수 있다는 미래지향적이면서도 중후한 정치력을 선보였다.

 작금은 국익과 국가전략이 있는지, 있으면 무엇인지 감지가 되지 않는다. 가벼워도 너무 가벼운 정치로 인해 국민의 속앓이를 해결해 줄

기대치가 점점 줄어들고 있다. 이제부터라도 김대중 대통령의 국익과 국가전략을 위해 당신을 희생하는 수용의 정치, 덕치의 정치를 배워야 할 것이다.

이념도 철학도 없는 위정자

2019.08.19
자신들만 위한 지저분한 정치

　흔히 진보는 평등한 세상을 위해 사회변화를 추구하고, 보수는 우리 사회가 가진 가치를 인정하며 점진적 변화를 추구하는 이들을 일컫는다고 말들을 한다. 그러다보니 진보는 돈이 없는 사람, 보수는 돈이 많은 사람으로 흔히 생각한다. 하나의 이념에 불과한 것을 우리는 잘못된 인식으로 그동안 진보와 보수를 구분해 왔는지 모른다. 장관들의 청문회 자료에 의하면 진보와 보수는 모두 잘 사는 사람으로 각인되기에 충분하여 이제는 귀족으로 봐야 할 것이다.
　진정한 보수와 진보는 국방의무, 납세의무, 근로의 의무는 기본적으로 행해야 하고, 이중국적은 가지지 않아야 한다. 또한 가족이나 같은 이념을 가진 자에 대해 정도를 벗어나서는 안 된다. 이중 어느 하나라도 어긋나면 진정한 진보와 보수라고 주장할 수 없다.
　그리고 무작정 진보다, 보수다 주장하는 것은 무의미하다. 자신들이 국가와 국민을 위해서 해야 할 의무도 하지 않으면서 무임승차식으로 이념을 소유한다면 이념의 순수성이 훼손된다. 민주화 운동을 했다고 모두 진보는 아니며, 미군철수 반대를 했다고 모두 보수가 아닌 것처럼 국가와 국민을 위해서 동참하는 행위는 행위자체에 불과하다.
　그동안 무늬만 보수·진보였지 뜨거운 심장에는 자신의 욕망과 욕심만 챙겼다. 그러한 것들이 숨겨져 있어 모두 속아 넘어가기에 쉬웠다. 추악한 모습이 세상에 노출되었을 때는 서로 자아성찰대신 서로 자신들 진영만 보호하느라 한계를 보였다. 단호하게 절단하지 못했다. 그 결과 진보와 보수라는 진정성을 상실하고 말았다.

 무작정 친미, 친일, 친중 사고를 가진 사람은 수구이다. 서로 진영보다 미국이나 일본, 중국을 더 찬양하는 사람은 토착수구라 칭하고 싶다. 우리의 영토를 수호하는데 우리 국민보다 더한 사람은 없다. 우리 스스로 지키려는 의지보다 외세의 힘으로 지켜야 한다는 사고는 사대주의라 보면 그리 무리가 없을 것이다.

 정치권에서도 여권과 야권이 스스로 진보세력, 보수세력으로 나누는 우를 범하고 있다. 국민들이 인정을 해줘야 진보, 보수로 당당할 수 있다. 우리나라 정당은 국가와 국민에게 상처를 준 당원이나 소속 국회의원을 퇴출시킨 사례가 거의 없다. 스스로 정화능력이 없는 세력은 오직 정권과 현상을 유지하려는 수구세력에 불과하다. 진정 국민으로부터 진보, 보수라는 명칭을 받기 위해서는 살신성인하는 혹독한 쇄신이 필요하다. 국가와 국민에게 상처를 준 정치인이 일반인보다 처벌이 약해서야 옳은 정당이라고 할 수 없으며 정치욕에 눈먼 집단세력에 불과하다. 더욱이 상대방을 평가하는 잣대는 있어도 자신들의 잣대가 없기에 진정한 보수와 진보가 없다는 것이 필자의 소견이다.

 이념도 철학도 없는 정치권에 아무리 질타를 해도 소용이 없다는 것을 알면서도 그래도 기대하는 것은 일말의 양심이라도 있다고 믿고 싶기 때문이다.

 진보와 보수 모두에게 무엇보다도 기본이 되는 것은 정치철학이다. 진보는 도덕성이 우월하고 보수는 도덕성이 없는 것이 아니다. 그런데 진보가 일방적으로 도덕성의 우월성을 주장하는 것은 사리에 맞지 않다. 진보든 보수든 국민의 수준에 맞는 도덕성은 필수이다. 그러나 둘 다 자신들만의 울타리에서 벗어나지 못하고 있어 안타까울 정도이다.

 지금까지 이념들이 정권과 국회의원 몇 석을 차지하기 위한 하나의 수단이지 정책의 방향은 아닌 것 같다. 특히 진보든 보수든 정치인에게 법은 일반국민보다 엄격해야하며, 그들이 일반국민보다 위에 있는 것이 아니다. 또한 어떤 진영이든 국민을 이기려고 또는 이겨서는 안 된다. 지금 소위 스스로 진보라고 칭했던 사람들이 오히려 사회의 악에 침묵하거나 동조 내지 진영 지키기에만 앞장서고 있으니 이는 스스로 진보가 아님을 인정하는 꼴이 되고 있다. 사정과 사실을 파악한 후에 결정한다는 말은 기회주의 극치를 이루고 있는 듯, 철학도 이념도 없는 꾼의 세계로 추악함만 드러내고 있는 듯하다.

평등한 사회 빨리 만들자

2019.08.19
있는 사람들이 조금 더 내야

  불평등 없고 만인이 평등한 세상! 이런 세상을 만들고 유지하는 것이 모든 국민과 국가의 목표이다. 평등한 사회를 만들기 위해서는 국가재정이 가장 우선시 된다. 국가재정이 넉넉하지 않고 국민의 동의가 없으면 사상누각에 불과하여 국민들이 원하는 국가건설이 불가능하다.
  예로 국토의 90% 이상이 국유지인 싱가포르를 보면 얼마나 행복한 나라인지 금방 알 수 있다. 국민소득이 약 6만불에 국민들의 행복지수는 형용할 수 없을 정도로 높다. 스위스는 범칙금을 경제적 수준에 따라 차등부과하며 최고의 국민행복지수를 보여주고 있다.
  필자가 싱가포르와 스위스를 예를 든 이유는 세금의 투명성이 확보되고 의식주가 해결되면 국민의 의식수준이 높아지고 국가의 소중함을 국민 스스로 인지하게 된다는 점 때문이다. 자본주의 체제를 살고 있는 한국이 싱가포르처럼 토지를 국유화하기는 어렵겠지만 범칙금에 대해서 소득에 따른 차등부과를 한다고 하면 찬성의 여론이 더 많지 않을까 생각한다.
  우리나라 국민 모두가 누구나 차등 없고 균등한 사회를 원하고 있다. 국민이 원하는 보편적 복지를 위해서 세금을 올리려 해도 반대가 심하고, 의료보험을 조금 올려도 경제상황이 좋지 않다는 볼멘소리로 집행에 어려움이 있다.

 결국 국가재정과 보편적 복지를 위해서는 제2차적인 재정을 마련해야 한다. 그동안 부유한 자와 빈곤자들이 간접세에서는 동일한 세금을 내었다. 사실 간접세를 소득에 비례해서 차등적으로 세금을 책정한다는 자체가 불가능하다.

 그러나 직접세 중에서 가능한 것이 범칙금이다. 범칙금 중에서 가장 일반화된 교통위반 범칙금만큼은 차등적으로 실시할 수 있다고 본다. 있는 자와 없는 자가 위반했을 경우 똑같이 범칙금을 내는 것은 문제가 있다.

 있는 자들에게 좀 더 범칙금을 내게 해서 사회적 명성과 명예에 맞게 부과해야 한다고 본다. 가령 수십억 소유의 재산가가 범칙금 10만원을 내는 거와 빈곤자가 내는 10만원의 차이는 엄청나다. 재산가야 가벼운 금액이지만 빈곤자에게 10만원은 적은 돈이 아니다. 이런 연유로 있는 자는 훨씬 더 교통법규를 위반하기 쉽다. 교통신호를 무시하여 부과된 범칙금에 비해 더 많은 경제적 이득을 올릴 수 있기 때문이다.

 필자는 보험에서 평가하는 자차평가액과 소득을 전산화하여 차등부과를 조기에 실행한다면 국가재정에도 도움이 될 뿐더러 아픈 국민들의 마음을 다독이는 효과도 있으리라 본다. 여기에 시의원, 도의원, 자치단체장, 국회의원 등 선출직과 모든 공무원과 국가와 지방자치단체 산하 공사까지 다 전산화하여 공직에 따른 차등부과를 주장하고 싶다. 사회적으로 책임을 지고 있는 부류에게는 더 엄격한 부과로 책임감과 명예의 귀함을 각인해야 한다.

 부과되는 범칙금의 차등 적용은 국회에서 알아서 해야겠지만, 싱가포르와 스위스의 50% 수준에서 실행을 하면서 보완을 해 나가면 될 것 같다. 단지 교통법규를 위반해서 징수되는 범칙금을 교통개선에 사용하는 것이 아니라 목적세로 변경하여 국방과 복지예산으로만 사용할 수 있게 해야 필자가 제안하는 취지에 맞다.

 더불어 단순한 위반자가 아니라 자신에 낸 범칙금이 국방과 복지에 사용된다는 의식과 준법정신을 준수해야 한다는 소명의식을 심어줄 필요도 있다. 우스갯소리로 하늘을 나는 비행기를 보고, "저 비행기 내가 낸 벌금으로 산 거야!."라고 농담을 할 수 있게 만들어보자. 그리고 공직자들과 사회의 지도자층에서 법과 도덕 준수, 사회질서를 먼저 실천할 수 있는 공론의 장을 만들어보자.

자식에게는 돌을 던져서는 안돼

2019.08.22
기성세대가 자식을 망쳐

　필자가 20대 후반에 논문을 쓰기 위해 답사를 갔었다. 날씨가 더워 어느 동네에서 쉬고 있는데 대학 때 알고 지냈던 지인을 만났다. 문경에 관광을 왔다며 막걸리 한 잔 하면서 자신의 학력에 대한 한탄의 소리를 들었다.
　그는 4남매 중에 막내인데 자신만 지방대학을 나와 집안에서 자식으로 취급도 해주지 않아 늘 외톨이라고 한다. 하기야 그 당시에는 최고의 대학을 입학만 해도 집안의 경사이고 가문의 영광이었다. 필자는 그 소리를 듣자마자 답사할 기분도 나지도 않았고 출신대학이 이렇게 중요한 것을 뒤늦게 깨달았다.
　작금의 사태를 보면 부모의 심정을 이해할 것 같다. "뱀의 머리보다 용의 꼬리가 더 낫다."는 것은 그들 세계에서는 이미 통용되고 상식이 된 것 같다. 아무리 사회가 평등해도 그들끼리의 문화는 따로 있었던 듯하다.
　지나간 사건이지만 최순실 딸 문제도 그렇다. 자식을 위해서는 부모들은 어떠한 짓도 할 수 있다는 것을 보여주었다. 사회의 지탄을 받아도 자식을 위해서라면 불법이든 위법이든 간에 행하는 일련의 행위가 비판을 받았고, 이제는 변해야 했다. 그런데 뒤이어 법무부장관 후보의 자식문제가 세상을 또 한번 더 뒤집어 놓았다. 여러 건의 문제들을 열거하여 비판과 동정의 시각으로 문제를 바라보는 필자의 심정도 무겁다.
 필자는 후보자들이나 정치인들의 문제에 있어서 자식문제만큼은 언급해서는 안된다는 지론을 아직도 가지고 있다. 성장하는 아이들에게까지 상처를 줘서는 안된다는 것이다. 그럼에도 불구하고 정치권에서는 사활을 걸고 자식문제들을 거론했다. 최순실의 경우 반대쪽 진영에서는 방송인부터 배우, 개그맨까지 비아냥거리면서 내란이라고까지 신랄하게 비난했었다. 그런 그들이 법무부장관 후보의 자식문제에 대해서는 아직까지 침묵하고 있는 것은 내 진영 사람은 무조건 감싸 안는 것인지 곱지 않은 눈초리로 그들을 바람잡이로 폄하하는 이도 있다.
 최순실이나 법무부장관 후보가 권력주변과 장관 후보자이기 때문에 이러한 것이 파헤쳐져서 세상에 알려졌다. 그들이 일반인이라고 한다면 아름답지 못한 일들이 알려지지 않았을 것이다. 아마 평생을 속고 넘어가 그들의 말에 찬사와 박수를 보냈을런지 모른다. 유능하고 학자 중의 학자라고 인정하면서 모두 부러워하고 있었을 것이다.
 불행하게도 두 사건의 공통점은 발각이 되어도 당사자인 부모들이 국민들 앞에서 사죄하지 않았다는 것이다. 자식들로 인해 피해 본 또 다른 학생들이 있었음에도 그 학생들에게 어떤 마음을 가지고 있는지조차 모르겠다.
 부모의 욕심으로 자식의 미래까지 망치는 부모가 되었으니 답답한 노릇이다. 순리대로 자식이 원하는 것을 흔쾌히 승낙하고 뒷바라지만 잘 해 주었어도 용의 몸통은 아니어도 꼬리는 되었을 것이다. 심지어 이들은 오직 용의 머리가 되어야 직성이 풀리는 것 같다. 자신들의 눈높이에서 자식들을 너무 높게 평가한 것인지 세상을 자신들의 발밑에 있는 것으로 오판했는지 알 수 없지만 "욕심이 과하면 탈이 난다."는 속담은 진리인 것 같다.

 법무부장관 후보가 장관이 된다면 수많은 대한민국 부모들과 수험생들이 자신들이 원하는 대학에 들어가기 위해 어떠한 위법을 사용하여도 우리는 비판을 할 수 없게 될 것이다. 더 이상 자식을 망치는 부모보다, 눈높이를 조금 내려서 자식과 함께 웃는 부모의 길로 가는 것이 더 현명한 것이 아닌지 위로의 말을 전하고 싶다.

 이들의 자녀들도 안타깝다. 평생 트라우마로 살아가야하는 자녀에게 만큼은 돌을 던져서는 안된다. 자녀들이 친구도 잃고 사회성까지 잃을까 염려가 된다. 그들도 우리 자식처럼 귀한 청년들로 부모의 욕심으로 인해 슬픔에 잠긴 모습에 기성세대로써 미안한 마음을 금할 수 없다. 우리 기성세대가 너희들을 망쳤구나.

솔직한 사회가 바른 사회

2019.08.23
용서하면 받아주는 우리야

 필자도 자식을 가진 사람이라 자식 가진 분들에게 모질게 할 수가 없다. 바르게 성장하도록 옆에서 지켜봐 주는 것이 가장 큰 미덕임에도 조금이라도 더 수월하게 더 잘 되게 하고 싶은 게 부모들의 한결같은 마음일 것이다. 이번에 벌어진 법무부장관 후보자 딸과 관련된 부분에 대해 만약 그가 알았다면 자식에게 상처가 되지 않도록 모든 것을 미리 포기하지 않았을까 그렇게 믿고 싶다.
 후보자가 그동안 정열과 패기로 옆과 뒤를 제대로 돌아보지 못하였음을 여실히 보여준다. 많은 부분이 국민의 정서에 어긋나 있다. 그러나 사건 후의 처리과정에 너무 아쉬운 점이 있다. 정말 가장으로서 국민에게 사죄드리고 모든 것을 용서 구한다 라고 빌었다면 그래도 일미의 동정심이 있었을 것이다. 좀 억울해도 비참해도 큰 인물은 수용하고 감내해야 한다. 변명 같지 않는 변명으로 구차하게 굴어봐야 본인만 손해요, 지지해준 지지자도 돌아설 뿐이다. 더욱이 지명한 대통령에게는 더 무거운 짐을 지게 하는 것이다.
 민주당도 이번에 자만과 남만 탓하는 구태연한 행위로 많은 부분을 잃어버렸다. 대통령에게 직언을 하는 사람 없이 밀리면 레임덕이 온다는 망측한 망상에 싸여 있는 듯하다. 후보자가 구사일생으로 장관에 임명된다 하여도 무슨 소용이 있겠는지 답답한 마음이다. 망가진 몸으로 개혁다운 개혁을 할 수 있는지 장담할 수 없다. 권위가 서지 않아 무리한 명을 할 때는 조직내에서 반발이 있을 것이고 비리가 있다고 해도 공명정대하게 처리나 할 수 있을까 염려된다.
 다음에 큰 꿈이 있다면 이번에 미련을 버려야 했다. 속죄하고 다음에 새로운 나로 돌아올 때 지지해 달라고 했더라면 멋있는 학자요 정치가로 기대감을 가졌을 것이다. 물러날 시기를 놓쳤다. 아쉬운 대목이지만 그릇이 그만한가 보다.
 사람이 살아가면서 좋은 일만 가질 수 없다. 음해와 음모, 오해 등등 마음과 몸이 다 망가져봐야 내공이 생긴다. 하나의 전투에서 졌다고 전쟁에서 지는 것이 아니다. 민주당이나 후보자가 이번에 지더라도 다음 기회가 기다리고 있으니 고민할 필요가 없다.
 멋지게 사퇴하고 다음 기회를 달라고 호소하면 된다. 그 호소력이 다음 대선까지 유효하다면 잃는 것보다 얻는 것이 더 많을 것이다. 구차한 변경과 보호막은 국민들을 더 흥분시키기 쉽다. 대학에서까지 현 정부를 대상으로 촛불을 들리라는 것은 상상조차 못했을 정도로 이 정부는 자만에 가득 차 있다. 촛불은 어느 진영의 것이 아니라 국민의 것이라고 전에도 글을 한 번 기고한 적이 있었다. 단순한 진리를 그들은 너무 복잡하게 생각하고 있다.
 한국당도 장외투쟁을 활용한다는 것은 당의 위기감이 왔다는 것을 자명해 주는 것이다. 지지율이 높다고 하면 관리하는데 치중할 것인데 정체된 지지율로 위기감이 있어 더욱더 투쟁하는 것으로 보인다. 대일관계에서도 민주당보다 더 강하게 비판하고 대응했어야 한국당의 아킬러스건인 친일테두리를 벗어날 수 있을텐데 그러하지 못했다. 문재인 정부 비판에만 열을 올리고 있으니 얼마나 답답한 처사인가. 진보보다 보수는 한 발자국 더 나아가야 하는데 그 원리를 모르고 있는 듯하다. 정치인들이 헛발질을 그만해야 국민이 살고, 국민의 지지를 받을 수 있다.

 민주당과 한국당은 거대 여당과 야당이다. 두 정당이 주장하는 것을 볼 때마다 너무나 터무니가 없어 실망을 하곤 한다. 정말 한국을 이끌어갈 능력이 있는 정당들인지 의심이 갈 정도이다. 이제는 두 정당들의 이전투구만 남았다. 이 와중에 더욱 힘들어지는 것은 우리 국민이니 안타까움을 금할 수 없다.

 후보자에게 용퇴라는 아주 멋진 말이 있다는 것을 알려주고 싶다. 비록 아쉬움과 당위성이 있겠지만, 지금은 자신이 갈 길도 아니요, 시기가 아니라면 모든 것을 내려놓을 줄 알아야 한다. 생긴 것은 용인데 행동이나 사고가 그 이하이면 실망을 아니할 수 없다.

변명과 위로에도 정도가 있어야

2019.08.24
끼리의 변명으로 화만 나

　요즘 법무부장관 후보 사태를 보면서 필자는 우리 끼리에 포함되지 않는 상대방이 밉기도 하고, 또 우리 편이고 내가 지지하는 자라서 무비판적으로 무조건 감싸주는 가벼운 행동이 이 나라의 미래를 망치는 원흉이 아닌가 생각해 본다. 똑 같은 것을 보면서도 평가는 보는 이에 따라 극과 극을 달리고 있다.
　당사자는 모든 일에 직접 관여하지 않았고, 자기는 모르는 일이라고 무조건 모르쇠로 밀고 나가도, 주변인들은 당시의 제도를 빌미삼아 당사자만의 하자가 아니라고 주장하며 조금이라도 도움을 주려고 애쓰는 모습이 역력하다. 그들은 일부의 반대파들이 주장하는 것이라고 애써 축소하려고 하지만 필자가 보기에는 보편적인 국민의 정서가 부정적으로 기울었다고 보여 진다.
　심지어 모 교육감마저 엉뚱한 지원사격을 하여 지탄을 많이 받았다. 그는 법무부장관 후보의 딸이 쓴 것은 에세이 또는 term paper수준이라고 했다. 재단에서 지원받은 연구가 term paper라면 재단 담당자들이 책임을 져야 한다. 또한 term paper에 다수의 연구자 이름을 올릴 필요가 있는지 도저히 이해가 되지 않는다. 가만히 있으면 국민들의 속을 뒤집어 놓지는 않을 것인데 도와준답시고 일이 더 꼬이게 만들었다. 또 논문의 양을 언급했는데, 논문에 대해서 양을 언급한 사람을 처음 본 것 같다. 실제 논문은 질이 문제이다. 양이 아무리 많아도 질이 되지 않으면 논문으로 인정받지 못한다. 짧아도 새로운 학설이나 실적이라면 매우 우수한 논문으로 인정을 받는다.

 또 모 대학 교수가 논문에 대해 엉터리 주장으로 힘을 실어주는 글을 읽었는데, 필자는 소위 교육자라는 사람이 옹호해 주는 변명이나 사고의 터무니없음을 보며 놀라움을 금치 못했다. 정말 교육자인가를 의심케 하기에 충분했다. 그는 대학 교수의 SNS에서 통계SPSS를 언급했다. 일반대학에서도 통계학과나 관련된 학과 이외는 쉽게 접근할 수 있는 프로그램이 아니다. 대학원에 진학한 학생들도 통계처리를 하기 위해 몇 개월 공부를 해야 한다. 단순히 프로그램을 돌리는 것은 며칠이면 가능하다. 그런데 중요한 것은 어느 수준의 프로그램을 돌렸나에 달려있다. 고급 통계라면 해석 시 문제가 된다. 통계 해석을 정확히 하기 위해 전문학과 출신들도 분야에 따라 어려움을 토로한다. 고등학생이 거뜬하게 처리했다고 하기에는 무리가 있어 보인다.

 전문가들도 논문을 쓰는 것이 쉽지 않은 상황에서 후보자의 딸이 참여하여 논문 제1저자에 올랐다는 것도 이해가 불가하며, 본인이 신청도 하지 않은 장학금을 그렇게 여러 차례 받았다는 것도 우리 사회 통념상 이해되지 않는 부분이다.

 윤리는 시대성을 반영하지 않는다. 지금의 윤리가 과거의 윤리와 별반 다르지 않다는 뜻이다. '지금의 잣대로는 불법이고, 그 당시의 잣대로는 불법이 아니었다. 단지 그 상황을 잘 활용했을 뿐이다.' 는 궤변은 상당히 국민을 모독하는 것으로 말할 수준이나 상대가 아닌 것 같다.

 위로와 변명에도 수준이 있다. 한국 최고의 교육자에 속한 사람들이 언급한 내용들은 상황을 더 악화시킬 뿐이다. 이번 사건은 솔직히 도덕적 우월감을 주장하던 금수저들의 일탈이었다. 우리 모두의 책임을 통감한다고 한마디로 정리했으면 좋았을 것이다. 권력집단이 인간의 마땅한 도리는 안중에도 없고, 변칙은 불법이 아니라는 사고를 가진 자들로 둘러싸여 있는 듯하여 우리나라의 미래가 걱정이다.

가장 먼저 없애야 할 불합리한 제도들

2019.08.28
새로운 특권층을 만드는 것은 아닌지

　선진국에서 선행된 정책이 우리 실정에 맞지 않으면 긍정보다 부정적인 면이 많아 평등사회의 구현에 어려움이 있을 것이다. 학교평준화 정책은 학생들의 과도한 학습을 줄이기 위해 시험을 보지 않고 상급학교로 진학하게 하여 학교별 순위를 없애고, 학업에 대한 압박감을 줄여준 이면에 학력저하의 부정적인 면이 대두되고 있다.
　학력저하를 우려하고 자녀에게 경쟁력 있는 교육을 시키고 싶어 하는 우수학생의 학부모는 자녀를 특목고와 자사고로 진학을 시켰다. 그후 대학 진학을 위해 사회적 지위와 인맥 동원 등 가능한 모든 수단을 활용하여 일반 학생과 학부모들에게 사회적 지위와 재력에 대한 상대적 박탈감을 주는 등 여러 가지 사회 문제를 야기했다.
　4차 산업 혁명시대에 지식주입형 교육에서 탈피하고 스스로 지식을 만들어가는 학생 중심 교육으로 학교생활을 유도해, 성실히 한 학생이 대학 진학에 유리하도록 한 수시전형이 사회적 지위와 재력이 있는 층들의 편법으로 인해 학생부종합전형이 일종의 로또가 되었다. 교육이 변해야 한다는 명제를 안고 있음에도 대학에서 수시전형이 학생과 부모들로부터도 신뢰를 얻지 못하고 있어 정시를 확대하자는 논란으로 이어지고 있다.
　학생 선택권을 보장하는 교육으로 학생들이 쉽게 공부할 수 있는 과목을 선택함에 따라 일부 대학에서 특정교과의 기초 수업을 다시 해야 한다고 하니 고등학교의 교육이 대학의 학력수준까지 하향시킨 점도 무시할 수 없다. 학교가 행복교육으로 학생들에게 편한 학습권만 보장한 것은 아닌지 염려하는 교육자들도 늘어나고 있다.

 학생들의 사고력을 판단하기 위한 주관식 영역이나 면접평가에는 평가자의 주관성이 개입되어 공정성에 문제가 있을 개연성이 커질 수밖에 없다. 이에 대한 대안은 없어 보인다. 대학 진학에서뿐만 아니라 공공기관이나 공무원채용에 있어서도 면접 평가에서는 지연, 학연, 정치성향 등으로 인해 공정성이 담보되지 않는다면 우리 사회는 더욱 더 불평등한 사회가 될 것이다. 따라서 지필시험으로 평가하는 것은 부정이 개입될 소지가 적어 공정성 면에서는 가장 좋은 방법이긴 하다. 다시 말해 몇 장의 서류로 미래의 잠재력을 평가한다는 자체가 무리이고 역설적으로 밖에 들리지 않는다. 한국의 심각한 병은 일류병이다. 일류대학, 일류회사, 일류병원 등등 일류에 사로 잡혀있다. 그중에서 사시에 목을 맨 수많은 응시자들로 인한 부작용을 줄이기 위해 사시를 없애고 로스쿨을 신설했다. 법대에 들어가는 학비보다 몇 배 이상이 소요되는 로스쿨은 있는 자들에게 무한의 도전장으로 변질된 듯하다. 따라서 사시의 문제점을 보완하여 로스쿨을 폐지하고 사시를 부활하여 없는 자들도 도전할 수 있는 장을 마련하는 것이 더 평등한 사회가 될 것이다.

 의학전문대학원도 폐지되어야 할 적폐 중의 하나이다. 타 학문을 하는 학생에게 기회를 부여한다는 명분이었으나 요즘 돌아가는 사태를 보면 극히 특권층을 위한 편법제공과 대물림으로 밖에 보이지 않는다.

 교육기관에서 교장공모제는 뜨거운 감자가 된지 오래이며, 심지어 특정단체를 위한 것이 아닌지 의구심을 갖게 하고 있다. 교장까지의 승진 과정에서 근무성적평가뿐만 아니라 각종연수와 연구 등 많은 과정을 거쳐 통해 교장이 되는데 이러한 과정을 생략하고 단 한 번의 공모계획서와 두어 번에 걸친 면접으로 교장으로 임명되는 것은 특혜 중의 특혜가 아닌가 싶다. 따라서 새로운 계파를 형성시키거나 보은의 인사로 오해받고 있는 교장공모제도는 폐지하는 방향으로 가야할 것이다.

 필자는 우리사회에서 올바르게 정착하지 못한 정책들, 기존의 질서를 조금이라도 파괴하려는 목적으로 실시하여 실패한 정책들보다 국민의 정서에 맞는 현실성 있는 정책을 펴야 국민모두가 인정할 것이며, 우리사회가 긍정적인 방향으로 변화될 것으로 믿는다. 기존 세력이 모두 적폐라는 것은 자만이다. 그 적폐의 대안으로 실시한 실패한 정책들이 적폐 중의 신적폐가 아닌지 되돌아봐야 한다.

겉포장이 보증수표가 될까

2019.08.30
정신적 패닉 와

자식이 잘못된 길로 가거나 잘못을 하면 부모들은 당연히 훈육을 강화한다. 종전에는 회초리라는 강력한 암시의 도구가 있어 부모가 회초리만 들어도 자신이 저지른 잘못을 인정하고 더 이상 잘못을 하지 않겠다고 부모에게 용서를 빌었다.

친지나 친인척이 그릇된 행동을 하면 가문에 먹칠한다면서 야단뿐만 아니라 우리집에 발걸음도 하지 말라는 경고의 메시지를 주었다. 심지어 이웃집 자식들이 잘못된 길을 가도 "그러면 안 된다"며 타이르는 것은 공동체를 유지하는 아름다운 풍속이었다.

종전에는 내 자식이나 남의 자식, 내 가족이나 남의 가족이 모두 다 중요하다는 공동체의식이 강했다. 요즘은 공동체 의식을 주장하면서도 공동체 자체를 부정하는 행위가 빈번하다. 어느 순간부터 자식에 대한 훈육은 사라지고 자식 과잉보호가 우선이 되다보니 만사에 자식보호주의가 팽배해졌다.

더구나 이웃집 아이들에게 잘못을 타이르면 "당신네 자식이나 잘 하라"고 핀잔주는 경우가 허다하여 남의 일에는 전혀 관심을 두지 못하게 됐다. 이러한 문화 속에서 생활한 국민들은 정치에 대해서도 다를 바 없다.

전 정부에서 야당들이 타진영의 부정을 파헤치는 속도는 전광석화 같았다. 그런데 지금 여당이 되고나서는 자신들과 관련된 의혹에 대해서는 도덕군자처럼 너무나 여유만만이다. 잘못을 질타하기는커녕 비호하고 두둔하는데 혈안이 된 모습이다. 요즘 그로 인해 그들이 그토록 떠들어 된 공동체가 무너지고 있음에도 성찰조차 하지 않고, 오히려 물귀신처럼 상대방을 물고 늘어지는 구태를 보이고 있다.

자신들의 진영에 있던 사람에게 잘못이 있으면 먼저 질타해야 우리 정서에 맞는 일이고, 아름다운 공동체 형성이 가능하게 된다. 우리도 우리의 잘못을 근절했으니 당신들도 잘못에 대한 책임을 지는 문화를 가져야 한다는 명제를 주어야 한다. 지난 일이지만 노무현 대통령이 인기가 없자 선거에 노무현 대통령 사진을 거의 사용하지 않았다. 노무현 대통령이 서거하여 다시 국민의 지지와 재조명을 받게 되자, 이번에는 노무현 대통령을 이용하는 추태를 보여주었다. 이번 법무장관 후보자가 많은 정치인들을 후원하고 정치적 지지를 하여 정치인들에게는 상한가였다. 그러나 앞으로 일의 진행방향에 따라 이 후보자를 활용할지 아니면 외면할지는 예측이 뻔하다.

정치권이 이렇게 냉정하다. 그리고 우리들이 가장 쉽게 넘어가는 것이 학력과 포장된 이미지이다. 특히 남자의 경우 학력 콤플렉스가 심해 어느 자리에서 학력만 나오면 대부분 기가 죽는 분위기이다. 그리고 이미지도 빠질 수가 없다. SNS나 대외적으로 유명세를 타고 있는 인사의 경우는 선거나 자신의 신분상승을 위해 모두들 자신 옆에 두고 싶어 한다. 학력과 이미지, 이 두 가지로 인해 최고의 결정자에서 제대로 된 조언을 하기가 어렵고, 경우에 따라 오히려 시기와 질투로 여겨 본인의 신뢰에 상처를 입게 된다.

사실 대다수 사람들이 유명세를 타고 있는 사람과 직접 생활을 같이 해

보거나 경험해 보지 않았지만, 이들에게는 검증 자체가 없었다. 모 대학교수, 판검사, 의사 등등의 명함이 보증이 되어, 자체 검증이 종료된 경우가 많았다.

 대학교수나 의사, 판검사, 유명인이라고 다 존경받을만한 인격자는 아니다. 오직 그런 포장에 의해 현혹되어 일방적 불나방처럼 달라붙은 우리네의 경솔함에 문제가 있다고 보여진다.

못된 관행으로 역사가 후퇴

2019.09.02
국익과 국민을 위한 좋은 선례를 남기자

신분이 엄격했던 조선시대에는 양반이 아닌 중인이나 그 이하 신분이 등극하면 신하들은 일제히 "전하 아니되옵니다"가 상투적이었다. 조선의 천재 과학자 장영실이나 허준이 그 예로 대신들은 전례가 없다고 군왕을 압박하는 등 하나같이 신분의 틀을 벗어나지 못했다.
 하기야 현대에서도 일부 정치인과 국회의원도 세습되는 시대이니 뭐라 할 말은 없지만, 어느 시대이든 관행이 자신들의 권력을 유지하기 위한 하나의 도구였다.
 지금도 정치권에서는 관행이나 전례를 찾곤 한다. 청문회에서 증인출석 요구에 있어 '전례 없는 것'이라고 서로 이전투구의 양상을 보여주고 있다. 여당에서는 가족이 출석한 적이 없다하고, 야당에서는 일부 출석했다고 주장하고 나서니 정치의 실종을 극명하게 보여주고 있다.
 근래에 벌어진 청문회는 추후에 열릴 청문회에 좋지 않은 선례가 될 것 같다. 증인채택 없이 청문회를 한다든지, 국민청문회, 단독청문회, 기자간담회 등등 국회에서 일어나서는 안 될 형태의 임명절차 요식이 일어나면, 앞으로 국회에서의 청문회는 유명무실하게 될 것이다.
 그만큼 관행이나 전례가 중요하다. 관행이나 전례가 없어도 국익과 국민을 위한 것이라면 좋은 선례가 되어 국민들도 지지하겠지만, 당리당략을 위한 것이라면 못된 선례가 된다.

국민의 여론을 무시한 여야의 극한대립으로 국회의 무용론까지 대두된 일이 어제오늘의 일이 아니다. 국회에서 싸움질만 함에도 불구하고 경제는 돌아가고 나라는 운영되고 있으니, 국회 무용론에 국회의원들도 할 말이 없어 보인다.

앞으로 장관이나 장관에 준하는 대통령 임명 대상자에 대해서는 야당이 손해 볼 것이 없다. 굳이 정략적으로 각을 세울 필요도 없으니 대립할 필요도 없다.

지금 여당이 벌이고 있는 행위는 정권이 바뀔 때 어떠한 구실도 변명도 할 수 없는 선례를 만들어 놓았다. 이러한 판에 지금의 야당이 법석을 떨고 부정적인 면만 부각시키면 여당의 지지자 결집에 도움만 될 것이다.

현재 여당은 짧은 기간 동안, 그동안 없었던 선례를 양산하고 있다. 후보자들의 비리나 위법이 있어도 정중동하면 그만이고, 청문회를 보고 결정하겠다는 식으로 얼버무리고 있다. 심지어 후보자는 모든 것을 모르쇠로 부정하면 그만이라는 나쁜 선례를 남기고 있다.

이런 상황에 야당이 극도의 반대만을 표방한다면, 오히려 여당으로부터 '뒤짚어씌우기'에 당할 수 있다. 필자는 야당이 이러한 호기에도 불구하고 고도의 전략가 부재로 인해 정당의 지지율이 상승하지 않는 것에 의문마저 든다.

따라서 이참에 야당은 여당을 집요하게 물고 늘어지지만 말고, 패스트트랙에 관련된 자들을 스스로 출두하여 조사를 받게 해야 야당 스스로 못된 선례를 남기지 않을 것이다. 먼저 국민에게 다가가는 정당이 진정으로 국민의 지지를 받을 수 있을 것이다.

혼동의 정치풍파에서 오직 기댈 곳은 국민뿐이다. 아무리 훌륭하다고 믿고 싶고 적임자라 의지하고 싶어도 국민의 마음을 얻지 못하면 사상누각에 지나지 않는다. 법무부장관 후보자의 청문회를 두고 벌어진 여야의 극명한 모습은 못된 선례만 남기게 됐다.

면죄부를 그리 쉽게 주어서야

2019.09.25
국민 여론을 무섭게 알고 수용하라

　흔히 저 사람만이 할 수 있어, 저 사람이 적격자라고 단순하게 단정을 짓는 사례가 종종 있다. 같은 식솔이 아니어도 정책노선이나 자신들에게 유리한 면이 있으면 단호하게 묵시적 또는 기회주의적 동의를 해 준다.
　이들의 논리라면 유신정권이나 박정희 대통령의 경제정책에 대해서 면죄부를 주는 것과 같은 논리가 성립될 수밖에 없다. 먹고 살기 힘든 시절, 보릿고개 해결하기 위해 무리한 정책을 펼 수밖에 없었던 시대적 배경과 민주화보다 경제발전이 우선이었다는 주장을 무엇으로 반박할 수 있는지, 일부 정치진영의 헌납성면제부는 과거 정책의 정당성을 인정해 주는 꼴이 되었다.
　국민들의 반대에도 불구하고, 흠결이 많아도 개혁의 적임자라고 치켜세울 정도로 높은 평가를 한 이상 기존에 혹평을 받았던 정치인이나 경제인들에게도 그 진영의 인사들이 그 시절 그 사람이 최고의 적임자였다고 주장해도 반박할 수 있는 정당성이 사라졌다.
　자신들이 주장하는 사람만이 적임자이고, 상대방에서 주장하는 사람은 적임자가 아니라고 역설한다면, 자아도취에 빠진 술주정뱅이와 같은 행위로 평가받을 수 있을 것이다. 비록 자신들이 추천하거나 동의한 인사였어도, 자신들의 노선이나 인사에 대해 불편한 관계가 되어버리면 떼거리로 비난의 선에 서서 목소리를 높이는 이상한 현상이 현재 정치권에서 연출되는 모습들이다. 역으로 그렇게 반대하던 측에서는 두둔하는 역할 교체가 되어, 일반 국민들은 표리부동한 정치권에 대한 불신과 불만이 여론으로 표출되고 있다.

정치권에서는 여론조사에 민감할 수밖에 없다. 여론이 악화되면 정당 존립자체가 어렵게 된다. 추석 전의 여론과 추석 후의 여론추이가 그들이 바라던대로 개선되지 않고 더 악화되자 모 정당에서는 대표가 젊은 층에 호소하는 사례까지 벌어졌다.

젊은층이 단순히 젊은층만을 대변하는 것이 아니다. 그들의 부모형제까지 영향을 미치기 때문에 여론이 더 깊은 수렁에 빠지게 만든다. 정당지지가 높고 그들이 추구하는 정책이 지지를 받을 때는 기고만장하여 국민과 상대당을 무시하듯 자만에 빠지더니, 이제는 지지율이 하락을 하자 긴장하는 추임새를 보여주는 것은 자신들의 결정이 정의롭지 못하다는 것을 방증하는 것이다.

면죄부는 그리 쉽게 허용하면 안된다. 자신들에게 얻을 득이 있다고 해도 대의명분을 상실하면 아무리 정의를 외쳐도 허공의 메아리에 불과하다. 그동안 청년들의 고통과 힘든 상황을 말로만 외쳤지 실질적으로 그들을 치유해 주지 못했다. 한번 돌아선 민의는 되돌리기 어렵다. 대안정치로서 젊은이들의 외침을 대변한 것에 지지를 보냈는데, 너무나 쉽게 면죄부를 주는 부분은 매우 아쉬운 대목이며, 신중하지 못한 결정이 악수가 되고 말았다.

그동안 지탄의 대상으로 경제발전에 치중했던 정당은 숨통이 좀 터진 느낌일 것이다. 가진자로 오명을 받아왔던 그들이 이제는 강남좌파까지 등장한 이상 강남보수라는 명칭은 더 이상 부담이 되지 않을 것이다.

짧은 사고와 깊지 않은 정치력으로 쉽게 내어 준 면죄부로 인해, 상대방은 더 탄력을 받게 되어 친여권은 궁지에 몰리게 될지도 모른다. 또한 조금 으쓱해하는 정당 또한 언제 국민으로부터 외면당할지 모른다. 이제라도 국민의 여론을 무섭게 알고, 수용하는 것만이 우리 정치가 살 길이다.

정치공수처 되지 말라는 법이 없다

2019.09.26
조직이 아니라 사람이 문제이지

  사람의 관계는 영원히 우호적으로 지속되지 못한다. 상호간 빈틈만 있으면 그 자리를 차지하려는 자들에 의해 언젠가는 거론조차하기 싫은 관계가 되곤 한다. 우호적인 관계에 있을 때는, 늘 우리 편이고 우리 사회나 지역에 꼭 필요한 인재라고 미사어구를 날려준다.
  최근에 일어난 윤석열 검창총장의 청문회에서 여당은 극찬과 용기를 높이 평가하여 야당의 공격을 막는데 온 힘을 다 했다. 야당은 어떻게든 임명이 되지 않게 하려고 부단한 공격을 퍼 부었지만 역부족이었다.
  윤 총장이 취임하면서 "사람보고 충성하지 않는다" 는 말은 포청천의 정신을 대변하는 것 같았다. 그의 말에 국민들도 모처럼 검찰이 쇄신되는 것 같다며 많은 기대감을 갖게 됐다. 이중에서 친여 지지자들이 절대적으로 지지를 보내주었고, 반대쪽에서는 염려의 시선을 보냈다.
  윤 총장 취임 후 법무부장관 후보자와 관련된 사건들이 노출되자 검찰을 대하는 태도가 상반되었다. 검찰이 법무부장관 후보자 의혹의 사건들에 대해 압수수색하자 여당에서 나오는 평가는 취임전과 너무나 상이했다.
  정말 여당인지 의심할 정도로 검찰을 비판하는 강도가 감지되었다. 국민의 검찰, 새로 거듭나는 검찰로 격려와 적폐척결을 할 것으로 기대감을 보여주더니, 검찰이 법무부장관 후보자에 대해 수사에 돌입하자 검찰이 우리 편이 아니라는 뉘앙스로 압박하는 모습이다. 자신들에게 유리하면 우리 편이고, 불편하거나 복종하지 않으면 우리의 적이라는 단순논리로 마치 삼권분립의 붕괴를 보는 것 같다. 반면에 야당에서는 그토록 반대한 총장에 대해 기대와 우려를 동시에 보여주고 있다.

정치권에서야 밀고 당기는 전략이 있다고 쳐도 국민들 사이에 보이는 행태는 문제가 있어 보인다. 윤 총장에게 엿을 보내며 '엿 드시고 건강하라' 는 문구까지 배달하는가 하며, 법무부장관 후보자에게는 꽃다발을 전달하여 건승을 비는 뉴스에서 개혁은 자신들의 기득권을 지키려하는데 이용한다는 느낌을 받는다.

아무리 훌륭한 개혁자라도 자신과 측근을 다스리지 못하면 실패로 끝나고 그 후유증은 고스란히 국민들에게 돌아가는 병폐가 된다. 이번 사건에서 우리가 유심히 살펴볼 것은 제도와 기관을 탓해서는 안 된다는 것이다. 제도와 기관의 문제가 아니라 사람이 문제라는 것을 증명해 주었다.

정치검찰의 개혁은 정치권에서 검찰을 악용하지 않으면 금방 해결된다. 자신들의 정권유지를 위해 검찰을 이용했던, 악용했던 간에 모두가 정치권에서 개입된 사건들이다. 문제의 해결은 쉬운데 꼭 어렵게 문제를 해결하려든다. 공수처를 설치한들 정치공수처가 되지 말라는 법이 없다. 공수처가 자신들의 욕망을 위해 정치권과 손을 대는 즉시 정치공수처로 변질된다.

정권은 길어야 5년이지만 검찰은 영원하다는 명제를 정치권과 지지자들이 인지하면 조금 더 편할 것이다. 올바른 검찰이 되게 하려면 검찰을 기다려줘야 한다. 여권에서의 토끼몰이식으로 질타하는 경향은 이미 정치가 검찰에 개입하는 것을 인정하는 꼴이다. 검찰을 자신들 아래에 있는 조직이고, 검찰총장은 우리가 임명해 준 수장으로 간주한다면 검찰개혁은 요원해진다.

검찰이 평등과 균등의 사회구현에 동참할 최고의 기회

2019.10.04
국민의 검찰로 돼야

  각 가정에서 일어나는 크고 작은 일들은 가족들이 합심하여 해결해 나갔다. 간혹 경제적으로 어려울 때는 친인척들에게 도움을 요청하지만 그 외는 부끄러운 가정사를 적나라하게 표출하지 않는 것이 대부분이다.
자식이나 부모에게 흠이 될 것 같으면 아예 덮어버리고 있었던 일도 없었던 일로 감싸는 것도 우리 가정에서 흔히 볼 수 있다. 누가 '너의 부모 싸웠냐'고 물어도 '아니요'라고 애써 둘러대기도 한다.
  한 가정에서도 내분을 지혜롭게 해결하는데 정부나 집권당, 야당에서 일어나고 있는 일들을 보면 한심하기 그지없다. 특히 검찰에 대해서 집권당의 비판의 수위가 점점 높아가고 있어 염려가 된다.
  대통령이 검찰 스스로 개혁해야 한다고 주문했다. 즉시 검찰에서는 개혁안을 내 놓자 법무부에서는 자신들이 주체라고 무시하는 듯했고 집권당에서는 더 강한 개혁안을 요구하고 있다. 검찰로서는 부글부글 끓을 수 있는 대목이다. 개혁하라고 해서 개혁안을 내놓으면 수용은커녕 비아냥거리는 듯한 요구를 하고 있어 검찰과 집권당 간의 대결로 번질수 있겠다는 생각마저든다.

특히 법무부장관의 부인에 대해서 검찰소환은 준수했고 야당에서 비판할 정도로 해 주었다. 검찰조서에서도 몸이 좋지 않다는 이유로 8시간만에 귀가시키는 검찰 역사상 드문 일이 전개됐다. 또한 일반인이 들어가지 못하는 통로로 검찰청에 들어가게 해 주었다.

그들이 요구하는 검찰개혁이 무엇인지 도저히 이해가지 않는다. 자신들이 원하는 개혁안을 먼저 제시하든지 아니면 조용히 있든지해야하는데도 적대시하듯 몰아붙이고 있다. 사실 검찰의 개혁은 법령에 의해 진행되어야 한다는 것은 일반 국민들보다 정치권이 더 잘 알고 있다. 법령에 없는 것을 할 경우 추후에 책임소재가 걸려있고 자신들의 기준보다 더 강한 개혁안을 내 놓아도 수용대신 어떠한 비판을 할지모르는 것이 현 시국이다.

검찰은 외부의 어떠한 압력에도 굴하지 않는 것이 본연의 자세이다. 그동안 관례로 잘못을 인정하고 국민의 마음속에 자리잡는 검찰이 되는 것을 검찰 스스로 원할지 모른다. 더욱이 검찰이 수사를 전개하여 구속영장이 수용될 수도 있고 없을 수도 있다. 그런데 여권에서는 이번 사건에 대해서 책임을 물을 태세이다. 법무부장관 부인에 대해서 법원으로부터 영장이 기각되면 책임을 져야한다는 뉘앙스로 검찰을 압박하는 소리에 필자를 포함한 일부에서는 도저히 납득하지 못하고 있다.

더 의아한 것은 지금 정권을 잡고 있는 것이 여당이다. 여당 스스로 검찰의 개혁안을 제시하고 그것에 준하는 검찰이 되도록 해야함에도 야당보다 더한 검찰개혁을 외치고 있다. 야당에서 주장해야 할 것을 여당에서 한다는 것이 무슨 의도인지 도저히 이해되지 않을 뿐만 아니라 무능을 스스로 인정하고 있는 것이 아닌가 자문자답해 본다.

검찰에서는 지금 여당에서 요구하는 사항을 모두 수용할 자세인 것 같다. 수사결과로 보여주겠다는 각오가 대단해, 수사의 결과에 따라 한 쪽은 폭망할 것 같다. 검찰이 무리한 수사라면 검찰총장은 스스로 책임을 질 것이고 수사결과에 의해 구속이 된다면 여당의 후폭풍에 대해서 누가 책임질지 두고 볼 일이다. 검찰은 책임지는데 여당에서는 책임지지 않는 상황이 도래한다면 여당은 혼란속에 빠지게 될 것이다.

 필자는 이번 사건으로 검찰이 그동안 비난과 비판을 받아 온 모든 것들을 버리고 새롭게 거듭나는 최고의 기회같다. 정권에 굴하지 않는 검찰, 평등하고 공정한 사회구현의 기수가 될 수 있는 기회를 차버리지말고 국민의 적극적인 지지를 받을 수 있도록 기대해 본다.

가짜뉴스의 판단 기준

2019.10.7
어찌 나만 옳을 수 있나

지금 거리에 나서는 50대 후반 이상 세대는 유언비어란 말을 수없이 듣고 성장했다. 유신정권하에서의 말 한마디 잘못하여 곤혹을 치르거나 불순세력으로 몰려 직장생활과 사회생활까지 지장을 받기도 했다. 당시에는 정권에 불리한 사실적 내용도 유언비어라고 언론을 탄압했었다.
정말 무시무시한 시절이었다. 그래서인지 부모들은 자식들에게 가장 먼저 당부하는 것이 입조심이었다. 말조심이 아닌 입조심을 강조했으니 얼마나 언론의 자유가 없었는지 가름할 수 있다.
북한의 찬양이나 인공기만 소지해도 반국가사범으로 고초는 물론이고 가족들에게도 고통이 동반되었다. 세월이 흘러 국민이 주인인 세상이 도래했다. 지금은 순간적이지만 인공기를 게양하기도 하고 김정은 위원장의 방문을 환영하는 시대이니 얼마나 세상이 좋아졌는지 체감으로 느낄 것이다.
이런 자유에는 책임이 수반된다. 서로 인정하는 사회성도 소유해야 한다. 오직 자신들의 진영만 옳다고 하는 것은 성숙한 국민과 시민이 될 수 없다. 오직 목적만 달성하면 된다는 짐승과 별 차이가 없다.
특히 하나의 사안이 있으면 그 사안만 봐야한다. 그러나 서로 불리하면 진영의 논리로 유도하여 진흙탕을 만드는 아주 나쁜 버릇들도 생겼다. 더욱이 사법기관에서의 객관적인 판결에도 내 진영에 불리한 판결을 내리면 서로 수긍하지 않는 자세는 우리가 스스로 법치주의를 붕괴시키고 있는 것이다.

 공정한 집행을 하는 공무원에게는 신상털기로 인권을 말살하는 행위, 학생의 생활기록부 노출 등에 대해서 미안한 마음 하나 갖지 않는 것을 볼 때마다 정신적 무정부라 믿을 수밖에 없다. 여기에 그치는 것이 아니라 댓글의 수준을 보면 경악을 금치 못할 정도이다.

 지난번에는 모 지역에서 어른들이 아이들에게 유명정치인에게 욕 잘하면 용돈을 준 사건으로 경악했는데, 최근에는 아이들의 동요에 사회성을 반영한 동요메들리가 공개되어 필자를 또 다시 놀라게 했다. 가장 순수한 감정을 심어줘야 할 어린이들에게 어른들의 목적을 위해 동심을 파괴하는 행위는 어느 진영이든 용납되지 않는다.

 이러다 어른들이 하시는 말씀처럼 '집안꼴 좋다' 가 아니라 '나라꼴 좋다' 로 확대될까 심히 염려된다. 소위 지식자이든 사회적 명성이 있든 없든간에 오직 진영의 논리만 펴고 있다. 밀리면 죽는다는 심정으로 이해되지 않는 부분까지 믿게 만들려 하고 있다. 이것이 진짜뉴스든 가짜뉴스든 자신들이 만든 것에 대해서만 진정성을 부여하는 의미로 말이다.

 남이 만든 것은 과거로 회귀하면 유언비어에 불과하고 자신들이 만든 것은 진실이요 적폐를 척결하는 도구로 활용하려 하고 있다. 보수와 진보의 사명은 국가와 국민의 안위를 보장하는 것이다. 보수의 부족한 부분은 진보가, 진보의 부족한 부분은 보수가 채워줘야 함에도 불구하고 자신들의 진영만 잘 먹고 잘 살면 된다는 논리같다.

 좁고 작은 땅덩어리에서 진영의 논리로 피눈물 흘리는 국민이 생기면 안 된다. 서로 안아주고 밀어줘도 역부족인 국제정세에서 우리끼리 서로 밀고 당기는 모양은 그리 좋아 보이지 않는다.

혹자는 양비론자를 비판하기도 한다. 오직 한쪽만 믿든지 비판해야 한다고 한다. 어이가 없는 세상을 만들고 있다. 소위 정신적 지도자들마저 사회성과 공정성을 잃어가도 있다. 이렇게 해서 얻을게 무엇인지도 모르면서 오직 자신이 한 번 믿었던 진영이란 단순성에 의해 국가의 초석을 무너뜨리고 있다.

 이러한 상황을 고려해 보면 필자가 제시하는 가짜뉴스의 기준은 내 진영에 유리하면 진짜뉴스요, 내 진영에 불리하면 가짜뉴스라는 것을 인지하게 됐다. 서로 자신들에게 유리한 것만 찾다보면 내 스스로 나라꼴 우습게 만든 장본인이 될 것 같다.

임종호 박사의 「공간의 수필」
'낮은 곳에서 봐야 산이 높아 보인다네'

제 5 부
나만의 공간에서

험담에는 무대응이 상책

2016.05.19
이겨내지 못하는 감정은 자신에게만 손해

 아이들이 정겹게 노는 모습, 연인들이 공원에서 다정하게 걷는 모습, 친구들과 함께 어깨동무하면서 가는 광경을 보면 우리들의 마음은 어떠한가?
 정말로 죽고 싶도록 힘들었던 시기, 우리 자신이 감당하지 못할 모욕과 치욕을 당했던 사건, 사랑했던 사람과 헤어져야 했던 일 등 슬픈 기억을 떠올리면 마음이 어떠한가?
 아무리 좋은 광경을 보아도 아무런 감정이 없는 이도 있을 것이고, 우리도 저런 때가 있었는데 추억을 생각하는 이도, 자신의 감정을 이기지 못해 자신을 벼랑으로 몰고 간 사람을 생각하며 다시금 분노를 느낄 수도, 지혜롭게 잘 극복했었던 사건을 떠올리며 스스로를 대견해 할 수도 있을 것이다.
 한 순간의 짧은 생각이 우리들의 감정을 지배하고 사회의 위치를 결정하기도 한다. 어떤 좋지 않은 사건에 대해 "누가 그랬어.", "데리고 와.", "난 아니야." 등 감정적인 언어를 구사하며 감성을 다스리지 못하기도 한다. 또한 즉각적인 반응을 하여 사회로부터 비난을 받고 격리되기도 하며 이러한 반응을 하는 사람들을 마음이 좁은 사람, 귀가 얇은 사람이라고 평가한다.

모름지기 중후한 사람이 되려면 어떠한 말을 들어도 구사하는 언어의 품격이 있어야 한다. 저속하고 자극적인 언행은 중견의 덕목을 순식간에 상실하게 된다. 결국 주위에는 사람들이 떠나가게 되고 자신만 남는 고립된 상태가 된다.

 사람들의 마음은 시시때때로 변한다. 그 시시때때로 변화하는 마음에 내 감정이 매달려 갈 필요는 없다. 필자도 주위에서 감정을 자극하는 경우를 종종 맞게 되는데 그 해결방법은 무대응이었다.

 일일이 대응하지 않고 시간이 흐르면 저절로 험담이 사라지고 평온함이 찾아온다는 사실을 선인들의 교훈으로 또는 각자의 경험으로 터득하게 된다. 남을 폄하하는 좋지 않은 말은 누가 아무리 뭐라 해도 직접 경험하거나 보지 않는 한 믿을 필요가 없다. 남의 말에 현혹되거나 그 말에 치우쳐 판단력을 잃어버리는 순간 '나' 라는 존재는 사라지게 된다.

 필자가 감정이라는 것을 강조하는 것은 마음이 깊은 사람은 외부에서 오는 자극에 즉각적인 감정을 드러내지 않고 신중하게 반응하여 사람들의 존경과 사랑을 받기 때문이다. 외부 자극에 어떻게 반응할지 선택의 자유는 개인에게 있다. 사람은 어떤 사건이 발생할 때 객관적인 위치에 감정의 수위를 놓고 현명한 판단을 해야 한다. 따라서 깊은 성찰을 통해 평온한 마음을 유지해도 한순간의 감정을 이기지 못해 그 동안의 수양이 허사가 되는 우를 범해서는 안 된다는 것이다.

 사람마다 자신을 드러내 보이기 위해 다양한 방법을 구사한다. 그 과정에서 감정의 조절을 실패할 경우 잃을 것이 많기 때문에 "가만히 있으면 중간이라도 간다." 는 격언도 생기게 되었다.

 그러나 꿀 먹은 벙어리처럼 가만히 있으라는 의미는 아니다. 몇 가지 이야기를 하고 싶어도 짧고 명료하게 전달하여 자신의 소신만 밝히면 된다. 군더더기 붙여서 설명하는 자신을 뒤돌아 볼 때, 너무나 작아있어 그것 자체를 해결하는데 평생 갈지도 모른다.

무엇을 남기고 갈까?

2016.06.11
기억되는 것 하나는 남겨야

'인생은 짧다'고 황혼을 맞이한 분들이 말하는 공통점이다. 초등학교 때는 언제 어른이 되나, 빨리 어른이 되고 싶은 마음을 갖고 있었다. 필자도 인생의 후반으로 접어들어 머리색도 흰색으로 물들어 가니 지나온 시간들이 참 빠르구나 하는 감회가 든다.

 생로병사 과정에서 무엇을 놓고 갈 것인지에 대해서는 깊은 생각을 하지 않고 하루하루를 살아간다. 삶의 끝자락에 무엇을 남기고 가야겠다는 목적의식을 갖고 생활하는 사람들은 누구보다도 앞선 사고를 가진 것으로 사료된다.

 필자는 요즘 즐거운 삶을 영위하고 있다. 시인으로 등단한 이후 한 권의 시집을 출판하기 위해 여러 각도로 편집도 해보고 어떤 모양으로 책을 만들 것인지 신기할 정도로 흠뻑 빠져있다. 술도 마시지 못하고, 노래도 춤도 할 줄 몰라 스스로 고독했던 지난날의 자취를 한 줄 한 줄씩 시로 적어가노라면 삶에 대한 그리움과 향기가 느껴진다.

 시집이 출간되면 삶을 다하기 전에 한 가지를 남기고 싶은 것이 있다. 필자는 지형학을 전공했다. 암석의 풍화에 대한 연구로 박사학위를 받았고 젊은 시절에는 학회에 다수의 논문도 발표하면서 학자의 꿈도 있었다.

비록 지금은 다른 길로 가고 있지만 그래도 가지 못한 길에 대한 미련이 남아 있어 죽기 전에 암석별로 시석(돌에 시를 새기는 것)을 세우고 싶다.
 다양한 암석에 한 편의 시를 적어 먼 훗날 후학들이 암석별 풍화비율과 환경을 추정할 수 있도록 크기와 암석의 종류도 시석에 기록해 놓아 그 시대의 사람들과 대화를 하고 싶다.
 또한 비석 주위에 다양한 나무들을 심어 생물학자들도 나무들의 성장과정과 나이테로 기후변화까지 연구할 수 있게 해 주고 싶다.
 비록 그들이 하는 이야기는 들을 수 없겠지만 내 시를 읽으면서 우리 시대의 사랑을 이해해주고, 학자들에게는 그들의 연구에 작은 구실을 주고 싶은 것이 유일한 삶의 목적이 되었다.
 남들과 동일한 삶보다는, 자식에게 뭔가 물려주고 싶은 마음보다는 삶을 성찰하는 아름다운 사람들이 찾는 시석공원을 아담하게 만들어 그곳에 고이 잠들고 싶다. 사실은 누구 찾아오든 말든 상관이 없다. 나의 흔적이 흙으로 될지언정 중천에서의 사랑이야기를 나눌 수 있는 한 여인과의 아름답고 애틋한 사랑이 잊혀 지지 않기를 바라며 지금부터 조금씩 준비하고 있다.
 이 공원이 다 완성되면 그 무엇과도 바꿀 수 없는 영광이고 무색계에 들거란 생각에 입가에 미소가 절로 피어난다. 나는 없어도 내 삶의 바탕이고 의미였던 나의 사랑이야기가 수 만년 동안 남아 있지 않을까? 이 보다 더 행복하고 즐거운 남김이 어디 있을까! 오늘도 즐겁게 시와 수필, 소설을 쓰면서 한 권의 책을 마무리 하고 있다.

인복

2016.10.15
발로차서는 안 돼

사람이 태어나면서부터 가지고 나오는 것이 먹을 복이라고 한다. 아무리 힘들어도 어떻게 먹고사는가의 차이는 있겠지만 이 세상에 태어난 이상 어찌되었던 삶을 영위한다는 의미이다.

사회생활을 하면서 "저 사람은 참 재복도 많고 처복도 많아.", 어떤 이는 "저 사람이 손만 대는 사업은 다 성공하고 돈이 와서 붙어" 등 다양한 복에 대한 이야기를 듣는다. 자신의 복이 부족한 사람들은 종교를 통해 빌어보기도 하지만 뜻대로 복을 받는 사람은 그리 많지 않다.

과연 우리가 아는 복의 종류는 얼마나 될까? 처복, 부모복, 재산복, 남편복, 자식복 등 명사 뒤에 '복' 만 갖다 붙이면 복이 다 된다. 이 중에서 필자는 사람에게 있어 가장 중요한 것은 인복이라고 생각한다. 인복은 자신이 만드는 복이기도 하지만 또 자신이 갖고 싶어도 갖지 못하는 복이기도 하다.

본인이 아무리 능력이 있고 노력을 해도 주변으로부터 협조와 협력이 없으면 자신이 원하는 사업이나 기획을 완성할 수 없다. 일부에서는 자신의 탓보다 '요즘 사람들은 우리 때와 많이 달라.' 라고 한탄의 말을 할 것이고 소수는 '내가 부덕의 소유자인가?' 라고 자성하면서 자신을 되돌아 볼 것이다.

비록 재산이 많은 것도 높은 지위에 있는 것도 아닌데 넘치는 인간미를 지닌 사람이 무슨 일을 추진하면 마치 자신의 일처럼 즐거워하면서 동참하고, 그 사람에게 무슨 일이 야기되면 대신 책임을 감수하겠다는 사람들이 주위에 포진해 있는데 우리는 이런 사람에게 인복이 많은 사람이라고 한다.

인복은 한 순간에 만들어지지 않는다. 자신이 걸어온 길에 인간적 향기가 나고 아름다운가에 좌우된다. 자신보다 이웃에게 격려와 관심을 주고, 자신보다 공간이 넓은 사람에게는 아부와 아첨대신에 겸허와 겸손으로 생활하였기에 많은 이들이 가까이하고 함께 하려 할 것이다.

마치 우리가 생활하는 공간에 악취가 진동해 갖은 향수를 뿌려도 순간적인 냄새를 제거할 순 있지만, 그 향기가 증발하면 악취가 다시 오감을 자극하는 것처럼 우리가 삶을 살면서 자신이 남긴 발자국을 아무리 감추고 감추려 해도 남는 것이 우리네 업보인 듯하다.

더욱이 부와 권력을 가지고 있어도 막걸리 한 잔 같이 할 사람이 없다면 불행한 삶이 될 것이다. 이러한 조건이 없어도 행복한 것이 인복이기에 선인들은 오로지 인성을 가장 중요시하며 훈육을 했다.

타고난 성품으로 주는 인복을 발로 차는 사람이 있는가 하면 주는 인복을 다 받아 자신의 영역을 확대하는 사람도 있다. 이러한 현상은 그 사람이 세상을 떠날 때 증명해 줄 수 있어 우리는 언제나 인복을 받을 준비를 해야 한다.

필자는 남은 인생이라도 향기 나는 사람, 인복 있는 사람으로 살아 보는 게 바람이다. 비록 지금까지 지나 온 길이 아름답지 못했더라도 이제부터 더 아름다운 마음과 행동으로 향기가 넘치도록 노력하려 한다.

바보처럼 사는 지혜

2016.12.18
바보는 언제나 행복이 가득

　행복과 기쁨을 느끼는 요소는 개개인의 성향에 따라 상이하다. 재물과 명예에 만족하는 사람, 학자로서 성공을 꿈꾸는 사람 등등 다양한 목표에 의해 개인의 만족도 역시 천차만별이다.
　필자는 인생을 바보처럼 살아온 것 같다. 돌아가신 모친도 "너는 어찌 바보처럼 사느냐."고 평생 필자를 안쓰럽게 생각하시다 돌아가셨다.
　모친이 바라는 것은 남들처럼 돈 걱정 않고 평생을 살아갔으면 하는 생각을 많이 하신 것 같다. 대학원 다닐 때 연구하기 위해서 답사를 다니고 논문을 쓰기 위해 연구 분석을 할 때마다 졸업하면 교수할 수 있으리란 기대감 속에 넷째 아들 잘 되라고 절에 가서 기도도 수없이 하셨다.
　그러나 모친의 바람과 다르게 평탄한 길보다 험난한 길을 걸어왔기에 모친이 눈도 편하게 감지 못하셨을 것 같다.
　필자는 어려서부터 "친구 잘 사귀라."는 모친의 말씀을 수없이 듣고 성장했다. '왜 친구를 잘 사귀라고 하셨을까?' 청소년 시기에는 질풍노도의 삶이기에 위험도 따르겠지만 삼라만상의 경험과 그 경험에서 삶의 지혜를 얻어야 하는데....

요즘 사람에 대해서 가끔 생각해 본다. 필자를 위해 무조건적인 사랑을 주는 사람, 괜히 싫어서 뒤에서 엉뚱한 이야기 하는 사람, 이것도 저것도 아닌 사람 등등 나름대로 눈을 감고 지나온 시간들을 정리해 보건데 그래도 바보처럼 살아온 것이 행복하다는 마음이다.

남에게 정신적, 물질적, 육체적 피해를 주지 않고 내가 당하면 더 편하지 하는 사고로 살아온 것에 대해 하늘에 오히려 감사의 기도를 드리고 싶다.

비록 필자를 이용하여 자신의 영욕에 조금이라도 득을 봤다면 그 사람의 행복을 만드는데 일조했을 것이고 필자에게 실망을 해서 한탄하는 사람에게는 한탄의 소재를 줘 그것도 행복하다.

이 막막한 세상에 나를 좋아라 하는 사람만 있을 수 없겠거니와 나를 싫어하는 사람만 존재한다면 삶이 피폐하지 않겠는가! 나를 좋아하거나 싫어하는 사람이 혼재되어 있어야 생명력이 살아 있게 되고 그에 대한 변명이라도 할 수 있지 하고 생각해 본다.

참 이상하다. 오늘따라 나를 슬프게 한 사람들이 뜬금없이 생각이 난다. 아마 내 마음 속에 그분들이 함께 자리 잡고 있기에 그러할 것이다. 나의 행복에, 나의 슬픔에 그들이 언제나 함께하고, 비록 넘어질 때는 손을 멀리 했어도 영원히 지워지지 않는 것은 내가 아직도 바보라서 그런 것 같다.

필자가 어려울 때마다 조건 없이 동참해 주고 자신의 일처럼 대해 주신 분들이 많아 그동안 바보처럼 살아온 것이 얼마나 유복한지 눈가에 물기가 머문다. 지금은 필자가 다시 만나고 싶은 사람들도 필자를 다시 만나고 싶어할지는 모르겠지만, 그래도 필자만큼은 그분들을 평생 잊지 못할 것 같다.

말로만 평생같이 하자가 아니라 동행 길에 아름다운 자국을 내며 그 자리마다 만인의 안식처가 되어 준다면 꼭 다시 만나고 싶지 않을까? 이제 꺾인 삶이라 남은 몰치에도 지금보다 조금 더 바보처럼 살아가는 지혜를 고이 간직하고 싶다.

 바보는 바보가 알아본다고 필자보다 더 바보인 아내와 함께 오늘도 철없는 바보가 되어 보련다.

부친 생각

2017.01.23
아무리 해도 부친을 못 따라가

　오늘처럼 눈이 내리고 날씨가 쌀쌀한 할 때는 부친생각이 절로 난다. 부친은 젊은 시절에 일본으로 건너가 철도교통교육을 받으시고 귀국하신 후 기관사로 종사하셨다.
　귀국하실 때 시계, 라디오, 카메라를 가지고 오셔서 필자는 어려서부터 문명의 혜택을 일찍 보았다. 또 철도역사 안에는 목욕탕이 있어 철도가족들은 목욕탕을 무료로 사용할 수 있었다.
　당시만 해도 카메라는 군 단위에도 몇 대 없었고, 목욕탕도 귀했던 시절이라 부친 덕분에 깨끗한 외모의 어린 시절 사진을 바라볼 때면 부친의 기억이 사무친다.
　부친이 귀국하고 몇 년이 지나 6.25사변이 발발하였다. 피난민과 화물을 운송하던 부친은 북한군이 쏜 총에 허리를 맞아 평생 총알을 몸에 박힌 상태로 생활하셨다. 허리부분에 움푹 파인 자리를 볼 때마다 마음이 찡했었다.
　부친으로부터 귀여움을 독차지하던 필자가 학교에 입학을 한다고 가죽가방을 하나 사가지고 오셨다. 한글도 다 익히지 못한 필자는 좋아서 날뛰었지만 입학하자마자 몇 달을 심하게 아팠다. 부친은 우리 넷째아들 죽는다고 업고 부리나케 병원으로 달려가셨다.

부친의 간호 덕분에 학교에 다시 다닐 수 있었다. 다행히 담임 선생님이 교사가 되기 전에 우리 집에 신문을 배달하셨던 분이어서 병원 치료를 받으면서도 학교생활에 적응할 수 있었다.

운동을 잘 한 필자는 운동회가 되면 모든 종목에서 1등을 해 상을 휩쓸다시피 했다. 운동장에서 내가 뛰는 모습을 지켜보던 부친은 엄지를 치켜세우며 우리 아들 최고야 하며 응원을 해주셨다.

그 때 집안에는 농사도 지었는데 농사일 대부분을 도와드리고, 어려서부터 속 한 번 썩이지 않은 나에게 유독 사랑을 많이 주셨다.

6남매가 성장하면서 교육비가 많이 들어 부친은 조건이 좋은 시멘트 회사로 자리를 옮기시고 연장근무를 밥 먹듯이 하셨다. 철도청에 근무할 때는 출퇴근 시간이 10분이면 족하였다. 옮긴 회사까지는 출근시간이 1시간 정도 걸려 매일 새벽 6시에 출근하셔야 했지만 부친은 힘든 기색 한번 없었다.

또 당시 시멘트 회사는 새벽, 낮, 밤 등 3교대를 하여 부친의 생활 리듬도 불규칙해지셨다. 힘든 여건에도 늘 웃음을 잃지 않고 가족을 위해 희생하신 부친의 높고 깊은 사랑이 더욱 더 그립다.

온 가족의 생명 줄이셨던 부친은 어느덧 60이 되어 정년퇴직을 하셨다. 그러나 회사에서 연장근무를 요청하여 근무를 마치고 귀가하시던 중에 불의의 사고로 돌아가셨다. 환갑도 못 채우시고 가신 부친은 온 가족의 한이 되었다.

종군기관사로서 비가 오나 눈이 오나 결근이나 지각 한번 하신 적이 없었던 부친은 철도발전에 기여한 공로로 대통령상을 받으셨다. 당시에는 대통령 표창을 받기란 하늘에 별 따기 였다. 지금은 흔한 상이 되어 귀중함이 감소되었지만 필자는 벽에 걸려있는 표창을 볼 때마다 부친이 정말 자랑스러웠다.

특히 오늘처럼 눈이 많이 오는 날은 새벽에 부친과 함께 리어카로 눈을 치우고 따뜻한 콩국을 먹던 기억과 넷째 아들하고 살겠다던 부친의 다정한 모습이 그리워진다.

맷돌

2017.02.18
작은 공간이 행복

    1980년 이전에만 해도 시골의 각 가정에서는 콩을 손수 재배하여 다양한 음식재료로 사용했다. 밭이나 논두렁에 콩을 심어 가을에 거둬들인 후 햇빛에 말려 도리깨로 콩을 털고 풍구로 껍질을 골라내고 수확한 콩은 각 가정의 소중한 단백질 공급원이었다.
  필자의 집도 논농사와 밭농사를 지어 식량을 자급자족했기에 학교를 파하면 농사일을 도와야 했다. 자급자족한 덕분으로 큰 고생 없이 살았고 되돌아보면 행복한 추억이 많다. 그 중에 고등학교 시절 맷돌에 대한 추억을 잊을 수 없다. 필자가 야간학습을 마치고 밤 11시 조금 지나 돌아와 보면 안방에선 모친이 맷돌로 콩을 가시다가 피곤하셨던지 미처 다 갈지 못하시고 주무시곤 하셨다.
  모친은 새벽에 일찍 일어나 나머지 콩을 갈아 두부를 만들어 식구들에게 맛있는 반찬을 만들어주셨다. 그러한 모습을 보아왔던 필자는 가끔 모친 대신에 콩을 다 갈아 놓고 잠을 잤다. 다음날 아침에 모친이 "누가 콩을 갈아 놓았나?" 하는 소리를 들으며 이부자리에서 혼자 빙그레 웃었던 지난날이 떠오른다.
  한 판의 두부를 만들려면 맷돌로 콩을 시간 반 이상 갈아야 한다. 웬만한 사람들은 혼자하기가 벅차서 여러 사람이 모여 두런두런 이야기 하면서 하는 작업인데 모친은 늘 혼자 하셨다. 낮에 집안일과 농사일로 피로하셔도 가족의 건강을 위해 자신을 돌보지 않으셨던 모친의 모습이 나의 삶의 모태가 된 듯하다.

새벽 일찍 부엌에서 간 콩을 끓이시다 비지를 분리할 때면 필자를 불러 밀가루 포대를 잡아달라고 하셨다. 비지를 분리한 다음 간수를 넣어 단백질이 굳어 두부가 만들어지는 것을 보며 참 신기해했었다.

필자가 이렇게 건강한 것은 모친이 두부 만드는 것을 도와드리며 순두부와 두부를 새참으로 얻어먹은 덕분이 아닌가 싶다. 당시만 해도 밥상에 두부찌개만 올라오면 최고의 반찬이었다. 여덟 식구가 밥상에 둘러 앉아 식사할 때 두부찌개에 숟가락이 갈 때면 모친의 눈치를 봐야했던 시절을 지금 젊은이들은 상상하기 어려울 것이다.

두부찌개든 생선구이든 최우선이 부친이셨다. 요즘은 그렇지 않지만 그때는 가장이라는 위치가 최고였고 가정에서 부친의 말이 법이고 명령이었다. 부친이 "같이 먹자."하면 그때서야 숟가락과 젓가락을 들 수 있었다.

필자의 모친은 된장, 고추장, 두부 등을 만드는 솜씨가 뛰어나 동네 아주머니들이 수시로 얻으러 오셨다. 그럴 때마다 흔쾌히 나눠주시면서 이웃과 함께 하시던 모친의 모습이 생생하게 떠오른다. 이제는 모친이 계시지 않아 함께 콩을 갈 수도 두부를 만들 수도 없지만 맷돌에 대한 추억처럼 하나하나 잊을 수 없는 이야기를 만들어가는 삶을 살아가고 싶다.

노후에 시골로 내려가면 직접 재배한 콩으로 된장, 고추장을 담아 집 마당에 옹기종기 모아놓고 자식들이 내려오면 항아리에 퍼 담아 싸서 주련다. 아내에게는 어머니가 하신 것처럼 맷돌로 두부 만들어 한 입 넣어주며 사랑의 극치를 만들어 주련다.

모친이 하시던 도리깨질과 맷돌은 내 몫이 되고, 두부 만들 때 밀가루 포대는 안사람이 예전 필자처럼 잡아주며 아내의 "옛날에는 이렇게 두부 만들었어?" 이런 알콩달콩 소리를 들으며 둘 만의 시공을 만들어 가리라.

군 입대

2017.03.11
제2의 인생의 장

    필자의 아들이 해병대 입소를 하고 보니 머릿속 깊은 곳에 숨겨져 있던 필자의 군 복무 시절이 떠올랐다. 대학원 석사졸업을 할 즈음 군 입대 영장통지서가 날아왔다. 받는 순간 숨이 멎을 듯 두려움과 걱정이 앞섰다. 순간적으로 '남들도 다 가는 군대인데 뭘' 하고 애써 태연한 척 했지만 마음속 깊은 곳에는 불편함이 있었다.
    그 와중에 필자는 군대 입대일이 몇 개월 남았으니 의미 있는 일을 해보자는 뜻을 세웠다. 마침 대한지리학회 춘계학술대회 공고가 나서 논문을 발표하기로 마음을 먹었다. 그 때 남들이 연구하지 않은 지형을 3개월에 걸쳐 지화학적 분석과 X-ray 회절분석까지 하며 새로운 이론을 제시하면서 학술발표를 잘 마무리 했다.
    그 무렵 필자는 지형학 분야에서 앞서가는 연구를 한 젊은 학도여서 꽤 관심을 받았었다. 그 때 발표한 핵석의 생성에 관한 연구는 학자들로부터 좋은 반응을 얻어 필자가 두각을 나타내는 계기가 되었다.
    서울대학교에서 개최된 학술발표를 끝내고 달력을 보니 군 입대 날짜가 이틀 밖에 남지 않았다. 대학원을 졸업한 필자는 6월 25일 군 입대를 하고 나이 어린 훈련병들과 고된 생활을 시작했다.
    운동실력이 남들보다 뛰어나 체력적으로는 문제가 되지 않았지만, 훈련과정에서의 식사가 가장 고통스러웠다. 돼지고기와 닭고기 등 육식을 하지 못하는 필자는 오직 김치와 채소로만 배를 채우며 훈련을 견뎌야했다.

 자대배치를 받고 '어떻게 군 생활을 해야 하며 무엇을 얻을 수 있을까?' 곰곰이 생각해 보았다. 결과는 참는 법과 인내하는 것이었다. 그리고 필자는 군 생활하면서 나름의 목표를 가지고 군 생활을 해 보기로 결심하고 실행에 옮기기 시작했다.

 우선 내가 할 수 있는 일을 하급자에게 시키지 않기로 했고, 군화든 내무반 청소든 솔선수범하기로 했다. 필자가 그리하니 다른 병사들도 따라 하기 시작했고, 내무반 분위기는 화기애애한 분위기로 바뀌었다.

 또 필자는 담배를 피우지 않던 터라 받은 대로 쌓아두었기에 담배가 떨어진 병사들이 공동으로 이용했다. 이로 인해 서로 담배를 숨기는 일이 없어져 가족 같은 공동체 의식이 생겼다.

 두 번째는 욕을 하지 않기로 마음을 먹었고, 필자는 전역할 때까지 욕을 한 번도 하지 않았다. 이렇게 하다 보니 병사 간에 더 존중심이 생겼다. 그 시절 필자에게 언짢은 소리를 듣지 않으려고 후임병들도 조심하여 서로 존엄과 신뢰를 주었었다.

 세 번째는 기합과 구타를 하지 말자였다. 그 시절 군대는 기합과 구타가 일상이었다. 필자는 구타만큼은 정말 없어져야 할 병폐라 생각했고 전역할 때까지 이를 실천했다. 그 시절을 증명해 줄 산 증인이 있는데 바로 필자의 막내동서이다. 필자보다 두 달 늦게 입대한 후임병으로 맘에 들어 막내처제에게 소개하여 결혼까지 했다.

 2년 3개월이라는 기간 동안 군 생활을 하며 욕, 구타, 기합을 한 번도 하지 않고 지낸 군 생활이 필자의 인생관을 확립시켜준 또 하나의 교육장이 되었다. 어느새 훌쩍 자라 해병대에 입대를 한 아들이 남들보다 힘든 훈련과 군 생활이 기다리고 있을지라도 그 기간이 긴 인생의 길에 의미 있는 시간이 되기를 기대해 본다.

벌초할 수 없는 어머니의 묘

2017.04.07
가족을 하나로 이어주는 벌초문화

　각 나라별로 관습이나 풍습이 상이하여 서로 이해하지 못하는 경우도 있다. 특히 종교적인 측면에서 보면 숭배라는 뜻으로 조상 섬기는 문화가 배격되기도 하고, 그 나라의 관습보다는 종교적 행태를 따라 가는 경우도 있다.
　그러나 조상 모시는 효는 종교를 초월한 인간의 천륜이다. 돌아가신 이후에도 생전과 똑같은 마음으로 조상을 만나는 자리인 만큼 숭배라고 격을 올릴 필요는 없을 것 같다. 일부에서 조상도 잡신이라고 신으로 승격시켜주는 고마움도 있다. 하지만 자식 된 도리로써 생전의 불효를 조금이라도 속죄하는 마음으로 섬기는 것에 불과하다.
　조상을 섬기는 일에는 제사, 성묘, 벌초 등이 있다. 자손이 없거나 경황이 없는 경우를 제외하고 대부분 가정에서 이러한 섬김은 꼭 연례행사로 행한다. 이처럼 생전과 같이 조상을 모시는 것은 가정의 화목을 도모하고 한 뿌리라는 것을 잊지 않기 위함일 것이다.
　사업상 또는 경제적 어려움으로 참석하지 못하는 자식은 있어도 형제 중 누군가는 제사를 지내거나 벌초를 한다. 바쁜 삶속에서 온 가족이 한 자리에 모일 수 있는 조상 섬김은 우리 조상들의 지혜가 얼마나 형이상학적인가를 보여주고 있다.

방송에서 벌초 중에 벌에 쏘인 사람도 있고 사고 난 사람이 있어도 어떠한 구실을 내세우지 않고 조상을 섬기는 우리민족은 세계 어느 민족보다도 우수하고 현명하다. 일부에서는 벌초의 어려움 때문에 인조잔디로 대체하는 일이 있다고 하지만 대부분 우리 후손들은 조상의 묘만큼은 직접 잔디를 깎으며 감사의 마음을 표한다.

예전에는 낫으로 직접 잔디를 깎았다. 숫돌에 낫을 갈아가며 벌초를 의무처럼 행하고, 벌초에 빠지는 자식은 불효자식으로 간주할 정도였다. 세상이 변했어도 조상에 대해 감사하고 존경하는 마음은 세계에서 우리네가 가장 으뜸일 것이다.

필자도 초등학교 때 멋모르고 벌초에 따라 갔다가 더위를 먹어 한 동안 혼이 난 경험이 있었다. 고사리 손으로 낫질을 하다 손을 벤 일도 있지만, 그때 큰 집, 작은 집 식구들이 다 모여 벌초를 하고 난 후 나무 그늘에서 땀을 식히며 한 가족임을 보여주던 모습들이 지금은 점차 흐려지고 있다.

세계 유일한 정신문화인 벌초, 가족의 우애와 조상의 얼을 기리는 벌초야말로 한민족이 경천애인사상을 실천하는 민족이라는 것을 재확인 시켜준다. 바쁘다고 또는 힘들어서 조상 섬기는 고귀한 문화가 하나 둘 사라지고 변질되어 가는 모습이 어딘가 모르게 허전하다.

필자는 벌초에 대한 생각을 하며 얼마 전 세상을 떠나신 어머님 생각에 가슴이 아려온다. 돌아가시는 순간에도 임종을 못 본 자식들에게 바빠서 그렇겠지 이해하셨을 어머니, 마음속으로는 잔디 하나하나를 손으로 잡고서 정성껏 벌초를 해 드리고 싶지만, 어머니의 유언이 화장이라 벌초조차 할 수 없는 자식이 되어 버렸다.

가끔 영정을 모신 추모공원을 가면 생전의 모습 그대로와 같은 느낌을 받는다. 아직 필자의 마음속에 살아계시는 것 같아 다행스럽지만 남들이 벌초간다는 이야기를 들을 때마다 불효자임을 새삼 느끼곤 한다.

아내의 함흥차사

2017.04.24
기다리는 마음이 항상 있어야

　학교 교정에서 한 선생님의 소개로 아내를 만났다. 아내를 본 순간 나로서는 난생 처음 느껴보는 감정이 생겼다. 어디선가 많이 본 얼굴이었고 내가 더 예쁘게 해 줘야겠다는 마음이 저절로 생겨났다.
　학교 근처에서 누가 볼까 염려하며 아무도 모르게 만나곤 했다. 손잡고 걷다가 업어주기도 하였던 그 시절을 되돌아보니 참으로 애틋하다. 그 무렵 신기했었던 것은 우리가 만나면 시간이 몇 분 지나지도 않은 것 같은데 한 두 시간이 눈 깜짝할 사이에 지나가 현생의 시간을 초월한 느낌이 들곤 했다.
　시간이 흘러 그 시절 연애하면서 그리움이 가득했었던 마음을 회고해 한 권의 시집을 발간했다. 우리의 사랑, 그것이 바로 공간의 사랑이다. 시를 읽어 본 분들은 자신들의 사랑이야기처럼 애틋해지고 필자의 마음을 공유한다고 한다.
　생각해 보건데 우리는 닮은 것이 너무나 많았다. 식사습관도 생각하는 것도 생긴 모습도 마치 쌍둥이처럼 DNA가 일치하는 듯했다. 세상에서 우리처럼 생각이 똑같은 사람은 그리 많지 않을 것이라고 말하며 동심동체라고 놀라워했다.
　특히 아내의 향기는 나만이 맡을 수 있는 특유한 향수 같아 눈을 감고 아내를 찾을 수 있을 정도로 아내의 향기는 언제나 나의 오감을 자극한다.

 주변에서 아내를 보고 얼굴에 보톡스 맞았느냐, 뭐 했느냐 등의 표현으로 미모를 칭찬한다는 말을 들을 때는 나의 사랑이 아직도 청춘이구나 하며 괜히 으쓱해하며 미소를 짓는다.

 요즘 집 나가면 연락을 잘 하지 않는 아내에게 야속한 마음이 들기도 한다. 사랑은 더 많이 하는 쪽이 늘 애달픈 마음이다.

 어느 때는 사랑의 메시지를 카톡으로 보내면 몇 시간이 지나 확인하는 경우도 있고 답장이 아예 없는 경우도 있다. 맡은 사회활동으로 자신의 임무를 완벽하게 하는 모습은 너무 멋지고 자랑스럽게 생각하지만 무슨 일이 생긴 것은 아닐까 노심초사 걱정이 앞서는 경우가 많다.

 필자는 늘 기다리는 쪽이다. 밤늦게 와도 이유를 물어 본 경우가 없는 것 같다. 그만큼 아내를 믿고 신뢰한다는 의미이지만 아내의 삶 자체가 독립체이기 때문에 존중해 준다고 보는게 맞을 것 같다.

 사람마다 구속된 삶이 된다면 삶 자체가 불편해 질 것이다. 밖에서 아내가 무엇을 하든 유익한 삶과 자아성찰에 조금이라도 도움이 된다면 그 자체로 나는 만족한다.

 아내에게 소소한 이야기를 하지 못하는 나의 성격이지만 '아내와 함께하는 시간이 나에게는 천상의 시간이다.' 라고 말해주고 싶다. 이제 함께 할 시간도 우리가 지나온 시간보다 짧다. 남은 시간과 공간에서 그동안 하지 못한 사랑을 만들어 가면서 오늘도 함흥차사가 된 아내를 기다리며 노후를 그려본다.

 필자는 노후에 고향 근처의 산간에 초가삼간을 짓고 텃밭을 가꾸며 살고 싶다. 텃밭에서 기른 채소로 소박한 밥상을 차려 아내에게 먹여주는 모습을 생각하면 이 세상에 더 이상의 행복은 없다. 도시생활에

아빠 소풍가

2017.10.30
잊을 수 없는 추억

  대부분 초등학교 시절 가장 행복한 날을 고르라면 소풍가는 날과 운동회를 꼽지 않을까 싶다. 소풍이나 운동회 전날 밤에 비가 오면 어떻게 하나 잠 못 이루고 걱정했었던 기억이 떠오른다.
  초등학교 1학년 때 제천에서 유명한 의림지로 소풍을 갔었다. 그날 다른 아이들은 맛있는 도시락을 싸들고 엄마랑 함께 가는데 모친만 보이지 않는 것이었다. 모친이 소풍 전날 고향 제천에 있는 무암사에 가시는 바람에 오늘 소풍에 못 오시나, 점심을 혼자 굶어야 하나 하면서 힘없이 걸어가며 뒤돌아보는데, 땀을 닦으시며 부지런히 걸어오는 모친이 보였다. 그 순간 너무 반가워 모친에게 뛰어가서 안기며 눈물을 흘린 적이 있다.
  세월이 흘러 내가 부모가 되고 난 후, 큰 아이가 초등학교 1학년 때 "아빠 내일 소풍가." 하는 것이었다. 대부분 아이들이 소풍가거나 운동회가 되면 엄마에게 이야기할 터인데 우리 집에서는 평소에 필자가 음식을 만들어서 딸이 무의식적으로 말한 것 같았다.
  필자의 초등학교 시절 김밥에는 지금처럼 소시지, 햄 등이 없었다. 겨우 시금치와 고추장에 발효시킨 무장아찌가 전부였다. 더욱이 김말이 도구가 없어 엄마들은 손으로 김밥을 말아 김밥의 두께가 두꺼울 뿐만 익숙한 아내가 요즘 시골로 가서 살면 좋겠다고 한다. 다행중의 다행이다. 혹시라도 나중에 혼자 가라고 할까봐 은근히 걱정을 했었다.

만 어머니가 싸주신 김밥처럼 딸에게도 나중에 좋은 추억거리가 되었으면 좋겠다.

아니라 모양도 가운데는 볼록하고 끝부분은 가느다란 모양이었다. 김밥 써는 방법도 지금처럼 얇게 썰지 않고 몇 토막 내는 정도로 김밥 모양은 세련되지 않았다.

당시에는 김도 귀해 생일이나 소풍 등 행사 때 겨우 먹을 수 있었다. 얼마나 김밥이 먹고 싶으면 매일 소풍날이면 좋겠다고 생각할 정도였으니 지금 생각하면 웃음이 나온다.

필자는 시금치와 당근, 우엉 등을 준비했는데 뭔가 부족한 느낌이 들었다. 마침 고향에 계신 모친이 고추장에 넣어 두었던 무장아찌를 보내주신 것이 있어 채 썰어서 참기름에 참깨를 넣고 버무렸다.

마음속으로 아이가 친구들과 김밥을 먹으면서 모양새가 좋지 않아 창피한 마음을 갖게 되면 어쩌나 하는 마음으로 김밥을 싸서 소풍가는 딸아이에게 한 개를 먹어보라고 주었다. 다행히 딸아이가 "아빠, 최고로 맛있어." 하기에 담임 선생님 김밥도 함께 싸서 드렸다.

딸아이는 나가면서 "아빠, 오늘 소풍에 꼭 와야 해." 하면서 손가락으로 약속을 했다. 어릴 적 모친을 기다렸었던 내 마음이 생각나서 소풍 장소인 능안 공원으로 갔다. 점심때가 되어서 담임 선생님과 학부모들이 둘러 앉아 김밥을 드시고 계셨다.

차려진 김밥들을 보니 하나같이 예술품 같이 예뻤다. 내가 싼 김밥이 볼품이 제일 없어 보여 순식간에 얼굴이 빨개졌다.

그런데 고맙게도 딸아이의 담임 선생님이 필자가 싼 김밥을 맛있게 드시면서 김밥 속에 들어있는 무장아찌에 대해 말씀하고 계셨다. 자신이 학창시절에 어머니가 싸준 김밥 맛과 똑같아서 계속 입으로 들어간다고 학부모들과 담소를 하면서 나에게 감사의 말도 전했다.

이 글을 쓰면서 김밥 한줄 속에 담겨있는 추억을 생각해 보았다. 이제 다시는 어머니와 함께 손잡고 소풍을 갈 수 없고 김밥도 먹을 수 없지

나만의 공간에서

2017.11.20
나의 공간을 완성해야

  필자는 명예와 부귀보다 사랑과 정신적 부를 추구하며 살아왔다. 물욕도 없거니와 경제적 관념도 부족하여 가족들에게 경제적 궁핍을 주었다. 남들처럼 화려하지 않은 누추한 옷으로 몸만 가리는 차림새로 청승맞게 지내왔다. 그러한 삶이 긍정적인 의미로는 영혼의 자유를 주었지만 부정적인 의미로는 철부지 삶이었다.
  과연 사람이 가질 수 있는 공간의 크기는 얼마나 될까? 사람들은 자신들의 영역활동을 자신들이 가지는 공간이라고 생각할 수 있을 것이고 자신들이 소유한 토지와 부동산으로 말할 수도 있을 것이다.
  사실 자연이 준 공기와 물, 흙을 잠시 빌려 쓰고 간다는 마음으로 살아가는 삶이 자연에게는 덜 미안하다. 필자는 젊었을 때 전국을 답사하며 지형조사를 했었다. 하천에 가면 좋은 수석들이 지천이었고, 산에 가면 분재를 할 나무와 탐나는 난이 많았다. 돌 하나 나무 한 뿌리 건드리지 않고 답사만 했으니, 나중에 자연으로 돌아갈 때 덜 미안한 마음이다. 자연 보존이나 환경 보호 운동에 참여해도 그나마 부끄럽지 않을 정도는 된다고 생각하니 스스로 다행이란 생각을 한다.
  사람이 타고난 본성 그대로 살며 소유하려는 마음을 갖지 않는다면 개인의 삶에 대한 행복을 최대한 만끽할 것이며 다른 사람과 비교하여 스스로를 불행하게 하는 우를 범하지 않을 것이다. 많은 선자의 말씀처럼 올 때도 갈 때도 빈손으로 왔다가 빈손으로 간다고 하여 개인의 입장에서 무소유자로 나름 행복하지만, 사회 경제적 인간의 입장에서 볼 때는 이기적인 삶이 될 수도 있다는 반성도 한다.

　필자가 논문을 쓰기 위해 조사지역에서 시료를 채취하던 중에 너무 무더워 그늘을 찾으려고 해도 답사지역이 석회암지대라 큰 나무가 거의 없어 그늘이 보이지 않았다. 조금 더 참으며 조사를 마치고 한 마을의 입구에 도달하니 큰 거목이 있어 배낭과 옷을 다 내려놓고 맨땅에 그냥 누워버린 적이 있었다. 나무 사이로 보이는 하늘이 아름다웠고 너무 시원한 나머지 그냥 잠이 들어버렸다.

　한참 지났을까 지나가는 아이들 목소리에 잠에서 깼다. 잠시 누운 좁은 공간이 피로감을 해소해주고 공간의 소중함을 처음 느꼈다. 중년의 나이에 글을 쓰면서 한 평의 공간이 주는 행복에 대해 자주 생각한다. 글을 쓸 수 있는 작은 공간, 커피 한 잔을 할 수 있는 공간도 한 평이 넘지 않는다. 오로지 작은 공간에서 사회의 껍데기를 버리고 자유로운 마음으로 늘 함께 할 수 있다면 그것으로 감사와 행복이 넘치리라.

　자신이 가질 수 있는 공간, 사랑하는 사람과 함께하는 공간이 바로 천국이며 자유를 누릴 수 있는 행복의 공간이 될 것이다. 언제 그 공간이 내게로 주어질지는 모르지만 감내할 수 없는 넓은 공간보다는 마음속에 담을 수 있는 공간이면 족하다.

　마당의 꽃향기가 넘나들고 밤하늘의 별도 볼 수 있는 공간에서 그동안 쓴 시와 수필을 한 장 한 장 넘기며 옛 추억의 여행을 하고 싶다. 아침이면 뜰에서 뜯은 부추로 된장찌개 끓여 소박한 밥상을 함께 하고, 무릎 베고 누운 이의 머릿결 쓰다듬으며, 그렇게 사랑을 주기도 하고 나만의 공간에서 한 삶을 정리하며 자연으로 돌아가련다.

산마루에 올라

2018.11.04
정상에서 느끼는 희열

  주말이면 산악회 회원들이 삼삼오오 모여 산행을 가는 광경을 자주 목격한다. 같은 마음을 가진 분들이 함께 가는 산행이라 무척 즐겁고 행복해 보였다. 일부를 인용하면 차안에서의 유흥은 한주 동안의 스트레스를 다 풀고 새로운 기운을 얻을 정도로 즐거움의 도가니와 같다고 한다.
  필자는 대학교, 석사, 박사과정 등 총 10년 이상 지형이나 풍화물 연구를 위해 전국을 돌며 많은 산을 다녔다. 당시에는 의무적으로 해야 하기에 힘들어도 가야했다. 주로 버스를 타고 다니며 텐트에서 자는 등 교통편이나 숙박이 불편했다.
  비가 오거나 더운 날에는 옷이 다 젖어 왜 이런 연구를 하나하고 푸념도 해 지금 산악회 회원들이 산행을 같이 가자고 하면 그때 생각이 나서 거절을 하곤 한다. 아마 목적을 두고 산행을 해서 그런지 산에 오르는 자체에 대한 거부감이 많이 생긴 것 같다.
  사실 10년 동안 전국을 돌면서 많은 산에 갔어도 정상까지 올라간 것은 한라산과 몇 개의 산밖에 되지 않는다. 조사시간과 연구에 쫓기다 보니 연구지점만 조사하고 하산하여 산마루까지는 올라가지 못했다. 몇 년 전부터 산 정상에서 찍은 사진들을 페이스북에서 볼 때마다 부럽다는 생각이 들었다.

  우리나라의 산천은 전설과 의미 있는 곳이 너무나도 많다. 조금 유명한 산이면 입구나 중턱에 문화적 유산이 산재해 있고 볼거리도 많아 여유 있게 산주위의 볼거리를 보면서 마음의 힐링을 해도 의미가 있을 것이다.

  체력이 허용한다면 산행에 나서 홀로 사색하기도 하고 산마루에 올라 오직 내 눈에 보이는 것을 마음속에 충실히 품어보면 좋겠다는 생각이다. 멀리 보이지 않는 풍경을 억지로 보기 위해 눈을 작게 뜨고 자세히 보려 한들 보이지 않을 뿐인데 희미한 영상으로 추측성 사고만 더 가지게 된다.

  사실 보이지 않는 풍경을 굳이 보려고 할 필요 없듯이 우리 기억 속에 담아 둘 필요 없는 것도 마찬가지로 산마루에 앉아 버릴 것을 다 버리고 오직 간직할 것만 가져보자. 가벼워진 마음으로 하산할 때는 더욱 경쾌하여 즐거움이 배가 될 것이며 그동안 억눌렸던 염오도 신기루처럼 사라질 것이다.

  이제 사랑하는 사람과 함께 손잡고 산마루를 향해 올라가면서 어린 시절처럼 토끼가 뛰어 가듯 귀여움도 보고 갇힌 공간에서 느끼지 못한 사랑도 만끽하는 그런 산행을 해 보고 싶다. 요즘 남들이 다 올라가 본 산마루에 나만이 올라가지 못해 늘 아쉬움과 그리움이 가득하다.

  그 정상에서 느끼는 절정이 무엇인지 직접 경험을 통해 느끼고 싶다. 어린 시절 산 정상에 올라가면 그냥 소리치며 좋아하던 그런 것이 아니라 그 누구도 없는 정상에서 정신적, 육체적 희열을 통해 저 깊숙이 잔재해 있는 모든 감정을 승화시키고 싶다.

  평생 사랑하는 사람과 함께 산행 한번 해보지 못한 삶이 참 어처구니 없고, 그동안 무엇을 위해 살아왔는지 필자 스스로 한탄스럽다. 이번

가을이 다 가기 전에 힐링을 위해 산마루에 한번 올라가 평생의 동반자로서 함께 해 준 아내에게 고마움도 전하고 다음 생에도 함께하기를 기원해보고 싶다.

더 낮은 곳에서 봐야 산이 높이 보여

2019.04.16
높은 곳에서 보니 국민이 보이지 않아

　등산을 하거나 산행을 할 때 먼 산을 보면 엄청 높아 보인다. 인간은 왜소해 보이고 산은 웅장하여 감히 올라갈 수 없는 신성한 마음을 갖게 된다. 옛 시조에 산이 아무리 높아도 하늘 아래 놓여 있다고 중용의 사상을 강조한 면도 있다. 일반인들은 높은 산을 볼 때마다 마음을 기대는 샤머니즘을 가질 정도로 산은 마음의 안식처이다.
　요즘은 높은 산 부근에 차량이 올라갈 수 있도록 도로가 잘 발달되어 있어 해발 1,000m에 자신이 있어도 높은 줄을 모른다. 정상 가까이 가도 내가 본 높은 그 산인가 할 정도로 높이의 체감이 떨어진다. 그만큼 가까이 갈수록 높이는 낮아져 산 정상에 오르면 오른 자가 산보다 높게 된다.
　자연의 웅대함을 밟고 온 세상이 자신의 눈 아래에 있으니 보이는 것조차 없어 자만과 교만이 충만하여 산을 정복했다는 환희 이외는 갖는 것이 없다. 정치도 마찬가지이다. 자신이 도전할 때는 험난하고 높이 있는 곳으로 간주되지만 당선되면 그 높이를 상실하게 된다. 혹자는 "사람이 변했다.", "올챙이 적 생각 못 한다." 등으로 폄하하여 변질된 정치인들의 행태로 신뢰를 순식간에 상실하게 한다.
　각종 행사에서도 정치인들은 일반 시민보다 높은 단상에 앉아 대접받는 것이 일상화되었다. 주관이나 주최하는 측에서 이처럼 대접하여 오히려 정치인들을 국민으로부터 멀어지는 계기로 만들어 버렸다. 간혹 행사장에 가면 대부분 단체에서 정치인들이 많이 와야 그 단체의 위상이 서는 것인지 너나할 것 없이 정치인 초대에 열광하고 있다.

종교단체도 이보다 덜 하지 않다. 순수한 종교에서조차 정치인 초대와 가장 윗자리에 배석하게 하여 정치인들의 위상을 세워 주다보니 점점 국민 위에 군림하게 되었다. 한두 번 대접받은 정치인은 이에 습성화되어 대접이 소홀하면 불만을 내색하여 주위로부터 냉소를 받는 광경도 몇 차례 경험한 바 있다.

소위 단체장과 종교지도자들조차 정치인들을 옳고 곧은길로 가도록 인도하는 것이 아니라, 국민 위에 서도록 속물적인 행태로 자신의 대외적인 위상만 세우는데 혈안이 되어 있다. 뿐만 아니라 내빈소개도 지역의 어르신은 저 멀리 소개하거나 소개를 아예 생략한다. 식사도 별도의 공간에 마련하는 등 정치인을 일반인과 차별하고 우대하여 동석했던 사람들마저 차별에 대한 분을 삭이지 못하게 만드는 경우도 있다.

이러한 작은 행위들이 국민과 정치인과의 관계를 불신으로 만들었고 은연중에 기고만장한 정치인을 배출하도록 만들었다. 앞으로 정치인에 목 메이는 단체장과 종교지도자들의 반성이 있어야 더 성숙한 민주주의를 정착시킬 수 있다.

다행히 필자가 거주하는 지역의 교육기관에서는 정치인을 초대하지 않는 것으로 알고 있다. 자체 행사와 학생위주의 행사를 전개하여 학부모와 학생들로부터 호응을 얻고 있다.

산은 은유적으로 국민이다. 낮은 곳에서 위로 쳐다볼 때 국민의 마음을 읽게 되지만 정상에서는 국민의 마음보다 자신의 성취에 도취하게 된다. 그동안 정치인들이 존경을 받지 못한 이유는 국민을 보지 못하고 정상에 서 있는 자신만 봐 왔기 때문이다.

 이에 국민을 섬기기 위해서는 모든 정치인들이 국민의 발보다 더 낮게 위치해야 한다. 잠시 눈이 멀어 보지 못했던 우리 주변의 고단한 삶과 고달픈 국민의 마음을 함께 공유할 때 국민과 시민으로부터 존경받는 정치인이 될 수 있을 것이다.

임종호 박사의 「공간의 수필」
'낮은 곳에서 봐야 산이 높아 보인다네'

초판 발행 2019년 10월 9일
기획 이종민
글쓴이 임종호
주소 경기도 군포시 산본로323번길2033(산본동 대원프라자801호)
전화 031-429-1751
팩스 031-427-1773
펴낸 곳 경기헤럴드
편집 석유화
가격 20,000원
출판등록 2015년 12월 15일
ISBN 979-11-956745-8-9

*저자와의 협약에 의해 인지는 생략합니다.
*파본은 경기헤럴드나 구입하신 구입처에서 교환해 드립니다.

저자 소개

無岩 임종호 박사

충북 제천시 출생
건국대학교 박사과정 졸업
이학박사
시인
경희대·건국대·경기대 등 외래교수 역임
시집 '공간의 사랑' 출간
한국에 분포된 화강암류와 석회암류의 풍화현상에 관한 연구 등 30여 편
전국수리청소년UCC대회추진위원장 역임
한국지리교육학회 이사 역임
대한동굴협회 이사
(주)경기헤럴드 대표이사